教育部高等学校管理科学与工程类教学指导委员会推荐教材

全国高等学校管理科学与工程类专业规划教材

（第3版）

房地产估价教程

戴学珍 编著

Real Estate Appraisal

Real Estate Appraisal

清华大学出版社
北京

内容简介

本书为系统研究关于我国房地产估价的基本理论、基本方法和实践应用的教材，内容包括房地产估价的基本概念、理论基础、房地产价格形成的基本原理和影响因素，以及房地产估价的基本方法、估价流程和估价报告的应用等，并辅以练习题和参考答案。房地产估价的基本方法包括对所有资产类型具有普适性的市场比较法、收益法和成本法，还包括更适用于房地产这种资产类型的假设开发法、路线价法、长期趋势法，以及从属于市场比较法的基准地价系数修正法、从属于收益法的残余法等。第3版根据最新标准和实践进行了修订。

本教材适用于房地产经营与管理、土地经济学、人文地理、投资学等专业高年级本科生，也适用于从事房地产估价及其关联事业的人士阅读。为教学方便，本书还为教师提供PPT教学课件。

本书封面贴有清华大学出版社防伪标签，无标签者不得销售。
版权所有，侵权必究。举报：010-62782989，beiqinquan@tup.tsinghua.edu.cn。

图书在版编目(CIP)数据

房地产估价教程/戴学珍编著.—3版.—北京：清华大学出版社，2017（2025.1重印）
（全国高等学校管理科学与工程类专业规划教材）
ISBN 978-7-302-46790-8

Ⅰ.①房… Ⅱ.①戴… Ⅲ.①房地产价格－估价－中国－高等学校－教材 Ⅳ.①F299.233.5

中国版本图书馆CIP数据核字(2017)第049380号

责任编辑：高晓蔚
封面设计：何凤霞
责任校对：王凤芝
责任印制：宋 林

出版发行：清华大学出版社
网　　址：https://www.tup.com.cn，https://www.wqxuetang.com
地　　址：北京清华大学学研大厦A座　　**邮　　编**：100084
社 总 机：010-83470000　　**邮　　购**：010-62786544
投稿与读者服务：010-62776969，c-service@tup.tsinghua.edu.cn
质量反馈：010-62772015，zhiliang@tup.tsinghua.edu.cn
印 装 者：天津鑫丰华印务有限公司
经　　销：全国新华书店
开　　本：185mm×230mm　　**印　张**：17.5　　**插　页**：1　　**字　　数**：369千字
版　　次：2007年8月第1版　2017年4月第3版　　**印　　次**：2025年1月第5次印刷
定　　价：49.00元

产品编号：069577-03

第3版修订说明

本书自第2版出版以来，继续得到了广大教学和教育机构师生的选用和支持。2014年和2015年中华人民共和国国家标准《城镇土地估价规程》(GB/T 18507—2014)和《房地产估价规范》(GB/T 50291—2015)分别进行了修订，据此，本次第3版的修订工作主要在以下方面进行了修改和补充：

(1) 增加了独立、客观、公正原则和谨慎原则，并根据《房地产抵押估价指导意见》对谨慎原则进行了说明；

(2) 完善了房地产估价的各种估价目的；

(3) 增加了房地产估价职业道德的相关内容；

(4) 增加了汇率因素对房地产价格的影响；

(5) 比较法中完善了可比交易实例的搜集途径和选择标准，增加了统一税费负担、统一融资条件的内容；

(6) 收益法完善了计算公式和收益期限确定的内容；

(7) 成本法增加了不同情况土地取得费的确定等内容；

(8) 完善了房地产估价报告的相关内容。

此外，本次修订还增加了房地产实物、权益和区位的概念，补充了房地产的分类，并对各章的课后习题和参考答案进行了精简和补充。

参加此次修订的人员有李珍珍、张心澄、吕春阳、王萌、戴学珍等。

作　者

2017年1月

第2版修订说明

本书自出版以来，得到了广大教学和教育机构的选用和支持。本次第2版的修订工作主要在以下方面进行了修改和补充：

(1) 增加了利率对房地产价格的影响；

(2) 增加了风水对房地产价格的影响，删除了心理因素对房地产价格的影响；

(3) 依据中华人民共和国国家标准《土地利用现状分类(GB/T 21010—2007)》，对土地类型的分类进行了调整；

(4) 依据中华人民共和国国家标准《城镇土地估价规程(GB/T 18508—2001)》和《房地产估价规范(GB/T 50291—1999)》，对收益法估价折旧费的处理进行了修改；

(5) 成本法中，对建筑物价格的构成进行了调整。

另外，本书还增加了部分练习题和参考答案。

参加编写的人员有张桂云、李斌、王启燊、郭冠楠、刘晓、牛艳艳等。

作　者

2010年5月

第1版前言 PREFACE

价值是市场经济条件下投资人和市场交易主体最为关心的问题之一。每一种资产都是有价值的，成功地管理和投资这些资产的关键就在于理解这些资产的价值组成，掌握这些资产的价值度量。我国的资产评估业务主体，涉及三种类型的评估师：资产评估师、房地产评估师和土地估价师，三种估价业务均涉及房地产估价。随着我国市场经济的不断发展，房地产交易活动日益频繁，房地产估价已成为不可缺少的一项专业性、技术性的工作。

房地产作为资产的一种类型，对其评估的系列要求应满足资产评估的系列要求，而目前我国关于房地产估价的诸多著述多是就房地产论房地产，对该种资产类型中资产评估的普适性考虑不足。本书将房地产置于资产的大背景中考虑，同时吸纳该领域中学术研究的最新研究成果，内容涉及房地产估价的基本概念、理论基础、房地产价格形成的基本原理和影响因素，以及房地产估价的基本方法、估价流程和估价报告等，并辅以练习题和参考答案，以期能对广大读者有所裨益。

本书的学术价值和作用主要体现在其基础性、前沿性和创新性上。基础性在于它首先强调让学生掌握房地产估价的基本概念、基本程序和基础背景，再从基本理论到基本方法、从传统到现代、从评估实践到决策管理；前沿性在于本书十分关注房地产估价的理论基础，并对目前学术界研究的一些存在争议的问题进行了剖析；时代性在于本书视角开阔，突出热点，其广泛吸收了国内外最新研究成果，拓展了房地产估价的研究视角，同时关注房地产估价以及与房地产估价学科密切相关的热点领域，如关注西方学术界认为在房地产估价和投资中区位理论的重要性等（有一本书名为 *Location，Location and Location*）。

在本书的孕育过程中，北京国地不动产咨询中心的张桂芸女士在百忙中帮助查阅了相关资料并提供了最后一章的案例，清华大学出版社高晓蔚女士和中央财经大学管理科学与工程学院李桂君先生也给予了诸多帮助，中央财经大学硕士研究生李斌、郭冠楠、牛艳艳做了大量烦琐、细致的工作，许多学者的研究成果（见参考文献)以及和同事共同编写《资产评估学教程》的资料和经验为本书的出版提供了极大的帮助,在此一并致以衷心的感谢。

限于我们对问题的理解深度及所掌握的文献资料有限,加之时间紧迫,书中难免有不足之处,敬请读者指正,以便再版时修正完善。衷心希望本书能够伴随着读者的不吝赐教而不断提高。

作　者

2007 年 8 月

目 录 CONTENTS

CHAPTER 1 第1章 导 论

1.1 房地产的概念与特性

1.1.1 房地产的概念

要明确房地产的概念，首先必须明确“土地”“地产”“不动产”的概念。

1. 土地(land)的概念

作为科学的土地概念，至今还没有一个统一的认识，不同的学者有不同的解释。

经济学意义上的土地概念比较宽广。马克思在《资本论》第一卷中指出：“经济学上所说的土地是指未经人的协助而自然存在的一切劳动对象。”英国经济学家马歇尔(A. Marshall)认为：“土地是指大自然赠与人类的各种自然资源，包括陆地和海洋中(上)的空气、光、热、岩石、矿藏、水、土壤等自然物质和力量。”美国土地经济学家伊利(R. T. Ely)认为：“经济学家所使用的土地这个词，指的是自然的各种力量或自然资源，不是单指地球的表面，并且包括地面以上和地面以下的一切物质。”

从法学的观点来看，比较有代表性的论点有，《牛津法律大辞典》认为：“土地是指地壳的固体部分(也有说仅指陆地部分或地球表层的陆地部分)以及永久性附加其上的自然物和人工物。”《德意志联邦共和国民法典》认为：“土地包括土地、附加于土地的有机物、土地及其附加物中的财产权利。”

从农学的角度，联合国粮农组织(FAO)1972年在荷兰的瓦格宁根召开的土地评价专家会议文件《土地与景观的概念及定义》中指出：“土地包括地球特定地域表面及其以上和以下的大气、土壤、基础地质、水文和植被，它还包含这一地域范围内过去和目前人类活动的种种结果，以及动物就它们对目前和未来人类利用土地所施加的重要影响。”1976年，FAO在《土地评价纲要》中进一步指出：“土地是一个区域，其特点包括该区域垂直向上和向下的生物圈的全部合理稳定的或可预测的周期性属性，包括大气、土壤和下伏地质、生物圈的属性，以及过去和现在的人类活动的结果。”

从地学的角度，许多地理学家都曾对土地下过定义。如澳联邦科学与工业研究组织的克里斯钦和斯图尔特在《综合考察方法论》(1964)中指出：“土地是指地表及所有它对人类生存和成就有关的重要特征”,“必须考虑土地是地表的一个立体垂直剖面,从空中环境直到地下的地质层,并包括动植物群体及过去和现在与土地相联系的人类活动。”我国已故地理学家赵松乔先生用函数形式表征出了土地的概念:$L=F(n,e,s,t)$(式中,L 为土地,n 为自然因素,e 为经济因素,s 为制度因素,t 为时间因素)。浙江大学教授吴次芳也有同样的观点,认为土地是在自然因素、经济因素和制度因素综合作用下形成的,并在时间序列上是动态变化的历史客体。

由以上观点可以看出,自然科学意义上的土地概念与经济科学意义上的土地概念是不同的。前者是自然物质,是由土壤、水文、砾石、岩石、矿藏等自然物质构成的自然综合体或自然-历史综合体;后者是被当作生产资料和生活资料的经济资产,是由土地资源和土地资产所构成的自然-经济综合体。综合各家观点,一般认为,土地是地球陆地表面上,上自大气对流层的下部,下至地壳一定深度的风化壳这一立体空间的,由地貌、土壤、岩石、水文、气候和植被等全部自然地理要素以及人类活动对它们作用的结果所组成的自然-经济综合体。

需要明确的是,理论上的这一“立体空间”在现实生活中往往是受到一定制约的。如地上空间要受政府对建筑高度和建筑容积率的限制;地下空间的矿藏、埋藏物等是否自动地归属于土地拥有者,世界各个国家和地区的规定不一。在欧洲许多国家,土地所有权与地下资源所有权是分开的,国家规定地下资源属于政府。这与我国的规定是一致的。我国政府明文规定,土地所有权不包含地下资源、埋藏物和市政公用设施。美国关于土地所有权的规定与同样是资本主义国家的欧洲国家不同,其土地所有者同时拥有地下的一切财富。在加拿大,随着现代工业、交通的发展,土地上面一定高度的空间不属于土地拥有者,而地下埋藏物在有些省(如安大略、魁北克和阿尔伯塔)与土地所有权是分开的,在其他省则附属于土地所有权。

此外,土地与土壤(soil)是两个不同的概念。土壤是指能够产生植物收获的陆地疏松表层。它是在气候、母质、生物、地形和成土年龄等诸因子综合作用下形成的独立的历史自然体。土地与土壤的区别可从三个方面加以说明:一是从相互关系上看,土壤仅是土地的一个组成要素,即土地包含土壤;二是从本质特征上看,土壤的本质是肥力,即植物生长供应和协调营养条件及环境条件的能力,而土地的本质特征是生产力,它是在特定的管理制度下,对某种(或一系列)用途的生产能力(capability);三是从形态结构上看,土地是由地上层、地表层和地下层组成的立体垂直剖面,而土壤只是其地表层的一部分,二者在形态结构上相去甚远。

2. 地产(estate in land)的含义

要明确“地产”的含义,有必要先明确“资产”的概念。资产是指经济主体拥有或者控制的,能够以货币计量并给经济主体带来经济效益的经济财物,包括房屋、土地、机器设备

等有形物，以及商标权、专利权、特许经营权等无形物。“资产”与“财产”的含义是基本相同的，不过前者多用于经济，而后者多用于法律[①]。严格来讲，资产和财产在含义上是有区别的。财产是金钱、财物及民事权利、义务的总和。其本质是一种权利，即对一物占有、享用和处置的独占权利，或者说是检判一经济物品的排他性权利，它是从法律角度去认识财物和权益的。而资产是从经济学角度去认识有价值的财产和权益的。没有法律效力的财物和权益虽然有价值，但未必是财产；而有法律效力的财产一般来讲都是资产。因此，资产往往以财产的面貌出现。在论及某单位、某个人的资产时，它与财产没有严格的区别。在企业生产中，只有作为生产要素投入生产经营活动的财产才叫资产，它一般具有增值的要求，而其他财产则不具有这种要求。

从上述对资产的分析，我们将土地资产的概念简单地表述为：土地资产是指具有权益属性的土地，即作为财产的土地。这一概念包括以下三层含义：

(1) 土地资产在社会生产过程中具有服务能力和贡献能力，是不可替代的经济资源。对企业生产而言，土地资产如同厂房一样，是不可移动的、有形的固定资产。

(2) 土地资产具有能为社会带来经济利益的服务潜力。换句话说，通过对土地资产的有效使用，能为社会的未来发展产生经济效益。

(3) 土地资产在不同的社会生产方式条件下表现为一种可占有的权益，即谁具有对土地的权利，就等于他拥有物质财富、具有资本，所有者就可凭借其对土地的所有权获得权益。

自从人类摆脱原始社会以来，到目前为止，可以说已不存在没有权属的土地。也就是说，现代社会所研究的土地资产都是相对某种权属关系而言的，是具有主体的资产。因此，土地资产与土地财产实际上已成为同义语，也无区分的必要，本书一并简称为地产(estate in land)。

根据不同的分类标准，地产可表现为多种类型。根据包容的客体，地产可分为狭义地产和广义地产。狭义地产仅指作为资产或财产的土地；广义地产所包容的客体比较宽，在英美法系中，“地产通常包括土地上的树木和农作物，也包括建造于土地上并永久附着于土地上的建筑物”。可见广义的地产指房地产或不动产。根据形态上的差异，地产可分为有形地产和无形地产。有形地产指地产的物理状态，即地表、地下埋藏物、地上附着物等都属于有形地产；无形地产主要表现为地产上的各种权利。如罗马法规定的地产权利包括所有权、地役权、永佃权、地上权、典当权、抵押权；在我国，地产权利除了所有权之外，还包括使用权及转让权、出租权和抵押权。根据地产收益的归属来判断，地产可分为

---

① 黄少安先生认为，财产是产权的客体，是与主体分离的，能够被人们拥有的，有使用价值的稀缺对象；资产是特指用于生产经营活动，以求实现保值和增值目的的财产；资本是为追求利润而投入生产经营活动的资产。从概念的外延上看，三者依次缩小(见参考文献[12])。

公有地产、私有地产以及介于二者之间的集团(国外称俱乐部)地产。如我国的地产属于公有地产,国外的私人土地属于私有地产,国外的一个足球俱乐部的地产属于集团地产。此外,根据使用情况,地产可分为农用地、工业用地、商业用地、住宅用地以及为工、商、住用地服务的各种公益事业用地和基础设施用地。

3. 房地产(real estate)的概念

房地产的概念有广义和狭义之分,广义房地产的内涵与下面不动产的内涵等同。狭义房地产的内涵在许多文献中定义为房产与地产的合称或总称,这种说法是不够准确的。因为并非所有的地产都与房产有关而可以称为房地产,如耕地。确切地讲,狭义房地产是指房屋及其附属物(与房屋相关的建筑物如小区设施、建筑附着物、相关林木等)和承载房屋及其附属物的土地,以及与它们相应的各种财产权利。本书中房地产的内涵为广义房地产。

4. 不动产(real estate or immovable)的概念

在民法中,将财产分为不动产和动产两大类。不动产是指不能移动或移动后会引起性质、形状改变,损失其经济价值的物及其财产权利。它包括土地、土地改良物(建筑物及建筑附着物、生长着的树木及农作物、已经播撒于土地中的种子等)、与土地及其改良物有关的财产权利。建筑附着物主要指已经附着于建筑物上的建筑装饰材料、电梯,以及各种给排水、采暖、电气照明等与建筑物的使用密切相关的物。建筑附着物在没有附着于建筑物前是动产,而一旦附着于建筑物上,就成为不动产的一部分。判断是否属于建筑附着物,取决于附着程度和是否适用于不动产的经营和使用。如果一件物品的拆除或移动,会损坏建筑物或严重影响到建筑物的使用,则该物品属于建筑附着物。把建筑附着物归属于不动产,也可以表述为动产的不动产化,其法律效力在于:抵押权可以扩大适用于建筑附着物,在不动产的买卖、赠与、借贷或共有物分割时,如果权利证书对具体范围未作明确规定的,应包括建筑附着物。

在英文中,不动产有“real estate”“real property”“realty”三种表述。一般认为,“realty”是“real estate”或“real property”的缩写形式。对“real estate”与“real property”之间的异同有两种观点:一种观点认为,两者相同,既指不动产实物,又指不动产产权;另一种观点认为,“real estate”仅指不动产实物,“real property”则是指“real estate”加上不动产产权。在美国有些州的不动产法律中,“real estate”和“real property”相同,而另一些州的不动产法律中“real estate”包括在“real property”之中。

通过以上阐述,可以看出土地、地产(狭义)、房地产(狭义)、不动产之间是既有区别又有联系的。它们之间的关系如图 1-1 所示。

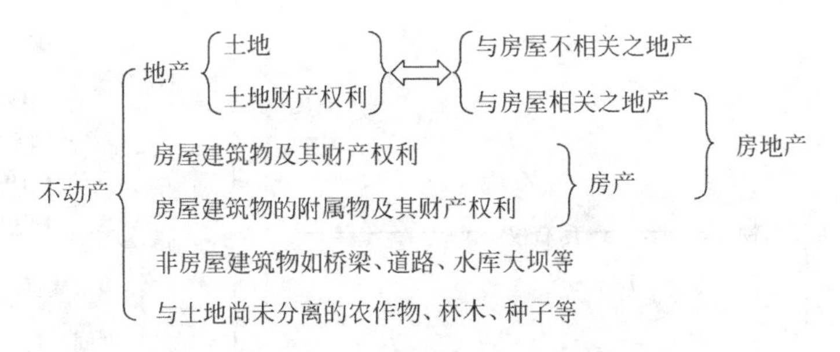

图 1-1　土地、地产、房地产、不动产之间的关系

资料来源：乔志敏等.资产评估学教程[M].上海：立信会计出版社，2002.

1.1.2　房地产实物、权益和区位的含义

为了说明房地产与动产以及无形资产的本质区别，通常将房地产看作是实物、权益和区位的“三位一体”。

1. 房地产实物

房地产实物是房地产看得见、摸得着的部分，如土地的面积、形状、地形、地势等，建筑物的规模、建筑结构、设施装修等。房地产实物可进一步分为有形的实体、该实体的质量、该实体组合完成的功能等方面。以一幢房屋为例，其有形的实体，就其建筑结构而言，指房地产是砖木结构、钢结构还是钢筋混凝土结构等；实体的质量具体指其采用什么质量的砖、什么质量的钢、什么质量的木材等，或者其施工质量如何；假如该房屋是砖木结构，采用的砖和木材的质量也是相同的，施工质量也是相同的，组合完成的功能则是指它的空间布局如何，如住宅的户型如何等。

2. 房地产权益

房地产权益是基于房地产实物而衍生出来的权利、利益和好处，是房地产中无形的、不可触摸的部分。一宗房地产的权益包括拥有的房地产权利（比如拥有的是所有权还是建设用地使用权等）、该房地产权利受其他房地产权利的限制情况（如设立了抵押权或租赁权的房地产）、该房地产权利受其他因素的限制情况（如受到房地产使用管制、相邻关系的限制等）、额外的利益或好处（如外墙面可通过广告获取一定经济收入）等。

房地产权益以房地产权利为基础，我国目前的房地产权利主要有所有权、建设用地使用权、宅基地使用权、土地承包经营权、地役权、抵押权和租赁权等。房地产权利分类如图 1-2 所示。

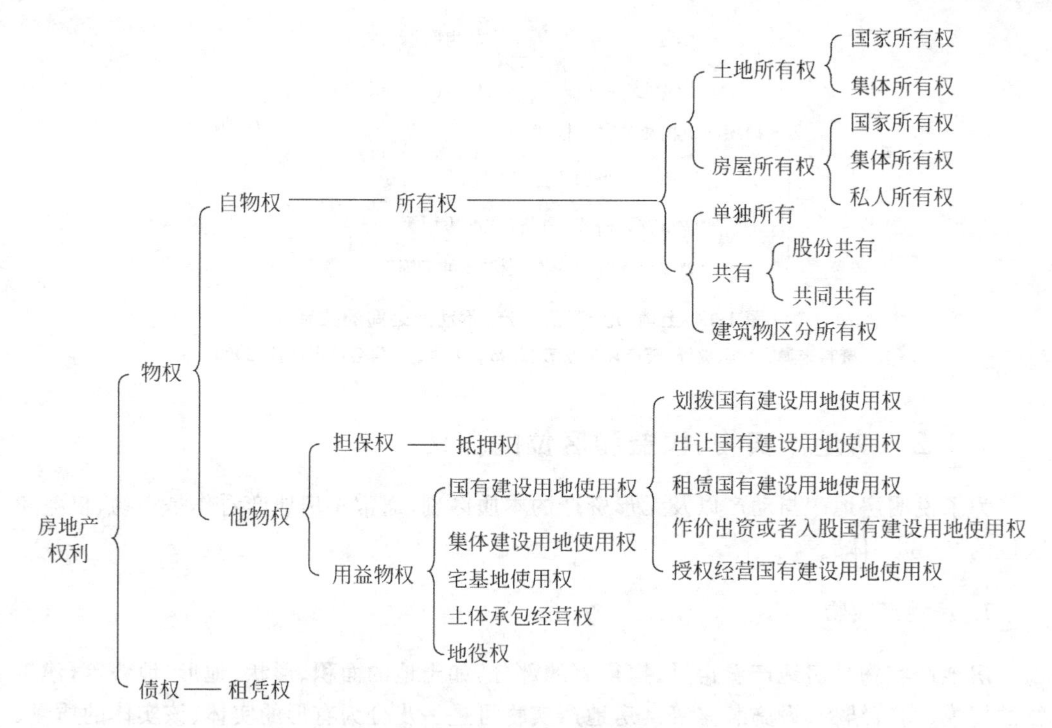

图 1-2 房地产权利的分类

资料来源：柴强.房地产估价理论与方法[M].北京：中国建筑工业出版社，2015.

3. 房地产区位

房地产的区位是指该房地产与其他房地产或事物在空间方位和距离上的关系，包括位置、交通、外部配套设施和周围环境等。房地产位置的不可移动特性，使得区位这个房地产外在因素成为房地产的重要组成部分，区位不同，即使房地产实物和权益相同，其价格、价值也会相差很大。

房地产的位置指该房地产所在的地方，包括坐落、方位、与相关场所的距离、临街(路)状况、朝向和楼层。交通指进出该房地产的方便程度，可用可达性指标来衡量；需要注意的是，某些房地产因受单行道、道路隔离带、立交桥、交通出入口方位等的影响，“进”“出”该房地产的方便程度是不同的。外部配套设施指该房地产用地红线外的基础设施和公共服务设施，用地红线内的配套设施，则属于该房地产的实物因素；基础设施指道路、给排水、电力、通信、燃气、供热等设施，公共服务设施指商业服务业、金融邮电、教育、医疗卫生、文化体育等设施。周围环境指该房地产周围的自然环境、人文环境和景观。自然环境指该房地产周围光、气、水、土等自然要素的组和情况，人文环境指该房地产周围的社会环境，包括历史、文化、声誉、居民特征、治安状况、相邻地产的利用状况等，景观指该房地产

不同视角及进出沿途所见的景色和获得的印象。

1.1.3 房地产的特性

房地产的特性指房地产区别于其他商品的特殊性质,它既源于土地的特性,又与建于其上的建筑物有关。

1. 土地的特性

土地是自然经济的综合体,因此现阶段大多数土地管理书籍将土地特性分为自然特性和经济特性(或人文特性)。若从更大的范围来看,可将土地特性分为资源特性、资产特性、生态特性、工程特性和权属特性五个方面。

1) 土地的资源特性

土地是一种综合的自然资源,与大气、生物、矿产等单项资源相比,土地对人类生存来说是最基本的,也是最广泛、最重要的。澳大利亚的克里斯钦等把土地称作"真正的资源"。资源是土地的最主要性质和过程,即能用来满足人类自身需要和改善自身的环境条件。作为"真正资源"的土地具有下列基本特征:

(1) 生产性。土地具有一定的生产力,即可以生产出满足人类某种需要的植物产品和动物产品,这是土地的本质特征之一。土地生产力按其性质可分为自然生产力和劳动生产力。前者是自然形成的,即土地资源本身的性质。不同性质的土地,即光、热、水、气、营养元素的含量及组合等不同的土地,适应于不同的植物和动物的生长繁殖;后者是施加人工影响而产生的,即人类生产的技术水平,主要表现为对土地限制因素的克服、改造能力和土地利用的集约程度。土地生产力的高低,也主要取决于上述两方面的性质。

(2) 地域性。受地球公转和自转等而产生的地质构造的作用,各种土地形态的空间分布存在明显的地域性。各种山地、丘陵、高原、平原,在我国乃至世界的分布都是不均匀的,必须深刻认识土地的地域特征,以便因地制宜地利用土地资源。

(3) 时间变化性。土地不仅具有地域性的空间差异,而且具有随时间变化的特点。例如,土地随时间而产生的季节性变化,即动植物的生长、繁育和死亡,土壤的冻结与融化,河水的季节性泛滥等,这些都影响着土地的固有性质和生产特征。土地的时间变化又与空间位置紧密联系,因为处于不同空间位置的土地,它的能量与物质的变化状况是不相同的。因此,应把土地的地域性与时间变化性看作土地统一体的两个方面。

(4) 利用的永续性。人类祖先使用过的土地至今仍在周而复始地使用,这一事实充分证明了土地具有利用的永续性。即土地只要合理地加以利用,则其生产力或利用价值永不会消失,有人称之为不可灭性或恒久性。因土地具有这种特性,所以可给其占有人带来永续不断的收益。但是必须指出,只有合理利用,才能使土地得到不断更新和循环利用。这就要求要处理好用地与养地之间的关系，保持土地中各种生态因子之间的动态平衡，使土地生产力得以不断提高。否则，一旦土地利用超越土地的生态“阈限”，就可能引起土地生产特性的退化。

(5) 面积的有限性。土地是自然的产物。土地面积由地球大小所决定。虽然地球上的土地历经多次地质变化而改变了土地的形态，但其总面积几乎未变。人类移山填海，扩展陆地，固然是能办到的，但耗资巨大，所增无几，不能从根本上改变土地面积有限性这一特性。N.J.格林伍德等指出，土地的第一基本财富是面积。因此，必须科学、合理地利用每一寸土地，把珍惜每寸土地作为我们的国策。

2) 土地的资产特性

威廉·配第曾经说过：“劳动是财富之父，土地是财富之母。”随着人类社会的发展，不仅土地的重要性越来越突出，土地作为资产的特性也表现得日益明显。换句话说，土地已作为一种财富为人们所拥有，并在经济上作为资金运用的同义语。

土地具有使用价值和交换价值，可以进入商品流通，是一种特殊商品。与一般商品相比，它具有下述特殊性：

(1) 非劳动产品与劳动产品的二重性。一般商品是用来交换劳动产品的，而土地这个特殊商品，具有非劳动产品与劳动产品的二重性。如果从它的根本属性来看，或就其整体而言，是属于天然赐予的自然物，并非人的劳动所能创造的；但从对它加工的角度来看，现今土地大多经过人类长期直接或间接的开发，凝结着大量的人类劳动，具有劳动产品的一面。

(2) 土地价格的二重性。一般的商品是属于价值物，其价格是价值的货币表现。然而，土地的价格具有二重性：一方面是作为自然物的土地价格；另一方面是作为开发的土地价值的价格。从现实的经济生活来看，这两个部分的土地价格是融合在一起的，因为人类投入土地的劳动与土地本身是不可分的。因而，土地估价也与一般商品不同，有着特殊的理论和方法(详见本章其他节)。

(3) 不可移动性。一般商品在空间上是可移动的，而土地这个商品的位置却是无法移动的，这一特性使土地利用形态严格地受到位置的限制。这一特性决定了土地的有用性和适用性随着土地位置的不同而有着较大的变化，这就要求人们必须因地制宜地利用土地。同时，这一特性也决定了土地市场是一种不完全的市场，即不是实物交易意义上的市场，而只是土地产权流动的市场。

(4) 保值增值性。一般商品的使用随着时间的推移总是不断地折旧直至报废。而土地这个特殊商品则不然，由于土地经营者对土地的投资、土地周围设施的改善、土地用途的改变和土地需求量的增加，土地不仅不会折旧，还可以不断保值增值。难怪有人说，对土地的投资是风险性最小的投资。

3）土地的生态特性

从前述土地概念中可知，土地本身就是一个生态系统，是地表各自然地理要素与生物体及人类之间相互作用、相互制约所形成的统一整体。在陆地生态系统中，土地是最根本、最重要的，是决定生态系统类型及其构成的主要因素，是能量输入与输出、物质交换转移得以实现的基础，又是地球生态系统的物质储存器、供应站和能量调节者。从生态角度看，土地具有以下重要功能：

（1）支撑功能。对生物体来说，土地的最显而易见的功能之一就是支撑，即承载力。这种支撑，就是负荷各种物品，使其能发挥功能的能力。土地因具有这种特性，才能赋予人类活动的立足地，才能兴建各类建筑物，也才能负荷多种多样的动植物的活动。

（2）养育功能。土地的本质属性是有生产能力，它可以生产出人类需要的植物产品和动物产品。在生态学中，人们把生物生产分为植物性生产和动物性生产。植物性生产是植物通过光合作用，源源不断地生产出植物性产品的过程，又称作第一性生产或初级生产。动物把采食的植物同化为自身的生活物质，使动物体不断增长和繁殖，亦称作第二性生产或次级生产。从食物链的关系来看，次级生产中又可再分为几级，如二级、三级等。每低一级的生产都以其前一级生产的有机质作为其食料，整个生物界就是通过食物链繁育衍生而来的。所谓土地危机，主要就是指土地生产能力的破坏超越了土地对人类的养育“阈限”，人口的膨胀超越了土地的养育“容量”。

（3）净化功能。进入土地的污染物质在土体中可通过扩散、分解等作用逐步降低污染物浓度、减少毒性；或经沉淀、胶体吸附等作用使污染物发生形态变化，变为难以被植物利用的形态存在于土地中，暂时退出生物小循环，脱离食物链；或通过生物降解和化学降解，使污染物变为毒性较小或无毒性甚至有营养的物质；或通过土地掩埋来减少工业废渣、城市垃圾和污水对环境的污染。必须注意的是，土地的净化功能在一定时间内是有限的，必须在其容许的范围内进行。

4）土地的工程特性

城乡居民点、交通运输、水利、旅游以及其他各项工程建设事业，都必须以土地为基础。土地的工程特性，是土地的又一重要性质，它对工程建设的适宜性有着极为深刻的影响。土地的工程特性主要由地基承载力、地下水、地形、水文等要素综合作用形成。

5）土地的权属特性

土地权属是土地的三大基本要素之一，是土地区别于其他“综合体”的重要特性，主要指土地的所有权及使用权，简称地权。土地所有权是土地所有者拥有的、受到国家法律保护的排他性专有权利。土地使用权指的是按法律规定，对一定土地进行利用、管理并取得收益的权利。我国20世纪末进行的土地使用制度改革，主要内容就是土地使用权的有偿出让、转让和出租等。

2. 建筑物的特性

1）不可移动性

建筑物作为人类的建设成果，一经建成，其坐落位置、结构类型、建筑朝向都是固定不变的。目前，随着科学技术的发展，虽然说整幢大楼的微小移动成为可能，但并不能从根本上改变建筑物的不可移动性。

2）产权边界的复杂性

一般来说，资产的产权边界是较清楚的，要么是所有权，要么是使用权、租用权等。但建筑物的产权边界要复杂得多，在评估中经常会遇到同一幢建筑物具有多重产权属性的情况，如公私同幢、私私同幢等，或表现为在同一幢房产中既有部分所有权又有部分租赁权等。

3）功能的变异性

对于多数资产，其功能通常是固定的或不可改变的。这些资产是为了满足人们特定的生产、经营活动的需要，一经改变，其使用价值将随之消失。但建筑物不同，功能改变在很多情况下不仅不会降低，反而会提高其使用价值，如商业区的厂房、车间改造，临街工业用房改造成商业用房等，就极大地提高了这些房屋的使用价值。

4）共生性

建筑物不能脱离土地而独立存在。土地是可以独立存在的一种自然资源和社会资源，而建筑物必须建立在土地之上，与土地不可分割。离开土地的"空中楼阁"是不存在的。

3. 房地产的特性

1）不可移动性

由于构成某一房地产的土地的位置是不可能移动的，而移动建筑物特别是长距离移动，通常情况下也是不切实际的，因此，房地产的空间位置是固定的，具有不可移动性。房地产不可能像其他商品那样，通过运输来供给一个地区的房地产需求，或调剂不同地区之间余缺。不可移动性使得区位环境条件在房地产质量、功能及交易价格的分析中格外重要。

2）耐用(耗)性

土地具有不可毁灭性，在正常使用条件下可以永久使用。房屋一经建成，也可以使用至少数十年。因此，房地产是最具有耐耗性的物品。当然，也许会发生地震、山崩、火灾等自然或人为灾害，可能使得某一宗土地消失，但不能以这些偶然事件来否认其正常状态。

3）异质性

两宗房地产可能由于位置的不同、建筑面积不等、建筑风格差异、新旧程度不同、产权性质不同等原因而不同。在房地产市场上不可能有两宗完全一样的房地产，即使它们可能在外形上一模一样，但也肯定存在位置和区位、层位等方面的差异。但不要因此而否认不同房地产之间的市场可替代性。

4）高价值性

无论从个人家庭还是从一个国家来看，房地产价值都高于一般商品或财产的价值。在市场经济条件下，一套面积、位置适中的住房的合理价格，是一个中等家庭年收入的3～6倍，即使发达国家的大多数家庭，也要靠长期贷款来购买住房。到目前为止，房地产仍然是普通家庭中价值比重最大的财产。如法国现代家庭的财产价值中，房地产价值所占比例仍高达62.5%。1919年美国的城市房地产总价值占国内物质财富总额的30.8%，城乡房地产总价值占国内物质财富总额的51.9%，1990年美国房地产总价值大约为8.8万亿美元，占国内物质总财富的56%。

5）供给的有限性

如前所述，地球上土地的面积是有限的，而高楼大厦也有一定的高度极限，所以说房地产的供给也是有限的。但从本质上来看，供给的有限性是由于房地产的不可移动性造成特定区位供给数量固定造成的，并不是土地总量有限造成的，因为相对于人类需要来说，土地总量还是相对丰富，还有相当一部分土地面积未被人类用于房地产开发。

6）投资与消费的双重性

众所周知，房地产既可用于消费，也可用于投资，这也是房地产可保值增值的原因所在。房地产的投资性和消费性不易区分，一般认为，在房地产价格长期上涨的情况下，常被视为投资工具；反之，则更具有消费性。几个世纪以来，房地产一直是一种有吸引力的、令人欣赏的投资对象。

7）关联性

地产和建筑物均是房地产的组成部分，二者具有高度的相关性：建筑物不能独立于地产而单独存在，地产上如果没有建筑物，其使用价值也会受到显著影响。即使是质量、规格、设计风格等完全相同的建筑物，也会由于其所依附的土地的级差地租不同而使其评估价值出现很大的差异。因此，在评估一宗房地产时，必须把地产和建筑物紧密结合起来，高度重视其关联性对评估价值的影响。

1.1.4 房地产的分类

1. 土地的分类

由于土地的用途、位置和开发程度的不同，评估的要求和所要考虑的因素也不同，因此需要从不同角度对土地进行分类。

(1)《土地利用现状分类》国家标准按照土地用途进行了一级分类，包括耕地、园地、林地、草地、商服用地、工矿仓储用地、住宅用地、公共管理与公共服务用地(如机关团体用地、新闻出版用地、科教用地、医卫慈善用地、文体娱乐用地、公共设施用地、公园与绿地、风景名胜设施用地)、特殊用地(指用于军事设施、涉外、宗教、监狱、殡葬等的土地)、交通运输用地、水域及水利设施用地和其他土地。

(2) 按照经济地理位置,土地可分为市中心区、一般市区、市区边缘区、近郊区、远郊区,还有经济特区、开发区、出口加工区、保税区等。

(3) 按照所有权归属,土地可分为国家所有土地和集体所有土地。我国城市的土地属于国家所有。农村和城市郊区的土地,除由法律规定属于国家所有的以外,其他属集体所有;宅基地和自留地、自留山也属于集体所有。

(4) 按照利用程度,土地可分为高度集约使用的土地、正常使用的土地、闲置未用土地或空地和使用不当的土地。

(5) 按照开发程度和开发趋势,土地可分为已开发土地、未开发土地和已列入城镇开发规划的土地。

(6) 按照使用情况,土地可以分为生产用地、非生产用地、出租用地和不需用土地等。

综上所述,我们给出土地的一般分类方法,如图 1-3 所示。

2. 建筑物的分类

对建筑物进行分类,目的在于使评估人员更好地了解不同类别建筑物的特点,准确把握评估对象的建筑风格、结构类型、建筑功能,使评估结果科学、合理。这里介绍三种建筑物分类方法。

1) 按建筑结构分类

建筑结构是指建筑物中由承重构件组成的体系,一般分为砖木结构、砖混结构、钢筋混凝土结构、钢结构、其他结构。具体如以组成建筑结构的主要建筑材料来划分,可分为钢结构、混凝土结构(包括素混凝土结构、钢筋混凝土结构和预应力混凝土结构等)、砌体结构(包括砖结构、石结构、其他材料的砌块结构)、木结构、塑料结构、薄膜充气结构等。如以组成建筑结构的主要结构形式来划分,可分为墙体结构、框架结构、深梁结构、简体结构、拱结构、网架结构、空间薄壁结构、悬索结构、舱体结构。

2) 按建筑物用途分类

根据建筑物的使用用途,可将建筑物分为居住建筑、公共建筑、工业建筑和农业建筑四大类。居住建筑和公共建筑通常统称为民用建筑。

居住建筑可分为住宅和集体宿舍两类。住宅习惯上不很严格地分为普通住宅、高档公寓和别墅。集体宿舍主要有单身职工宿舍和学生宿舍。

公共建筑是指办公楼、商店、旅馆、影剧院、体育馆、展览馆、医院等。

工业建筑是指工业厂房、仓库等。

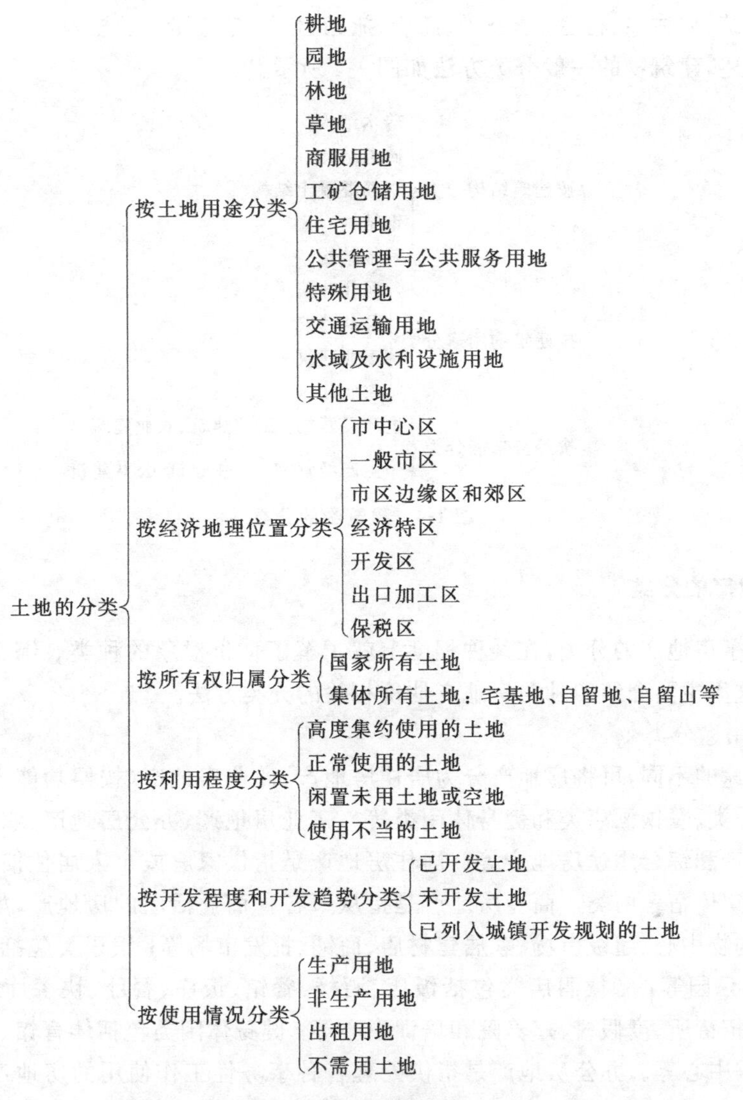

图 1-3　土地的分类

农业建筑是指种子站、拖拉机站、饲养牲畜用房等。

3）按经济功能分类

按经济功能划分，建筑物可分为生产经营类和非生产经营类两大类。前者包括工业建筑和农业建筑，工业建筑是指为生产服务的各类建筑，也称为厂房类建筑，如生产车间、辅助车间、动力车间、仓储用房等；农业建筑是指用于农业生产和畜牧业加工等的建筑，如温室、禽畜饲养场、粮食与饲料加工站、农机修理站等。后者是指民用建筑，包括居住建筑和公共建筑，如住宅、宿舍、办公楼、商店、旅馆、影剧院、医院、学校等。

综上所述，建筑物的一般分类方法如图 1-4 所示。

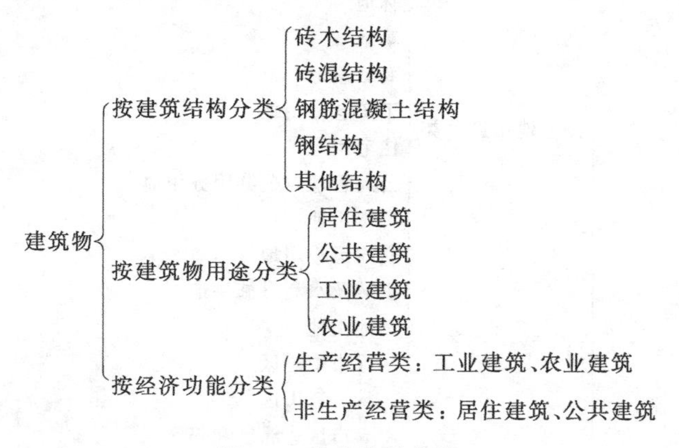

图 1-4 建筑物的分类

3. 房地产的分类

搞清楚了房地产的分类，在某种程度上就了解了估价对象的种类。综合土地和建筑物的分类，这里主要介绍四种与房地产估价相关的分类方法。

(1) 按用途分类

根据用途的不同，可将房地产分为居住房地产、商业房地产(按照功能不同又可分为零售类、娱乐类、餐饮酒店类和健身休闲类等)、工业房地产、办公房地产、农业房地产、特殊用途房地产和综合用途房地产等。居住房地产是指供家庭或个人居住使用的房地产，包括住宅和集体宿舍两类。商业房地产是指从事各种商业活动的房地产，如零售类包括百货商场、购物中心、超级市场、家居建材店、商铺、批发市场等；娱乐类包括电影城、娱乐城、KTV、游乐园等；餐饮酒店类包括饭店、酒楼、餐馆、饭庄、餐厅、快餐厅、美食城以及宾馆、酒店、招待所、度假村、疗养院和培训中心等；健身休闲类包括体育馆、高尔夫球场、滑雪场、康乐中心等。办公房地产是指供处理各种事务性工作使用的房地产，即办公楼，又可分为商务办公楼(俗称写字楼)和行政办公楼。工业房地产是指供工业生产使用或直接为工业生产服务的房地产，如厂房、仓库等。农业房地产是指供农业生产使用或直接为农业生产服务的房地产，如农地、果园、苗圃、鱼塘、养殖场、农场、林场、牧场等。特殊用途房地产是指作为汽车客运站、火车站、机场、码头、汽车加油站、医院、学校、博物馆、寺庙、教堂、墓地等用途的房地产。综合用途房地产是指具有上述两种以上(含两种)用途的房地产，如商住楼等。

(2) 按房地产开发程度分类

根据房地产开发程度不同，可将房地产分为生地、毛地、熟地、在建工程和现房。生地是指不具有城市基础设施的土地，如农地、荒地。毛地是指具有一定的城市基础设施，有地上物（如房屋、围墙、电线杆、树木等）需要拆除或迁移但尚未拆除或迁移的土地。熟地是指具有较完善的城市基础设施且场地平整，可以直接在其上面进行房屋建设的土地。根据基础设施完备程度和场地平整程度，熟地又可分为“三通一平”“五通一平”“七通一平”等的土地。“三通一平”是指通路、通水、通电以及场地平整；“五通一平”是指具备道路、给水、排水、电力、通信等基础设施条件以及场地平整；“七通一平”是指具备道路、给水、排水、电力、通信、燃气、供热等基础设施条件以及场地平整。在建工程是指处在某种开发建设阶段而尚未竣工的房地产。现房是指已建造完成、可直接使用的建筑物及其占用范围内的土地。

(3) 按房地产实物形态分类

根据房地产实物形态可将房地产分为土地、建筑物、土地和建筑物的综合体、房地产局部、未来状况下的房地产、已灭失的房地产、现在状况下的房地产与过去状况下的房地产的差异部分、以房地产为主的整体资产或者包含其他资产的房地产、整体资产中的房地产 9 类。其中，土地包括无建筑物的土地和有建筑物的土地；建筑物包括已建造完成的建筑物和尚未建造完成的建筑物；土地和建筑物的综合体包括土地与已建造完成的建筑物的综合体即现房和土地与尚未建造完成的建筑物的综合体即在建工程或房地产开发项目；房地产局部指非整幢楼房，而是其中的某层某套；未来状况下的房地产中最常见的是期房；已灭失的房地产指已被拆除的房屋或被火灾、地震等自然灾害完全损毁的房屋等；现在状况下的房地产与过去状况下的房地产的差异部分指建筑物的装饰装修前后或房地产受损前后的差异部分；以房地产为主的整体资产或者包含其他资产的房地产指正在运营、使用的宾馆、餐馆、商场、加油站、高尔夫球场、码头等，通常既包含土地、房屋、构筑物等房地产，还包含家具、电器、机器设备、债权债务、特许经营权等其他资产；整体资产中的房地产指一个企业中的土地和房屋等。需要指出的是，上述房地产虽然是从实物角度来划分的，但评估其价值时仍然包含实物、权益和区位三个方面，尤其需要注意其权益状况，如有无债权债务限制、是否是划拨用地、是否是部分产权或有限产权、是否设定了抵押权、租赁权或地役权、是否是依法公告列入征收征用范围或被依法查封、采取财产保全措施等受限制的房地产、是否合法或有争议等。

(4) 按房地产经营使用方式分类

房地产经营使用方式主要有销售、出租、自营和自用，这种分类方法对选用估价方法很有用。例如，可采用比较法估计用于销售的房地产，运用收益法估计出租或自营的房地产，用成本法估计自用的房地产。

综上所述，房地产的一般分类方法如图 1-5 所示。

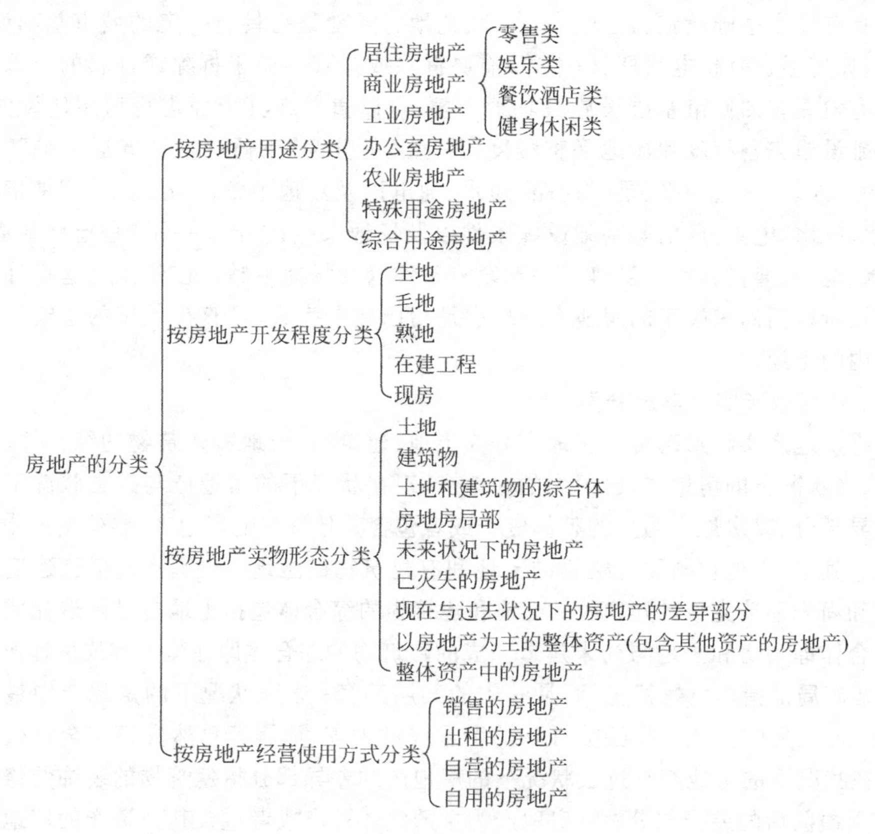

图 1-5 房地产的分类

资料来源：柴强.房地产估价理论与方法[M].北京：中国建筑工业出版社，2015.

1.2 房地产估价概述

1.2.1 房地产估价的含义

房地产估价是对房地产在某一时点的价值进行估价的行为或过程。具体地讲，房地产估价是指符合国家有关规定的专门机构和人员，接受他人委托，为了特定的目的，遵循公认的原则，按照严谨的程序，依据有关法律、法规和标准，在合理的假设下，运用科学的方法，对特定房地产在特定时间的特定价值进行分析、测算和判断，并提供相关专业意见的活动。

根据全国房地产估价师执业资格考试用书《房地产估价理论和方法》中的说明，从事房地产估价业务的机构和人员，作为房地产估价工作中的主体，必须符合国家在房地产估价方面的有关规定，即具有从事该项业务的行业及执业资格并登记注册。特定目的称为

估价目的，是指引起房地产估价业务发生的经济行为，它直接决定和制约房地产估价的价值类型确定和估价方法选择。公认的原则称为估价原则，即房地产估价工作的行为规范，是处理估价业务的行为准则。严谨的程序称为估价程序，有关法律、法规和标准称为房地产估价的依据。合理的假设称为估价假设，科学的方法称为估价方法，特定房地产称为估价对象，特定时间称为估价时点，特定价值类型称为价值类型。上述定义中涉及的估价机构和人员和估价委托方统称为估价当事人，分析、测算和判断出的特定价值及提供的相关专业意见称为估价结果。因此，估价当事人、估价对象、估价依据、估价时点、估价目的、估价原则、估价假设、价值类型、估价程序、估价方法和估价结果是房地产估价的构成要素。

房地产估价在美国称为“real estate appraisal”；在英国称为“property valuation”；在日本和韩国称为不动产鉴定评价，简称不动产鉴定；在中国台湾地区称为不动产估价、不动产鉴定或不动产鉴价；在中国香港地区称为物业估价或物业估值。

1.2.2 房地产估价的特点

通常情况下，房地产估价具有以下特点。

1. 时点性

所谓时点性是指房地产估价是对估价对象（即待估价房地产）在某一时（间）点的价值的估算。这一时点是所估价价值的适用日期，也是提供价值估价基础的市场供求条件及房地产状况的日期，我们将这一时点称为估价基准日（若为没有建筑物的地产，这一时点称为期日）。估价基准日相对于估价（工作）日期而言，既可以是过去的某一天，也可以是现在的某一天，还可以是将来的某一天。比如，我们 2006 年 9 月 10 日至 2006 年 10 月 2 日要估价一宗房地产的价值，根据委托人（客户）的要求不同，估价基准日既可能是 2005 年 12 月 18 日，也可能是 2006 年 10 月 1 日，还可能是 2007 年 4 月 25 日。具体的估价基准日需要根据客户的房地产估价业务要求，与客户协商确定，或者由客户指定。由于房地产估价结果即估价价值所反映的是在估价基准日这一时点的房地产市场供求状况和房地产自身状况下的房地产价值，因而估价结果具有较强的时效性，很容易过时，这就需要不断地进行更新，以反映最新的市场信息和房地产状况。

2. 市场性

房地产估价一般要估算的是房地产的市场价值，因而房地产估价就需要通过对估价基准日的市场实际状况进行模拟，以求估价价值（或说估价价格）尽可能地接近房地产在估价基准日的市场价值。估价价值（价格）是否客观，需要接受市场价格的检验。如果二者的差异在允许的范围内，则说明估价结果是比较客观的。市场价格又可以称为交易价格，是指在市场交易中，特定交易的买卖双方实际成交的货币额。市场价格又可以根据买卖双方交易时所处的地位不同、所掌握的市场信息不同等状况，分为公开市场价格和非公开市场价格。公开与不公开都是相对而言的，公开市场价格是对买卖双方来讲都不吃亏(不是凭某一个人的感觉判断的)；非公开市场价格是对买卖双方来讲，一方占了另一方的便宜。最为公开的市场价格就是市场价值。市场价值是“一房地产在公开竞争的市场上出售，买卖双方行为精明，且对市场行情及交易物完全了解，在没有受到不正当刺激因素影响下所形成的最高价格”[①]。更明确地说，市场价值是最可能价格。

3. 预测性

一般来说，一项房地产之所以有价值，是因为预期其未来能够产生净收益。一项房地产的市场价值是对其未来产生的净收益的现实反映。因而，通常是首先对房地产预期能够产生的净收益进行预测，然后将各个时期的净收益预测值折现为现值后加总，来估算房地产价值。既然是根据预测性假设进行评估，最后的估价结果也就带有不确定性[②]。

4. 公正性

房地产估价服务于房地产业务的需要，对于房地产业务的任何一方当事人来说，都应当具有独立性。房地产估价的目标是估算出服务于房地产业务要求的客观价值，不应当受到任何人的主观干预。房地产估价的公正性表现为：①房地产估价遵循正确适用的估价原则，依照法定的估价程序，运用科学的估价方法。这是公正性的技术基础。②估价主体应当与房地产业务及其当事人没有利害关系。这是公正性的组织基础。

5. 咨询性

房地产估价为房地产业务所提供的估价价值，是一种专业化、市场化的咨询服务，估价结果本身并没有强制执行的效力，估价主体只是对估价结论的客观性负责，而不对房地产交易价格的确定负责。估价价值是为房地产业务提供的一个参考价值，最终的成交价格取决于房地产业务当事人讨价还价的能力。

1.2.3 房地产估价的原则

房地产估价的原则是规范估价行为和业务的准则。规定估价原则是为了确保不同的估价人员在遵循规定的估价程序，采用适宜的估价方法和正确的处理方式的前提下，对同一估价对象的估价结果具有一致性。房地产估价的原则包括工作原则和经济原则。

---

① Boyce B N. Real Estate Appraisal Terminology[M]. Ballinger Publishing Co. ,1975：137.

② Aswath Damodaran. 投资估价[M].北京：清华大学出版社，1999：2.

1. 房地产估价的工作原则

1）合法原则

合法原则即必须以估价对象的合法使用、合法交易或合法处分为估价前提。所谓合法，是指符合国家的法律、法规、规章、政策以及不动产所在地政府的有关地方性法规、规章、政策规定。合法原则的具体要求是：

（1）在估价时必须确认估价对象具有合法的产权。在无法确认估价对象产权合法性的情况下，就必须在估价报告中说明，估价过程和结果在估价对象具有假定的合法产权的情况下，才是有效的。

（2）要求估价时所涉及的估价对象的（假定或当前）利用方式（包括用途、容积率等）必须是合法的。例如，在采用假设开发法评估时，需要设定估价对象的未来利用方式，必须符合城市规划的要求。

（3）如果涉及估价对象的交易或处分方式，也必须是合法的。例如，在涉及划拨土地使用权单独设定抵押或转让估价时，就必须考虑到划拨土地使用权只有在得到土地行政主管部门批准，并向国家补交土地使用权出让金或土地收益后，才能实行抵押权或转让。在此前提条件下的估价对象才具有合法性，估价结果才可能是正确的。

遵循合法原则并不意味着只有合法的房地产才能成为估价对象，而是指依法判定估价对象是哪种状况的房地产，就应将其作为哪种状况的房地产来估价。还需要指出的是，依法判定的估价对象状况通常是估价对象实际状况，但也可能不是实际状况，而是有关合同、招标文件等中约定状况或者根据估价目的的需要设定的状况。

2）独立、客观、公正原则

“独立”指估价主体在房地产估价过程中处于中立地位，应当不受任何权势、金钱、亲情等外界因素的影响，应凭自己的专业知识、实践经验和职业道德进行估价。“客观”指估价主体应当从实际出发，对各项估价要素和基础资料认真进行调查研究，而不要带着自己的情感、好恶和偏见，不添加任何没有事实依据的妄断和臆测，以确保估价结果的客观性。虽然我们在估价过程中使用科学的估价模型，但向模型输入的变量必然带有主观判断的色彩，导致估价结果受到估价过程中所存在的主观偏见的影响。减少估价过程中主观偏见的方法有两种[①]：一是尽量避免受到公众关于房地产价值观点的影响；二是在估价之前尽可能少地关心房地产是被高估还是低估。“公正”指估价主体在房地产估价过程中不偏袒估价利害关系人中的任何一方，应坚持原则、公平正直地进行估价。

3）科学性原则

房地产估价必须按照规定的估价程序，根据估价目的，选择适用的价值类型，采用适

---

① Damodaran A. 投资估价[M]. 北京：清华大学出版社，1999.

宜的估价方法，制定科学的估价实施方案，以确保估价结果的科学、合理。价值类型的选择要以估价目的为依据。

4）专业性原则

房地产估价必须是由具有从事该职业资格并经登记注册的专门机构和专业人员来完成。房地产估价机构必须拥有一支受过良好专业及职业教育，并由具有丰富估价工作经验的工程、技术、财务会计、经济管理、法律等学科专家组成的房地产估价专业队伍，以确保估价结果的客观、公正、科学。

5）估价时点原则

由于市场上房地产价格是在不断地变化着的，但所估价价格结论只能有一个，因而就要求所估价价格结论是反映估价对象在某一确定时间点的价格，即强调估价结论应是估价时点的公开市场价值。不过，这一原则并不否定估价结论在估价时点之外应用的可能性。

2. 房地产估价的经济原则

1）贡献原则

某一房地产或房地产的某一构成部分的价值，取决于该房地产对与其他相关房地产共同组成的整体房地产价值的贡献或该部分对房地产整体价值的贡献，也可以用缺少它时房地产整体价值的下降程度来衡量确定。如果简要地用经济学理论来表述，就是说待估价房地产的边际效用(即边际贡献或说边际生产力)决定了其价值。

2）替代原则

替代原则的理论依据是同一市场上的相同(或相近)物品具有相同(或相近)的价值。比如，在区位、价格发生时点等特征上相近似的两宗或数宗房地产，它们的价格也相近。对具有同等效用而价格不同的物品进行选择时，理性人必定选择价格便宜的；对价格相同而效用不同的物品进行选择时，理性人必定选择效用较大的。替代原则要求尽可能地利用与估价对象特征相类似房地产的市场交易资料，来进行比较分析估价待估价对象的价值，以确保所估价的结果是估价对象在公开市场上成交的最可能价格。

3）预期原则

预期原则是指房地产的价值不是取决于其过去的生产成本和销售价格，而是决定于其在估价基准日后能够带来的预期净收益，即预期的获利能力。预期的获利能力越大，房地产的价值就越高。

4）最佳(也称最高最佳)使用原则

最佳使用原则即按照估价对象的最佳使用方式，估价房地产价格。最佳使用是指在法律上允许、技术上可能、经济上可行的前提条件下，能够使估价对象产生最高价值的利用方式。在运用最佳使用原则时，首先要求最佳利用方式在法律上是得到允许的；其次还要得到技术上的支持，不能将技术上无法做到的利用方式当作最佳使用；最后应注意所确定的最佳利用方式在经济上可行，不可能通过不经济的方式来实现房地产的最佳使用。在估价对象已经处于使用状态的情况下，应根据最佳使用原则对估价前提作如下选择：

(1) 保持利用现状前提，即认为继续保持利用现状为最佳使用时，应以保持现状继续使用作为估价前提；

(2) 转换用途前提，即认为转换用途再予以使用最有利时，应以转换用途后的使用假定为估价前提；

(3) 装修改造前提，即认为不转换用途但需要装修改造后再予以使用最为有利时，应以装修改造后的使用假定为估价前提；

(4) 重新利用前提，即认为拆除现有建筑物再予以利用最为有利时，应以拆除建筑物后的使用假定为估价前提；

(5) 改变规模前提，即认为改变规模再予以利用最为合理的，应选择改变规模前提进行估价；

(6) 上述五种情形的某种组合或其他特殊利用。

5) 谨慎原则

谨慎原则要求在影响估价对象价值或价格的因素存在不确定情况下对其作出判断时，应充分考虑其导致估价对象价值或价格偏低的一面，慎重考虑其导致估价对象价值或价格偏高的一面。理解谨慎原则的关键是“不确定因素的情况下”。实际估价时，如果面临的是确定因素，则不存在谨慎原则，应依据确定因素进行估价，如果面临的是不确定因素，当对该因素的乐观、保守(或悲观)、折中判断或估计会导致对估价价值的相对偏高、偏低和居中估计时，则应采取导致对估价价值相对偏低的估计。房地产抵押价值和抵押净值评估应遵循谨慎原则。

《房地产抵押估价指导意见》针对不同估价方法，提出了遵循谨慎原则的下列要求：

① 运用比较法估价时，不应选取成交价格明显高于市场价格的交易实例作为可比实例，并应对可比实例作必要的实地查勘；

② 运用收益法估价时，不应高估收入和低估运营费用，选取的报酬率或资本化率不应偏低；

③ 运用成本法估价时，不应高估土地取得成本、建设成本、有关税费和利润，不应低估折旧；

④ 运用假设开发法估价时，不应高估未来开发完成后的价值，不应低估后续开发的必要支出及应得利润。

1.2.4 房地产估价的假设

“假设”在此处为“姑且认定”之意，它是进行一项房地产估价工作的假定前提条件。同一房地产在不同的假设条件下，其价值实现受到的约束不同，因而会产生不同的估价价值。需要说明的是，这里的假设并非子虚乌有，而是对现实中发生的不同房地产业务情况的归类。

1. 继续使用假设

继续使用假设是指房地产将按照现行用途继续使用，或转换用途继续使用。现实中的表现主要有两种情况：一是房地产将按照现行用途原地继续使用，如甲某购买一住宅后继续作住宅使用；二是房地产将转换用途后在原地继续使用，如将一工业厂房改造成商场。

对于可继续使用房地产的估价与不可继续使用房地产的估价，以及不同情况下的继续使用房地产的估价，往往适宜于不同的房地产业务，具体估价过程中考虑的细节因素不同，估价结果自然也不同。比如，一宗房地产业务，如果按照现行用途（商业用途）继续在原地使用，用收益法估价其价值，就是将该宗房地产在商业用途下的未来收益，以一定的还原利率还原为估价基准日收益总和，即该宗房地产的估价值；如果用途转换为居住用途继续使用，用收益法估价其价值，就是将该宗房地产在居住用途下的未来收益，以一定的还原利率还原为估价基准日收益总和，即该宗房地产的估价值；如果不再继续使用，如土地使用权到期需由政府将土地使用权连同地上建筑物一并无偿收回，则该宗房地产的估价值为零。

在确定是否可以采用继续使用假设时，需要充分考虑的条件有：房地产的产权是否明晰，产权不清的房地产难以确认其价值；房地产是否具有剩余经济寿命，已经没有剩余经济寿命的房地产一般将不再有获利能力，因而没有价值；房地产从经济上、法律上、技术上是否允许转变利用方式。

2. 公开市场假设

所谓公开市场是指在该市场上，交易双方进行交易的目的在于最大限度地追求经济利益，并掌握必要的市场信息，有较充裕的时间进行交易，对交易对象具有必要的专业知识，交易条件公开且不具有排他性，即一个完全竞争的房地产市场。公开市场假设是指待估价房地产能够在完全竞争的市场上进行交易，从而实现其市场价值。不同类型的房地产，其性能、用途不同，因而市场化程度也有差异。用途广泛、通用性比较强、市场化程度较高的房地产如住宅，比具有较强专用性的房地产如化工生产用厂房、发电厂、码头、教堂等有更加活跃的交易市场，因而更适用于公开市场假设。专用性房地产一般具有特殊的

性质，有特定的用途或限于特定的使用者，在不作为企业经营活动的一部分时，很少能够在公开市场上出售。

在房地产估价时，对于具备在公开市场上交易的房地产，宜作公开市场假设，并根据房地产的位置、特点、市场供求等因素确定其最佳利用方式，按照其最佳利用方式进行评估。

3. 清算假设

清算（清偿）假设是指房地产所有者在某种压力下，如破产、抵押权实施等，将被迫以协商或以拍卖方式，强制将其房地产出售。由于卖方一般是非自愿地被迫出售房地产，买方处于相对有利的地位，再加上此类交易是被限制在较短时间内完成，对有关买方的市场信息了解不充分，房地产的交易价格明显低于继续使用或公开市场条件下的价格，因而估价价值往往也低于继续使用和公开市场假设下的估价价值。

1.2.5 房地产估价的价值类型

从房地产估价和房地产价值实现的角度，可以将价值类型分为市场价值和非市场价值。

1. 市场价值

前面提到过，市场价值是“一资产在公开竞争的市场上出售，买卖双方行为精明，且对市场行情及交易物完全了解，在没有受到不正当刺激因素影响下所形成的最高价格”。国际资产评估标准中的市场价值定义为“是指资产在评估基准日交易的评估值，资产交易是买者与卖者在适当的市场上自愿、独立进行的交易，并且交易双方都是精明、慎重、自愿的”。因而，市场价值以评估基准日可能获得的最合理的市场价格来衡量。市场价值包括房地产按照最佳用途使用条件下的市场价值和按照当前用途使用条件下的市场价值。最佳用途下的市场价值主要适用于可以作公开市场假设或转化为最佳用途后继续使用假设的房地产业务。当前用途下的市场价值主要适用于可以按原用途继续使用假设的房地产业务。当前用途下的市场价值是假定房地产可以在公开的市场按照当前用途出售的最可能价值，而不论当前用途是否为最佳用途。虽然当前用途下的市场价值不反映房地产在最佳使用下的市场价值，但可以将它看作一个特例，而不认为是偏离了市场价值概念。在特殊情况下，市场价值可能是负数，这些情况包括某些租用房地产、一些特定房地产、清理土地上废弃资产的费用超过土地价值等。

2. 非市场价值

非市场价值是指房地产在各种非公开交易市场条件下的最可能价值。常见的非市场价值有：

(1) 使用价值，是指特定使用者对特定房地产按照特定用途使用下，所能够实现的房地产价值，其价值确定以目前用途和预期用途的收益为基础。同一房地产用于不同目的则具有不同的使用价值。

(2) 投资价值，是指某个或某类投资者为确定目的而进行投资的房地产价值。投资价值概念将具有特定投资目的的投资者与特定房地产联系起来，注意不要混淆投资价值和投资房地产的市场价值。

(3) 保险价值(insurable value)，是指在保险合同中规定的房地产价值。

(4) 课税价值，是指由估税员为摊派税额而估定的房地产价值，通常是基于市场价值的一定比例。

(5) 清算价值，是指房地产所有人被迫接受的较低价值。清算价值取决于房地产的通用性和清算期限的限制，房地产的通用性越强，对清算期限的限定越宽松，清算价值就越高。

(6) 净变现价值，是指在正常的交易中，房地产的估计销售价减去销售费用和交易成本后的价值。

1.2.6 房地产估价的目的

房地产估价目的是指估价行为所服务的经济活动，即估价委托人对估价报告的期望用途。随着房地产市场的繁荣发展，适应不同估价需要的估价目的多样化增加，现阶段，我国房地产估价的目的主要包括：与房地产这种资产类型相关的抵押、税收、征收或征用、司法拍卖、分割或合并、损害赔偿、保险、出让、转让、租赁、纠纷处理、企业经济活动、分家析产以及投资基金物业评估和为财务报告服务的物业评估等。

1. 房地产抵押估价

房地产抵押是指债务人或者第三人在不转移房地产占有的情况下，将房地产作为履行债务的担保，若发生债务人不履行到期债务或其他当事人约定的实现抵押权的情况，债权人有权依照法律规定以该房地产折价或者以拍卖、变卖该房地产所得的价款优先受偿。出于抵押目的的房地产估价主要包括初次抵押估价、再次抵押估价、续贷抵押估价、抵押期间估价和抵押房地产处置估价，估价时应注意区分抵押贷款前估价和抵押贷款后估价、是否设立了法定优先受偿权、需要评估的是抵押价值还是抵押净值等情况。

2. 房地产税收估价

目前，我国与房地产相关的税种共 10 个，其中，专门针对房地产设置了 5 个税种，分别为房产税、城镇土地使用税、耕地占用税、契税和土地增值税；具有普遍调节功能的税种也有5个，分别为营业税、城市维护建设税、企业所得税、个人所得税和印花税。10个税种中，除了城镇土地使用税和耕地占用税外，其余8个税种都需要进行房地产估价。在房地产税收估价中，评估的价值或价格统称为计税价值；评估时应区分房地产持有环节税收估价、房地产交易环节税收估价和房地产开发环节税收估价，并应按照相应税种为核定其计税依据进行估价；评估方法可选用批量估价或个案估价。

3. 房地产征收、征用估价

房地产征收、征用是指国家出于国防、外交、由政府组织的基础设施建设或公共事业、紧急情况(抢险、救灾等)等目的，不得不征收或征用集体所有的土地或单位、个人的不动产。征收和征用既有共同之处，又有不同之处。共同之处在于都是为了公共利益的需要，都具有强制性，都要经过法定程序，都应依法予以补偿。不同之处在于征收主要是所有权的改变，而征用只是使用权的改变，是国家强行使用集体或私人所有的财产，被征用的财产在使用之后，应该返还给财产所有人。房地产征收征用估价有时不仅需要评估房地产的价值、室内装修装饰价值和用于产权调换的房屋价值，而且还需要评估因征收征用所造成的家具、家电等动产的搬迁费用、临时安置费用和停产停业的损失等。对于征用的房地产，若发生毁损、灭失等情况，还可评估其价值减损额和灭失房地产的市场价值，为相关补偿提供参考依据。

4. 房地产拍卖、变卖估价

房地产拍卖估价，可为确定拍卖标的的保留价提供参考依据，估价时应区分司法拍卖估价和普通拍卖估价。对于司法拍卖的房地产进行估价，需要根据最高人民法院的有关规定和人民法院的委托要求，评估被拍卖房地产的市场价值或市场价格、其他特定价值或价格。对于普通拍卖估价，可根据估价委托人的需要，评估拍卖房地产的市场价值或市场价格、快速变现价值。对于房地产变卖估价，宜评估市场价值。

5. 房地产分割、合并估价

现实生活中，分家析产、离婚、遗产继承等通常都涉及房地产的分割估价，相邻不动产的交易通常涉及房地产的合并估价。房地产分割、合并估价，应以房地产的实物分割、合并为前提，并应分析实物分割、合并对房地产价值或价格的影响。

房地产分割估价，不应简单地将分割前的整体房地产价值或价格按建筑面积、土地面积或体积等进行分摊得出分割后各部分房地产价值或价格，应对分割后的各部分房地产分别进行估价，并应分析因房地产分割造成的房地产价值或价格的增减。房地产一般不宜进行实物分割，而是采取折价或拍卖变卖等方式，对所得价款予以分割；对少数采取实物分割方法的情况，由于房地产是不均质的，通常还需要“多退少补”，两种情况通常都要委托房地产估价机构对该房地产进行估价。房地产合并估价,也不应简单地将合并前的各部分房地产价值或价格相加作为合并后的整体房地产价值或价格,应对合并后的整体房地产进行估价,并应分析因合并造成的房地产价值或价格的增减。

6. 房地产损害赔偿估价

房地产损害赔偿估价是当房地产由于各种原因发生了价值减损或相关经济损失,为和解、调解、仲裁、诉讼等确定赔偿或补偿金额提供参考而进行的估价。现实生活中,房地产损害赔偿的类型多种多样,如相邻关系处置不当造成的相邻房地产在通风、采光、日照、景观等方面的价值减损,遭受辐射、噪声、意外事故造成的水土污染的不动产,工程质量缺陷造成的价值减损等。损害赔偿估价中,应区分被损害房地产价值减损评估、因房地产损害造成的其他财产损失评估以及因房地产损害造成的搬迁费用、临时安置费用、停产停业损失评估等。

7. 房地产保险估价

与房地产保险相关的估价主要有两种情况,一种是在投保时需要评估保险标的的实际价值,为保险人和投保人约定投保标的的保险价值和保险金额提供参考依据,评估时应根据投保的险种确定估价对象范围,一般不包括即使保险事故发生也不会遭受损失的部分;另一种是在保险事故发生后,需要评估因保险事故发生造成的财产损失,为赔偿保险金的数额提供参考依据。

8. 房地产转让、租赁估价

房地产转让包括房屋所有权转让和土地使用权转让,是指房屋所有权和土地使用权人通过买卖、互换、赠与或者其他合法方式将房屋所有权和土地使用权转移给他人的行为。房地产转让估价,应根据转让人或受让人的具体需要,区分评估标的房地产的市场价值、投资价值、卖方要价、买方出价、买卖双方协议价等,估价中需要弄清楚交易双方有无约定、有无租约限制、是否需要补缴土地出让金、是否独立产权等情况。

房地产租赁包括房屋租赁、土地租赁和土地使用权出租,是指房屋所有权人、土地所有权人、土地使用权人作为出租人将其房地产出租给承租人使用,由承租人向出租人交付租金的行为。房地产租赁估价分为出租人需要的估价和承租人需要的估价,评估时应根据委托人的具体需要,评估其市场租金或其他特定租金、承租人权益价值等。

9. 国有建设用地使用权出让估价

国有建设用地使用权出让是指国家以土地所有者身份,将国有建设用地使用权在一定年限内让与土地使用者,并由土地使用者向国家支付出让金等土地有偿使用费的行为,方式主要有招标、拍卖、挂牌和协议等。国有建设用地使用权出让估价包括出让人需要的估价和意向用地者需要的估价，其中，出让人需要的估价应根据出让方式的不同和出让人的具体需要，评估其市场价值或相应出让方式的底价；意向用地者需要的估价应根据出让方式和意向用地者的具体需要，评估其市场价值或投资价值、相应出让方式的最高报价、最高出价、竞争对手的可能出价等。

10. 房地产投资基金物业估价

房地产投资基金物业估价分为房地产投资信托基金物业评估和其他房地产投资基金物业估价。房地产投资信托基金物业评估是基于房地产投资信托基金发行上市、运营管理(包括收购、经营和出售等)、退出市场及相关信息披露等需要来进行的，主要包括信托物业状况评价、信托物业市场调研和信托物业价值评估。其他房地产投资基金物业估价应根据具体情况，按照相应估价目的进行估价。

11. 为财务报告服务的房地产估价

为财务报告服务的房地产估价主要包括投资性房地产公允价值评估，作为存货的房地产可变现净值评估，存在减值迹象的房地产可回收金额评估，受赠、合并对价分摊等涉及的房地产入账价值评估，境外上市公司的固定资产重估等。估价时，基准日的确定应根据相关要求，从资产负债表日、减值测试日、购买日、转换当日、首次执行日等进行选择，同时应根据具体的估价目的以及相应的公允价值、现值、可变现净值、重置成本、历史成本等会计计量属性，选用合适的方法进行评估，对采用公允价值计量的，应评估市场价值。

12. 房地产纠纷估价

房地产纠纷是特定主体基于与房地产相关的利益冲突而产生的一种双边对抗行为。房地产纠纷估价指对有争议的房地产评估价值、赔偿金额、补偿金额、交易价格、市场价格、租金、成本、费用分摊、价值分配等进行鉴别和判断，并提出客观、公平、合理的鉴定意见，为和解、调解、仲裁、行政裁决、行政复议、诉讼等方式解决纠纷提供参考依据或证据而进行的估价行为。估价中，应根据纠纷的类型，了解纠纷双方的利益诉求，按相应的估价目的进行估价，估价结果应平衡纠纷双方的利益，有利于化解纠纷。

13. 企业各种经济活动涉及的房地产估价

企业各种经济活动涉及的房地产估价包括用房地产作价出资设立企业和企业改制、企业上市、企业资产重组、企业资产置换、企业资产收购、企业资产出售、企业产权转让、企业对外投资、企业合资、企业合作、企业租赁、企业合并、企业分立、企业清算、企业抵债等经济活动涉及的房地产估价。估价中，应界定房地产和其他资产范围，明确估价对象的财产范围,并根据企业经济活动的类型,按相应估价目的进行估价。

14. 其他目的的房地产估价

除了上述估价目的外,还存在其他诸多房地产估价目的：如办理出国移民时为了提供财产证明而进行的房地产估价；在房地产相关活动中,为了解决当事人对处理金额、评估结果等产生的异议所进行的房地产估价；为了衡量与房地产相关的违法、乱纪等行为的情节轻重时进行的房地产估价；为改变土地使用条件时补地价的评估；为国有土地上房屋征收所进行的预评估等。不论何种估价目的,均应根据不同的估价需求评估相应的房地产价值。

1.2.7 房地产估价职业道德

房地产估价职业道德是指房地产估价师和房地产估价机构在从事房地产估价这种职业时应遵循的道德规范和行为准则。它要求估价师和估价机构以良好的思想、态度、作风和行为去从事房地产估价工作。如果房地产估价师没有良好的职业道德,不仅会损害估价利害关系人的合法权益,而且会扰乱市场秩序,甚至会被依法追究法律责任。房地产估价职业道德的主要内容如下。

(1) 房地产估价师和估价机构应回避与自己、近亲属、关联方及其他利害关系或与估价对象有利益关系的估价业务。

(2) 房地产估价师和估价机构不得承接超出自己专业胜任能力和本机构业务范围的估价工作,对部分超出自己专业胜任能力的工作,应聘请具有相应专业胜任能力的专家或单位提供专业帮助。

(3) 房地产估价师和房地产估价机构应正直诚实,不得作任何虚假估价,不得按估价委托人或其他个人、单位的高估或低估要求进行估价,且不得按预先设定的价值或价格进行估价。

(4) 房地产估价师和估价机构应勤勉尽责,应搜集合法、真实、准确、完整的估价所需资料,且应对搜集的估价所需资料进行检查,并应对估价对象进行实地查勘。

(5) 房地产估价师和估价机构在估价假设等重大估价事项上,应向估价委托人清楚说明,使估价委托人了解估价的限制条件及估价报告、估价结果的使用限制。

(6) 房地产估价师和估价机构应保守在执业活动中知悉的国家秘密、商业秘密,不得泄露个人隐私；应妥善保管估价委托人提供的资料,未经估价委托人同意,不得擅自将其提供给其他个人和单位。

(7) 房地产估价师和估价机构应维护自己的良好社会形象及房地产估价行业声誉,不得采取迎合估价委托人或估价利害关系人不当要求、恶性压价、支付回扣、贬低同行、虚假宣传等不正当手段招揽估价业务,不得索贿、受贿或利用开展估价业务之便谋取不正当利益。

(8) 房地产估价师和估价机构不得允许其他个人和单位以自己的名义从事估价业务，不得以估价者身份在非自己估价的估价报告上签名、盖章，不得以其他房地产估价师、估价机构的名义从事估价业务。

习题

一、名词解释

1. 地产　2. 房地产　3. 不动产　4. 房地产估价

5. 房地产估价的时点性　6. 市场价值　7. 非市场价值

二、判断题

1. 除独立、客观、公正原则外，评估房地产的在用价值时，应遵循合法原则、估价时点原则、替代原则和最高最佳使用原则。

2. 一般来说，提高房地产的独立使用性，会提高其变现能力。

3. 某单位与2014年12月1日与市国土局签订的建设用地使用权出让合同规定，土地的规划用途为住宅，容积率为2.0；2015年10月10日报市规划局批准变更用途为住宅、办公；2016年5月9日报市规划局批准变更容积率为3.0；2016年9月1日市国土局委托房地产估价机构评估需补交的土地使用权出让金数额，则估价时点应为2015年10月10日和2016年5月9日。

4. 房地产估价师除了可以从事房地产价值评估业务，还可以从事房地产市场调研、房地产开发项目策划和房地产资产管理等咨询业务。

5. 城市房屋拆迁是强制性的，其行为不符合市场价值形成中交易双方自愿进行交易的条件，所以城市房屋拆迁估价应采用非市场价值标准。

6. 在合法利用下，现状利用为最高最佳利用时，房地产在用价值等于市场价值；在不合法利用下，在用价值可能高于市场价值。

7. 把交通时间和交通费用统一用货币来衡量的距离，称为交通时间距离。

8. 房地产估价应遵循合法原则，因此只有依法登记的房地产才能成为估价对象。

9. 临街厂房实际用于商业运营，抵押估价时可按商业用途评估，但估价风险应通过估价假设来规避。

10. 房地产司法拍卖估价，因估价对象可能存在抵押权或债权，所以估价时要考虑这些因素对房地产价值的影响。

11. 在房地产估价中如果估价对象的范围包含房地产以外的财产，则应逐一予以说明。未作说明的，应理解为不在估价对象的范围内。

12. 房地产估价原则可以使不同的注册房地产估价师对房地产估价的基本前提具有

一致性，对同一价值时点的评估值趋于相同或相近。

13. 被拆迁房屋的房地产市场价格中不包含搬迁补助费及被拆迁房屋室内自行装修装饰的补偿金额。

14. 在某一时点，投资价值是唯一的，而市场价值因投资者的不同而不同。

15. 在进行房地产估价时，对房地产市场情况的分析始终应针对估价时点时的状况。

16. 就使用价值与交换价值相对而言，房地产估价所评估的是房地产的交换价值。

17. 在城市房屋拆迁估价中，当拆迁补偿实行房屋产权调换方式且所调换的房屋为期房时，由于估价对象状况为某个时点的状况，因此估价时点应为未来。

18. 不论是何种估价目的，估价对象价值所依据的市场状况一定是估价时点时的状况，但估价对象状况不一定是估价时点时的状况。

19. 地震、山崩、水灾等自然或人为灾害，可能使得某一宗土地消失，所以土地是可毁灭的。

20. 当估价对象为"干净"的房地产、可比实例是带有债权债务的房地产时，其统一房地产范围的价格换算公式是：房地产价格＝带债权债务的房地产价格＋债务－债权。

三、单项选择题

1. 关于房地产估价误差的说法，错误的是（　　）。

A. 判断评估价值误差大小或者准确性，理论上是将其与真实价值进行比较

B. 估价会有误差，可用一般物理测量的误差标准来要求估价误差标准

C. 所有评估价值都有误差，可以说所有评估价值都是近似值

D. 估价误差应有一定限度，因此需要确定合理误差范围

2. 关于确定估价时点与得出评估价值先后次序的说法，正确的是（　　）。

A. 确定估价时点在先，得出评估价值在后

B. 得出评估价值在先，确定估价时点在后

C. 确定估价时点与得出评估价值同时进行

D. 确定估价时点与得出评估价值无先后表示，谁先谁后都可以

3. 在国有建设用地使用权挂牌出让中，为竞买人确定报价提供参考依据的估价，一般是评估（　　）。

A. 挂牌底价　　　　B. 正常市场价格

C. 竞买人可承受的最高价　　　　D. 最可能的成交价

4. 在为房地产投保火灾险服务估价中，理论上评估的应是（　　）。

A. 建筑物重置成本和土地使用重新取得成本

B. 建筑物重置成本和重建间的经济损失

C. 建筑安装工程造价和重建期间的经济损失

D. 建筑物重置成本、土地使用权重新取得成本和重建期间的经济损失

5. 某宗房地产在现状条件下持续经营的价值为5 000万元，假定对该房地产进行重新装修后的价值为6 500万元，装修费为800万元，装修期为1年，装修费用均匀投入，装修期间租金损失现值为500万元；如果对该房地产进行改变用途的改造，改造后的价值为8 000万元，改造费用为160万元，改造期为1年，改造费用均匀投入，改造期间租金净损失现值为500万元；折现率均为10%，该地区不适合拆除重建，根据上述材料，该房地产的最佳利用应是（　　）。

A. 维持现状　　B. 改变用途　　C. 重新装修　　D. 重新开发

6. 下列估价中，估价时点应为现在、估价对象应为未来状况的是（　　）。

A. 因解决估价结果异议的需要，对原估价结果进行复核的估价

B. 因保险理赔需要，对投保房地产的价值损失进行评估

C. 因抵押贷款的需要，对作为抵押物的在建工程进行估价

D. 因房屋征收补偿需要，对用于产权调换的期房进行估价

7. 关于房地产估价的特点或本质的说法，正确的是（　　）。

A. 房地产估价是评估房地产的价格而不是价值

B. 房地产估价是模拟市场定价而不是代替市场定价

C. 房地产估价是一种价格保证而不是仅提供参考意见

D. 房地产估价有误差且不能把误差控制在合理范围内

8. 关于房地产位置固定性的说法，错误的是（　　）。

A. 房地产位置固定性决定了房地产市场是一个地区性市场

B. 房地产位置固定性意味着房地产的社会经济位置也固定不变

C. 房地产位置固定性决定了任何一宗房地产只能就地开发、利用或消费

D. 房屋平移技术不能完全改变房地产位置固定这一特性

9. 某房地产开发企业欲取得一宗以挂牌方式出让的建设用地使用权，委托房地产估价机构评估其可接受的最高价，该估价应采用的价值类型为（　　）。

A. 市场价值　　B. 投资价值　　C. 谨慎价值　　D. 在用价值

10. 在房地产估价活动中，合法原则的运用主要体现在（　　）。

A. 估价主体资格需依法取得　　B. 估价对象状况需依法判定

C. 估价对象收益需依法确定　　D. 估价方法需依法选用

11. 下列估价基本事项中，首先应予以明确的是（　　）。

A. 估价目的　　B. 估价时点　　C. 估价对象　　D. 价值类型

12. 相似的房地产之间之所以价格相互牵制、相互接近，是因为相似的房地产之间具有（　　）。

A. 异质性　　B. 排他性　　C. 替代性　　D. 互补性

13. 在估价中选取估价依据应有针对性，主要是根据(　　)来选取。

A. 估价假设和估价原则　　B. 价值类型和估价结果

C. 估价程序和估价方法　　D. 估价目的和估价对象

14. 关于估价结果形成和确定的说法，错误的是(　　)。

A. 估价结果可能受注册房地产估价师的专业水平和职业道德的影响

B. 注册房地产估价师不应在估价之前征求估价委托人对估价结果的意见

C. 注册房地产估价师不应在出具报告之前与估价委托人讨论估价结果

D. 合理的估价结果和估价对象在市场上的成交价格应一致

15. 相邻房地产的权利人应正确处理相邻关系。相邻关系的产生是因房地产具有(　　)。

A. 易受限制　　B. 独一无二　　C. 相互影响　　D. 不可移动

16. 某套住宅的使用面积为100平方米，成交总价为80万元，其中附带家具和电器的价值为2万元，成交价款在成交当日支付50%，余款一年后支付；假设年折现率为6%，使用面积与建筑面积的比率为75%，则在成交当日以建筑面积计算的该住宅“纯粹”房地产的实际交易价格为(　　)元/平方米。

A. 5 680　　B. 5 830　　C. 5 850　　D. 7 574

17. 下列房地产估价活动中，价值时点为过去，估价对象状况为过去状况的估价是(　　)。

A. 因抵押贷款需要，对拟抵押房产价值进行评估

B. 因保险赔偿需要，对房地产因火灾造成的价值损失进行评估

C. 因罪量刑需要，对受贿案中受贿时的房地产价值进行评估

D. 因司法拍卖需要，对拟拍卖房地产价值进行评估

18. 评估房地产时需考虑的主要风险是(　　)。

A. 不可位移　　B. 使用时间长　　C. 不易变现　　D. 规划限制严

19. 正常情况下，一栋别墅在某一时点的市场价值，不会高于此时点重新开发一同等效用别墅的成本(包括利润)。这体现了房地产估价的(　　)。

A. 贡献原则　　B. 独立、客观、公正原则

C. 预期原则　　D. 替代原则

20. 房地产评估价值与房地产交易中的实际成交价格之间的关系是(　　)。

A. 前者必须高于后者　　B. 前者必须低于后者

C. 前者必须等于后者　　D. 前者可以高于、低于或者等于后者

21. 房地产具有供给有限特性，本质上由于(　　)。

A. 土地总量有限　　B. 规划限制　　C. 房地产不可移动　　D. 价值量大

22. 回顾性房地产估价，其估价对象状况和房地产市场状况常见的关系是(　　)。

A. 估价对象状况为过去，房地产市场状况为现在

B. 估价对象状况为现在，房地产市场状况为现在

C. 估价对象状况为过去，房地产市场状况为过去

D. 估价对象状况为现在，房地产市场状况为过去

23. 某商场建成3年后补办了土地使用权出让手续，土地使用权出让年限为40年。建筑物的自然寿命为50年。在这种情况下，建筑物的经济寿命为(　　)年。

A. 40　　B. 43　　C. 47　　D. 50

24. 某夫妻共有一套成本价购买的房改房，现因离婚进行财产分割的需要而委托房地产估价机构评估该套房改房的价格，则较合理的估价结果是(　　)。

A. 现时该房改房上市交易的正常价格扣除受让方应缴纳的土地使用权出让金

B. 现时该房改房上市交易的正常价格

C. 现时该房屋的房改成本价

D. 当时该房屋的房改成本价

25. 某套住宅总价30万元，套内建筑面积125平方米，套内墙体面积20平方米，分摊的共有建筑面积25平方米，则该住宅每平方米建筑面积的价格为(　　)元。

A. 1 765　　B. 2 000　　C. 2 069　　D. 2 400

26. 下列关于不同类型价值的高低关系的表述中，错误的是(　　)。

A. 原始价值高于账面价值　　B. 投资价值高于市场价值

C. 谨慎价值低于市场价值　　D. 快速变现价值低于市场价值

27. 下列经济活动中，不需要进行房地产估价的是(　　)。

A. 了解某宗房地产的出租人权益价值

B. 了解某企业包括房地产及特许经营权等在内的企业价值

C. 了解某地区地震后房地产价值的变化

D. 了解某宗房地产的应纳城镇土地使用税额

28. 以房地产抵押贷款为目的的估价，其估价时点原则上为(　　)。

A. 签订估价委托合同之日　　B. 发放抵押贷款之日

C. 完成估价对象实地查勘之日　　D. 未来处置抵押房地产之日

29. 评估征收房地产造成的停产停业损失，属于(　　)业务。

A. 传统价值评估　　B. 价值分配

C. 相关经济损失评估　　D. 价值减损评估

30. 某估价机构接受保险公司的委托，对被火灾完全烧毁的房屋进行价值鉴定，为保险理赔提供参考价值，估价时点为现在，则其估价对象状况和房地产市场状况分别为(　　)。

A. 估价对象状况为过去，房地产市场状况为过去

B. 估价对象状况为现在，房地产市场状况为现在

C. 估价对象状况为过去，房地产市场状况为现在

D. 估价对象状况为现在，房地产市场状况为过去

四、多项选择题

1. 下列房地产特性中，决定房地产需要专业的估价的特性有（　　）。

A. 独一无二　　B. 寿命长久　　C. 供给有限　　D. 价值大

E. 保值增值

2. 下列房地产估价活动中，不符合职业道德行为的有（　　）。

A. 某估价机构承接了该机构某股东财产的司法鉴定评估

B. 某估价机构在承接估价业务时，涉及特殊构筑物估价，主动聘请有关专家提供帮助

C. 某估价机构把在估价工作中需要了解的估价委托人的商业资料提供给房地产估价行业组织检查

D. 估价委托人对估价结果提出了明确要求，由于时间紧，加上估价业务简单，某估价机构按其要求完成了估价

E. 某估价师临时接到出差任务，实际负责估价业务的估价人员以估价师名义在估价报告上签字后提交估价报告

3. 下列估价目的中，对已出租的房地产应考虑租约影响的有（　　）。

A. 房地产抵押估价　　B. 房屋征收评估

C. 房地产转让估价　　D. 房地产火灾保险估价

E. 房地产司法拍卖估价

4. 下列估价目的中，对已被查封的房地产应视为未被查封的房地产来估价的有（　　）。

A. 房地产抵押估价　　B. 房屋征收评估

C. 房地产司法拍卖估价　　D. 房地产转让估价

E. 房地产投资信托基金估价

5. 下列房地产抵押估价活动中，符合合法原则要求的有（　　）。

A. 将学校用于教学的办公楼假设可改变为商务办公楼进行估价

B. 对已依法公告列入征收范围的房屋，按抵押价值进行估价

C. 对已抵押房地产进行再次抵押估价，不扣除已抵押担保的债权数额

D. 对在建工程进行抵押估价，不扣除发包人已支付承包人的工程价款

E. 对划拨土地的房地产进行抵押估价，扣除相应的土地使用权出让金

6. 对某房地产转让价格进行评估时，经分析发现将其装修改造后能获得最大收益，这时应遵循的估价原则有（　　）。

A. 替代原则　　B. 谨慎原则

C. 合法原则　　D. 最高最佳利用原则
E. 价值时点原则

7. 建筑物从大的方面可以分为(　　)。
A. 商业用房　　B. 房屋　　C. 公用建筑　　D. 构筑物
E. 工业建筑

8. 房地产评估的标的物包括(　　)。
A. 土地使用权　　B. 土地所有权
C. 建筑物及其权益　　D. 建筑物中的水暖设施
E. 建筑物中的办公设备

9. 确定评估基准日的目的是(　　)。
A. 确定评估对象的计价时间　　B. 将动态下的资产固定在某一时点
C. 将动态下的资产固定在某一时期　　D. 确定评估机构的工作日
E. 遵循科学的评估程序

10. 有一开发公司拟参加国有土地使用权拍卖会,现委托房地产估价人员对该土地的最高竞买价进行评估,所得出的评估价值是(　　)。
A. 交换价值　　B. 公开市场价值　　C. 投资价值　　D. 理论价格
E. 标定地价

11. 下列关于房地产抵押价值评估的表述中,正确的有(　　)。
A. 法律、法规规定不得抵押的房地产,没有抵押价值
B. 再次抵押的房地产的抵押价值为该房地产的价值扣除已担保债权后的余额
C. 房地产的价值扣除预计处分该房地产的各种费用、税金后的余额才是抵押价值
D. 不能单独处分、使用的房地产不宜作为抵押物,应当没有抵押价值
E. 在评估土地使用权是以划拨方式取得房地产的抵押价值时,不应包括土地使用权出让金

12. 房地产估价行为涉及的经济行为包括(　　)。
A. 产权转让　　B. 企业重组　　C. 资产抵押　　D. 资产纳税
E. 停业整顿

13. 下列属于土地使用管制的事项有(　　)。
A. 建筑物四周应留有一定的空地作为建筑物的绿地和交通用地
B. 取得的土地使用权不包括地下资源、埋藏物和市政公用设施
C. 某宗土地使用中,要求容积率为2.0
D. 甲、乙两宗土地使用中,甲土地必须为乙土地留出通行道路
E. 某宗土地只能用于商业房地产开发

14. 某宗房地产是采用抵押贷款方式购买的,购买总价为50万元,首付款为房价的

30%,余款在未来10年内以抵押贷款方式按月等额支付。银行贷款年利率为5.58%。则下列说法中正确的有(　　)。

A. 该房地产的实际价格等于名义价格　　B. 该房地产的名义价格为50万元

C. 该房地产的实际价格高于50万元　　D. 该房地产的实际价格为50万元

15. 公开市场价值是指(　　)交易条件下最可能实现的价格。

A. 卖方和买方掌握必要的市场信息

B. 卖方具有必要的专业知识,并了解交易对象

C. 买方具有特殊的兴趣,并愿意给予附加出价

D. 卖方和买方追求各自利益的最大化

E. 卖方和买方急于完成交易

16. 房地产的独一无二特性导致了(　　)。

A. 难以出现相同房地产的大量供给

B. 房地产市场不能实现完全竞争

C. 房地产交易难以采取样品交易的方式

D. 房地产价格千差万别并容易受交易者个别因素的影响

E. 房地产价值量大

17. 影响房地产价值的权益因素包括(　　)。

A. 房地产权利设立和行使的限制　　B. 房地产区位的限制

C. 房地产使用管制　　D. 房地产通风采光的限制

E. 房地产相邻关系的限制

18. 下列经济活动中,需要评估房地产抵押价值的是(　　)。

A. 增加抵押贷款

B. 抵押期间对抵押房地产进行动态监测

C. 抵押贷款到期后需继续以该房地产抵押贷款

D. 处置抵押房地产

E. 租赁抵押房地产

19. 下列法律、法规和标准中,应作为城市房屋拆迁估价依据的有(　　)。

A.《中华人民共和国物权法》　　B.《中华人民共和国城市房地产管理法》

C.《城市房地产开发经营管理条例》　　D.《房地产估价规范》

E.《城市房屋拆迁估价指导意见》

20. 在实际的房地产估价中,房地产抵押价值通常是抵押房地产未设立法定优先受偿款下的价值扣除估价师知悉的法定优先受偿款后的余额。这些法定优先受偿款通常包括(　　)。

A. 拖欠建设工程价款　　B. 已抵押担保的债券数额

C. 房地产变卖处置费用　　D. 诉讼费用

E. 其他法定优先受偿款

五、简答题

1. 简述土地资产的特性。
2. 简述土地资产价格特点。
3. 房地产估价的基本要素有哪些?
4. 房地产估价假设的具体内容是什么?
5. 房地产估价的经济原则有哪些?

六、计算与分析题

某房地产地处繁华商业区内，占地900平方米，地上200平方米建筑物为一旧式住宅。委托人要求评估该房地产的现时交换价值。评估人员经过调查了解到，现在该区域商业用途土地价格为每平方米4万元，该区域的商品房价格为每平方米1万元，城市规划中该区域的容积率为5。试问该房地产的现时价值大约是多少?并说明评估依据和理由。

CHAPTER 2 第2章 房地产估价的理论基础

2.1 地租理论

2.1.1 西方经济学的地租理论

1. 古典经济学的地租理论

古典经济学时期流行的地租理论，是地租剩余理论。地租剩余理论起源于威廉·配第的《赋税论》和亚当·斯密的《国富论》之间的时期。该时期的地租论点是：地租是从土地收益中减去包括工资在内的成本后的剩余，剩余额的大小取决于农产品的需求成本和供给成本，农产品的成本又取决于土地的位置和肥沃程度。较完整的地租剩余理论，产生于詹姆斯·安德森的《土租性质的研究》和李嘉图的《政治经济学及赋税原理》之间的时期。这一时期对地租问题“颇有研究”的学者还有马尔萨斯(《地租的性质与发展》)、爱德华·威斯特(《论资本用于土地》)等。

2. 新古典经济学的地租理论

新古典经济学时期流行的地租理论，是地租的边际生产力理论。一般认为，冯·杜能是这一理论的先驱。对边际生产力理论及其在地租中的运用，作出重要贡献的经济学家有门格尔、杰文斯、克拉克、威克塞尔、威克斯蒂德、马歇尔等，其中，威克斯蒂德、马歇尔是两位最重要的代表人物。该理论否定了古典经济学中把生产要素三分为土地、劳动、资本的方法，认为各生产要素的价值由它的边际生产力决定，从而否认地租是一种剩余。下面主要介绍马歇尔对地租理论的论述。

1) 边际生产力地租理论

投入土地的资本和劳动，是由陆续使用的等剂量构成的。在陆续投入的过程中，陆续使用的各个等剂量所产生的报酬会出现递增(AEF)、递减($A'E$，FG)或者增减交替($A'E$—EF—FG—GH—HC)的过程。我们把所产生的报酬刚好与耕作者的生产费用(一个剂量加上平均利润)相等的这一剂量，称为边际剂(ΔD)。使用这一剂量刚好使耕作者的资本和劳动获得一般报酬(DC)而没有剩余。它所产生的报酬称为边际报酬(DC)。投入土地的总剂量数(OD)乘以边际报酬，得到所投入资本和劳动的一般总报酬($ODCBO$)。所投入资本和劳动产生的总报酬[$ODCHGFEA'(A)BO$]超过这个一般总报酬，超过的部分[$BCHGFEA'(A)B$]就是土地的剩余生产物，在一定的条件下转变为地租。具体如图2-1所示。

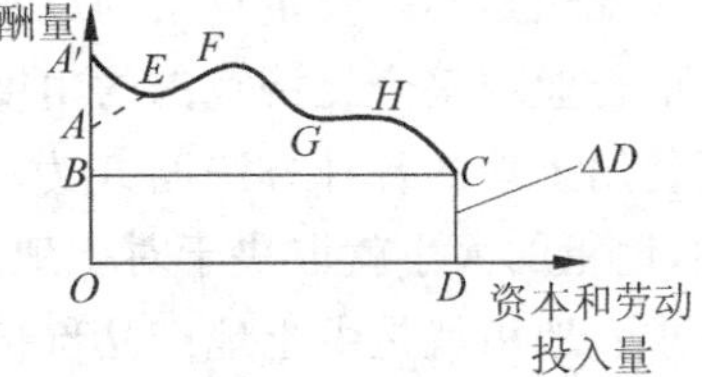

图2-1　边际生产力地租的形成

2）稀有地租和级差地租

从某种意义上说，所有的地租都是稀有地租，也都是级差地租。如果地租被看做土地服务总价值，超过所有土地在按照边际利用时所提供的总服务价值的差额时，地租就是级差地租。如果把每块土地充分利用到它能被有利使用的程度，也就是说，使用程度达到这样的边际，以致其产品只能以一种价格出售，这种价格刚好等于边际产品的生产成本（费用加利润），而不对土地的使用提供任何剩余。这样，土地所提供的服务（产品）的价格，必然由服务（产品）总量的自然稀缺性和对这些服务的需求，即供求来决定，而地租则最容易被看成这种稀缺价格总量和产品生产成本总量之差。因此，它一般又被视为稀有地租。

3）城市地租

城市地租等于位置地租加上农业地租。有两个从事同一产业生产的生产者，他们在各方面都具有相同的便利，但第一个生产者所占有的位置较为便利，因此在相同市场上买卖所需运费较少。如果假设第二个生产者不存在位置便利，其所使用的土地只是按农业土地缴纳地租，那么第一个生产者的土地位置便利所具有的货币价值，就可能转化为位置地租。第一个生产者缴纳的地租额就等于位置地租加农地地租。

土地所有者的土地年收入中，包括地租和利润两部分。地租是土地的原始价值或公有价值。原始价值是由于自然的原始性质（阳光、热、雨、空气、土地位置等）所致，虽然其中大都是人为的结果，但不是土地持有者造成的。比如，一块土地由于附近人口的激增，而立即具有很高的价值，它的所有者并没有作任何努力，这种价值可以确切地称为“公有价值”，即真正的地租。大部分位置价值（位置地租）是公有价值。土地持有者劳动或投资所创造的那部分价值可以称为“私有价值”，在土地年收入中表现为利润。利润率的大小取决于土地开发投资者所承担的风险。成片开发的风险大于单项开发，个人开发的风险大于政府。比如，众多土地所有者联合起来修建一条铁路，这将大大提高他们土地的价值。在土地所有者收入的增加中，有一部分应当看成土地改良（铁路）投资的利润，虽然这种资本用于铁路建设，而不是直接投资于自己的土地。一个国家在建立社会政治组织、普及国民教育和开发自然资源方面的投资，也具有相同的性质。

4）准地租

准地租是指从人类制造出来的特定生产工具中获得的收入。也就是说，任何无弹性供给的生产要素都能得到或多或少具有地租性质的收入。建筑物、特殊机器设备等在短期中，供给都可能缺乏弹性，它们的收入都被称为准地租。

5）地租与土地产品价格的关系

地租是不是决定价格的成本，取决于我们是从一个企业、一个小的行业，还是从一个大的行业或整个经济范围的角度来看问题。就整个经济或一个大的行业而论，我们可以把使用土地的各种方法归并为一类，土地利用方式自然就是单一的，土地的供给缺乏弹性，地租的大小就取决于对土地的需求（引致性需求），进一步而言，取决于对土地产品的需求。地租就是由土地产品价格决定的。从单一的企业或某些小行业来看，土地利用方式是可以选择的（种小麦或种树，开发成住宅、写字楼、公园或道路），土地的供给有相当大的弹性，地租就是影响土地产品价格的成本。

2.1.2 马克思的地租理论

马克思的地租理论，是马克思和恩格斯在对古典政治经济学家的地租理论批判性地继承的基础上建立和发展起来的。马克思的地租理论主要研究了资本主义农业地租，对城市地租也有所涉及。主要包括资本主义地租的实质、级差地租、绝对地租、垄断地租、建筑地段地租等内容。

1. 资本主义地租的实质

资本主义地租，是租地农场主为了得到使用自己资本的生产经营场所（土地），要在一定期限内按契约规定，支付给他所使用土地的所有者一个货币额。不管这个货币额是为耕地、建筑地段，还是为矿山、渔场、森林等支付，通称为地租。租地农场主要支付地租，但并不因此而减少他的平均利润。也就是说，租地农场主取得平均利润，而土地所有者取得超额利润——地租。土地所有权垄断是资本主义生产方式的历史前提，因而土地所有权是地租的前提，地租是土地所有权得以实现的经济形式，是社会生产关系的反映。

2. 级差地租

级差地租是指产生于支配着可垄断自然力的个别资本的个别生产价格和投入该生产部门的一般资本的社会生产价格之间的差额。根据形成条件的不同，级差地租又可分为级差地租Ⅰ和级差地租Ⅱ两种形式。

级差地租Ⅰ是由土地的肥沃程度不同和位置差异引起的。两个等量资本和劳动投资面积相等而优劣不同的土地上时，会产生不同的结果。这些不同的结果是由土地肥力和位置两个原因造成的。在土地肥力不同的条件下，经营优等地和中等地时，投入同样的资本和劳动，其劳动生产率和产量高于劣等地，从而其单位产品的生产价格低于劣等地。数量有限的土地，被租地农场主垄断经营，并且只有优、中、劣等级不同的土地全部用于农业生产时，才能满足社会需求。这时劣等地上单位产品的生产价格就成为市场（生产）价格。优、中等地个别生产价格与市场价格之间的差额，就转化为级差地租。在位置不同的条件下，经营距市场较近的土地与距市场较远的土地相比，会因节约运输费而取得超额利润。这一超额利润就转化为级差地租。

级差地租Ⅱ是在同一块土地上连续投入等量资本，各等量资本之间的生产率不同所产生的超额利润转化形成的地租。在同一土地上连续进行追加投资，即发展集约化耕作，主要是在较大程度上或是在较好土地上进行的。这里的追加投资是有界限的，这个界限是只提供平均利润的追加投资，它的产品的个别生产价格和市场价格是一致的。

级差地租Ⅰ是级差地租Ⅱ的基础和出发点。从历史上看，级差地租Ⅰ和级差地租Ⅱ反映了资本主义农业由粗放经营到集约经营两个不同的发展阶段；从形成过程看，级差地租Ⅱ的产生是以同一块土地上连续投资的生产率高于劣等地的生产率为前提的。级差地租Ⅱ是级差地租Ⅰ的不同表现，两者实质上是一样的，级差地租Ⅰ和级差地租Ⅱ不过是级差地租的两种表现形式，它们都是投在土地上的等量资本所具有的。

3. 绝对地租

在分析级差地租时，曾假定最劣等地的个别生产价格与调节市场的生产价格一致，因而劣等地上的地租为零。但事实是，如果租用劣等地的租地农场主不向土地所有者缴纳地租，就不可能被土地所有者允许在劣等地上耕种。租地农场主要在既不克扣工人的工资，又要获得平均利润，且又必须缴纳地租的前提下租种劣等地，供求作用下的市场价格就必须上涨到劣等地个别生产价格之上，即在劣等地个别生产价格基础上再加地租；市场价格只要稍稍超过生产价格，就足以使得劣等地进入市场。劣等地必须提供地租才会让人耕种这一事实，是谷物价格之所以会上涨的原因。由于这一地租是不论土地好坏都必须缴纳的，所以就称为绝对地租。绝对地租是土地所有者凭借对土地私有权的垄断所取得的、土地产品市场价格高于社会生产价格的一个差额，这个差额转化而形成的地租。

4. 垄断地租

垄断地租是产品的真正垄断价格带来的超额利润转化而形成的地租。真正的垄断价格既不以生产价格为基础，又不以价值为基础，而是由购买者的购买欲和支付能力决定的。这种超额利润来自于同该垄断价格产品进行交换的其他产品的生产者利润的转移，即其他产品剩余价值的一部分。垄断地租可以分为两种：由于土地所有权垄断，对在未耕地上进行不付地租的投资造成限制(障碍)，以致土地产品按照高于它们价值的垄断价格出售，由此而形成超额利润转化为垄断地租；由于某一土地的独特的自然特性，所生产出的产品具有较好的口味或其他质量特征，以至于能够以超出价值基础的真正垄断价格出售，由这种垄断价格产生的超额利润转化为垄断地租。前一种垄断地租，实质上就是农业资本有机构成较高情况下的绝对地租，是由于地租的存在而产生垄断价格；后一种垄断地租，是由于土地的较好的自然特性引起的，实质上就是级差地租，在这里，是垄断价格产生地租。较好的土地自然特性，既可以由此而产生较大量的产品（这种情况更普遍），也可能由此而产生较独特的产品。独特产品极为稀少，导致其能够以垄断价格出售。

5. 建筑地段地租

建筑地段地租和一切非农业用地的地租一样，是由真正的农业地租调节的。位置对其级差地租具有决定性的作用。人口的增加，以及随之而来的住宅需求的增大，会使得对建筑地段的需求增加，从而会提高建筑地段地租，土地作为空间和地基的价值也相应地提高。在土地上的固定资本投入（建筑物、铁路、船坞等），也必然会提高建筑地段的地租。不过，作为投在房屋上的资本的利息和折旧的房租，与单纯的地租是完全不同的。在迅速发展的城市内，建筑投机的真正对象是地租，而不是房屋。

2.2 土地区位理论

2.2.1 土地区位的概念

“区位”一词，源于德文复合词“standort”，1886 年英语译为“location”，原意为“位置”“场所”“立地”“定位”等。1937 年，杜能（J. H. V. Thünen）的《孤立国》一书译成中文时，开始使用该词，并沿用至今。

土地区位是一个综合的概念，除解释为陆地上某一地块的空间几何位置外，还强调各种土地自然要素与社会经济要素之间相互作用所形成的整体组合效应在空间位置上的反映。换言之，土地区位是自然要素区位、经济要素区位和交通要素区位在空间地域上有机组合的具体表现。

土地自然要素区位主要指土地的自然地理位置。它包含两层含义：一是该土地位置上地貌、地质、水文、气候等自然要素的组合特征；二是该土地位置与周围陆地、山川、河湖、海洋等自然环境的空间位置关系。土地自然要素区位是土地形成和发展的重要基础，也直接影响交通要素区位和经济要素区位的发育。例如，我国沿海与内陆的土地区位差异首先是由自然要素区位决定的。

土地经济要素区位指土地人类社会经济活动过程中所表现的人地关系和社会物化劳动投入。为使土地更好地发挥生存、工作、游憩和交通四大功能，人类不断投入技术、资金和劳动对土地进行加工改造。例如，在城镇内平整场地、修筑地基、道路、给排水、供电、通信、供热、煤气等工程性基础设施及建筑厂房、商店、办公楼等服务设施中均凝结了大量的人类劳动投入，使土地经济要素区位大大提高。从结果来看，土地经济要素区位主要指不同区域土地之间的经营、社交、工作、购物、娱乐等多方面社会经济活动中的相互关系。它影响土地的利用布局和发展方向。

土地交通要素区位指区域土地或某地段与交通线路和设施的相互关系,具体由距离、耗时、费用三方面来反映。它一方面影响土地上人流、物流、信息的移动和运输成本;另一方面影响社会经济活动中人与人、物与物、人与物之间的交往接触机会、频率和便利程度。因此,经济要素区位产生的影响能否转化为实质性的效益就受到交通要素区位的制约。此外,它的优劣还影响土地聚集效益、市场演变、节点产生及扩大等。

以上三种区位有机联系、相辅相成,共同作用于地域空间,形成土地区位的优劣差异。可见,土地区位有其特定的含义。

2.2.2 区位理论及其发展过程

区位理论是通过地球表面的几何要素(点、线、面)及其组合实体(网络、地带、地域类型、区域),从空间或地域方面研究自然和社会现象,主要是经济现象的,是关于人类活动,特别是经济活动的空间分布及其空间中相互关系的学说。土地区位理论主要研究一定经济活动为什么会在特定的土地区域内进行,一定的经营设施为什么会建立于特定的土地区域之内,一定的土地收益为什么会与特定的区块或地段相联系等。它是随着各种区位理论的不断深化而逐渐发展的。

1. 古典区位论

区位论,作为一种学说,其标志是1826年德国农业经济学家杜能的著作《农业和国民经济中的孤立国(第一卷)》的出版。他在该书中提出了有名的同心圆式的土地利用模式。即在气候、土壤、地形、运输条件等相同的情况下,土地持有者都能以最佳的经营方式,获取最大的利润,从而围绕消费中心(城市、市场)由内向外形成一系列土地利用同心圆,称做"杜能环",如蔬菜、薪炭林、谷物等。

19世纪中叶以后,西欧资本主义大生产特别是钢铁工业的区位问题提到日程上来,从而产生了工业区位理论。19世纪80年代,德国经济学者龙哈德(W. Launhaldt)提出了由原料、燃料和市场地构成的"区位三角形"原理。继而20世纪初,区位论著名学者韦伯(A. Weber)提出了关于工业区位由运费、劳力和集聚三指向决定的理论。韦伯认为,工业区位的选择,主要考虑将运费,特别是原料运输费、产品部件的聚集和组装运费以及产品外运费等生产成本降至最低。通过对原料市场和产品市场之间的距离引力,进行多方平衡选择,把最优者作为选址的最佳区位。

以上根据理想模式和完全自由资本主义提出的理论,考虑的是影响区位的少数几个因素,建立的是一个静态的局部均衡模型,因而随着社会生产力的发展,在应用上有一定限度。

2. 近代区位论

近代区位论的产生以德国经济和地理学家克里斯塔勒(W. Christaller)在20世纪30年代初系统提出的"中心地理论"(Die Theorie der Zentralen Orte)为标志。几年以后,德国另一学者廖什(A. Losch)在与他完全没有学术联系的情况下,从市场区角度提出了理论和模型基本相似的"市场网理论"。中心地理论研究的是在一片均质平原内如何布局不同规模的多级城市,形成以城市为中心、由相应的多级市场区组成的网络体系,借以有效地组织物质财富的生产与流通。该理论在后来的区域规划、土地利用规划中得到普遍应用,并产生了广泛的决定性影响。

3. 现代区位论

区位论的现代理论,包括地域上的扩展和时间上的延续,二者标示了空间尺度由点、线到面的过程,以及对未来变化的预测。哈格斯特朗(T. Hagerstrand)的新技术扩散和威尔逊(A. G. Wilson)的空间相互作用动态推演,都是这方面的代表。现代区位论的发展主要表现为从单个经济单位的区位决策发展到地区总体经济结构及其模型的研究;从抽象的纯理论的模型推导,变为力求作接近实际的区域分析和建立在实践中可以应用的区域模型;区位决策的客体除工业、农业、市场以外,又加进了范围广泛的第三产业设施,即运输、商业、服务业、银行、保险、旅游、度假等设施;数量分析和新技术普遍得到应用。

土地区位理论是在大量的区位选择实践研究的基础上产生的,是农业区位论、工业区位论、中心地理论、市场区位论、休假地区位论及总体空间结构理论等的基础,其基本目标是寻求人类在土地开发利用活动中从空间上所表现出来的规律,即"空间法则"。它是土地利用规划和地价评估的重要理论依据。

2.2.3 城市土地区位的决定因素

城市土地在利用过程中,有别于农业用地的主要特性是,区位因素起着特殊重要的作用。城市土地区位有两种含义:一是指外部的城市区位,即某一城市土地位于各种大环境中的位置,如沿海或内陆等;二是指城市内部具体地段的微观区位,如市中心或市郊等。城市土地区位可分为几个方面,主要包括商业用地区位、住宅用地区位和工业用地区位等。

1. 商业用地区位的决定因素

1) 商业集聚条件

商业集聚效益主要来源于它的互补性。在一个中心商业区里,通常集中众多不同类型的商店及相应的服务设施。由于商品众多，服务项目齐全，可供选择余地大，因而具有很大的吸引力。

2）人流量与人口条件

人流量指单位时间内的顾客数量及购买商品的顾客数量；人口条件主要指区域的人口规模、年龄结构、收入水平等，这决定顾客购买商品的结构和购买能力。

3）道路交通条件

一定的交通条件是商品运输和吸引顾客的基础。交通便利程度表明了商业区位的经济可达性。

4）环境条件

主要包括自然环境和人文环境两部分。自然环境如绿地面积、休息场所等；人文环境如民俗习惯、宗教信仰等对购买商品的选择都有影响。

5）地块个别条件

如临路状况、临街深度、宽度、容积率限制、地块形状等对商业区位选择也有重要作用。

除上述所列因素外，社会政治条件和城市性质，如政治中心、旅游城市等也是重要的商业用地区位因素。

2. 住宅用地区位的决定因素

1）环境条件

包括社会环境、经济环境、自然环境和人文环境等。社会治安状况好、生活服务设施齐全、自然环境优美、阳光充足、空气润洁、无污染的地块总是人们趋向居住的地方。民族居住习惯和风俗、自然地形的变化也对住宅用地区位选择有影响。

2）交通条件

主要影响居民的通行与信息传递。

3）基础设施条件

包括供水、排水、煤气管道、电力供应等。

4）人口条件

人口条件指人口密集度及人口的收入水平等。人口密度适中是一般收入水平者所趋向的居住地点；而收入水平高的阶层往往趋向于郊外幽静的独户住院。

3. 工业用地区位的决定因素

1）自然环境条件

主要包括工程地质、水文地质、坡度、坡向、洪水淹没、水流流向、风向、环境保护限制等因素。任何工业用地区位选择都离不开自然环境条件。例如，工业地基承载力一般不应小于1.5～2.5千克/平方厘米；工厂用地标高至少应高出计算最高洪水位的0.5米以上；工厂用地应尽可能布置在居住区的下风向等。

2）交通运输条件

主要包括道路通达度和对外交通便利度两个因素，是工业生产的必要条件。

3）基础设施条件

主要包括供水、邮电、通信等因素。

4）集聚规模条件

适当集中的工业区规模，便于进行生产协作，有利于原料的综合加工和废物的集中处理，能合理、经济地使用各种市政公用设施，也有利于节约用地。因此，集聚存在着很大的区位效益。

5）矿藏原材料条件

一般来说，重工业等需要大量原材料运输的工业，宜分布在靠近原材料的地方。

此外，随着社会经济的发展，旅游用地、度假区用地、金融业用地、高新技术产业用地等区位因素研究也日益受到重视。由于各种用地的区位因素选择的基本原理是相似的，因而不再一一罗列。这种基本原理主要表现为：各个区位因素都是把客体引向一定区位的作用力，每一种力都会产生某一方面的经济效果或社会效果，或二者兼而有之。某一客体的最终区位是由有关的作用力相互作用、互有消长而产生的综合效果决定的。衡量这种综合效果主要有以下标准：最低运输费用和最低生产成本；最大市场区域和最大利润；最集约、最科学合理的土地利用；最好地利用社会经济基础，力求获得最好的生产条件、生活条件和适宜的环境。

2.2.4 土地区位理论在房地产估价中的应用

由于城市土地级差收益是由土地区位因素的差异决定的，因此在以货币形式直接测算每块土地的级差收益较为困难的情况下，可从土地区位因素分析入手，推论土地等级的高低。例如，在城镇土地定级中，选择影响城镇土地等级的区位因素，对每个因素按影响程度大小确定权重，在划定的土地单元内按统一标准计算因素指标对应分值，然后按一定公式，把各单元内诸因素分值转换为单元总分，按总分高低划分土地等级，其总分计算的数学表达式为

$$P = \sum_{i=1}^{n} W_i F_i$$

式中，P为总分；n为土地区位因素的数目；W_i为各因素权重；F_i为某因素分值。

城镇土地定级区位因素选择见表2-1。

表 2-1　城镇土地定级区位因素

繁华程度	交通条件	基本设施状况	环境状况	人口状况
• 商服繁华影响度	• 道路通达度 • 公交便捷度 • 对外交通便利度 • 路网密度	• 生活设施完善度 • 公用设施完善度 • 文体设施影响度	• 环境质量优劣度 • 绿地覆盖度 • 自然条件优越度	• 常住人口密度 • 暂住人口密度 • 流动人口密度

在城镇地产市场尚欠发育，尤其是中小城镇可直接提供地价测算的样本极为有限且分布又不均匀的情况下，可以应用土地区位理论推估地价。其理论依据和逻辑推理是这样的：土地定级分值是影响土地区位的综合量度，它充分反映了土地区位的差异；而地价，尤其是基准地价同样反映了土地区位状况。土地定级分值越高，则土地区位越好，地价自然也就越高；反之亦然。换句话说，地价及土地定级分值均反映了土地区位状况，并存在着互为因果的关系。因此，通过一定数量的调查样点的地价测算值，建立地价与土地定级分值之间的统计模型，即可推算其他地块的基准地价。建模时可采用一系列线性、非线性模型进行拟合分析。根据浙江农业大学土地科学系几年来的实践，通常以指数模型最为理想。模型关系如下：

$$y = a\mathrm{e}^{bx}$$

式中，y 为单元地价；x 为土地定级分值；a、b 为回归系数。

2.2.5　区位级差地租模型

由于土地区位不同，土地将表现为不同的使用价值和价值。这样，区位优劣差异就成为衡量地租的标尺，而地租则成为土地使用价值的指示器。其连续反应是促使土地使用者在选用土地时，必须把自己所能在该土地上获得的区位收益与所需支付的区位地租进行比较，从而使地租成为自发调节土地用途的经济杠杆，最终形成土地收益和地租都趋向最高用途水平的合理空间结构。

1826 年杜能在“孤立国”理论中，根据假设一片平原地区、一个消费中心、均等土地质量，则相对于消费市场不同距离位置上同样大小的土地具有不同价值的情况，提出了理想的区位级差地租模型，即

$$R = E(P - a) - E \cdot f \cdot k$$

式中，R 为单位面积上的地租；E 为单位面积上农作物的产量；P 为单位产品的市场价；f 为单位产品运输单位距离的费用；a 为单位产品的生产成本；k 为生产地与消费地之间距离。

20 世纪 60 年代，美国土地经济学家阿兰索（W. Alonso）在杜能研究的基础上，把级差地租理论应用到城市土地，并引入区位边际均衡和区位边际收益等空间经济学理论，提

出以竞标地租(bid rent)观点为核心的区位级差地租模型,即以竞标地租函数来求取个别厂商的区位结构均衡点。其内涵具体是:在完全自由竞争的市场机制下,城市各种活动对土地的使用必然展开激烈竞争,并通过土地供给,以土地需求的市场价格变化和自身能从土地上获得的经济利益来决定各自活动的最佳区位,以致形成地租和地价随着与市中心距离的加大而逐渐降低,城市土地利用呈同心圆分布,如图 2-2 所示。高级商服(金融、事务所等)可以支付高于其他任何活动的地租,故其用地位于市中心区,向外依次是商业服务业、工业、住宅和郊区农业用地。

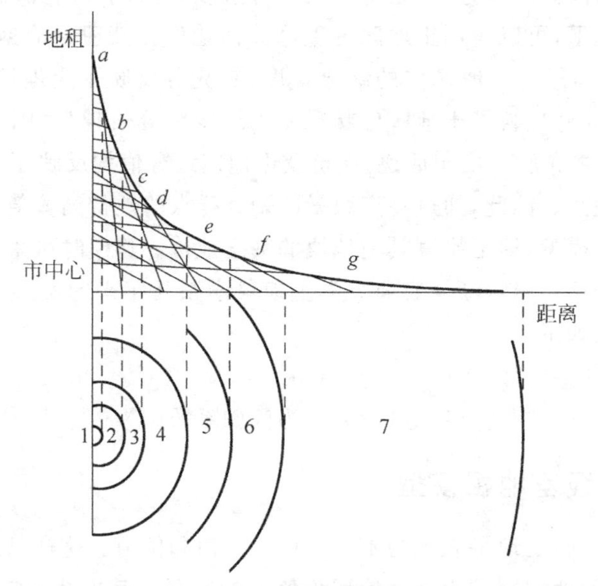

a.1——高级服务;*b*.2——商业服务业;*c*.3——工业;*d*.4——高层住宅;
e.5——多层住宅;*f*.6——低层住宅;*g*.7——农业用地

图 2-2 城市地租曲线与同心圆土地利用模式

一、名词解释

1. 级差地租　2. 城市地租　3. 准地租　4. 绝对地租　5. 垄断地租

二、选择题

1. 关于地租测算的说法,错误的是(　　)。

A. 以农地生产农作物为途径测算地租时,所扣除的土地上投入资本的利息不包括对应土地价值的资本利息

B. 测算地租时，是以土地在最佳用途和最佳集约度下利用为前提的

C. 从房租中分离出地租时，扣除项目应包括房屋折旧费，投资利息、房屋租赁税费等

D. 未耕地的地租等于同等质量和位置的已耕地的地租减去开垦费用

2. 对一幢住宅楼进行整体估价时，不能作为区位因素的是(　　)。

A. 朝向　　B. 楼层　　C. 交通条件　　D. 楼前绿化

3. 判定工业房地产区位优劣的主要因素有(　　)。

A. 临街状况　　B. 是否便于动力取得

C. 是否便于废料处理　　D. 是否接近大自然

E. 是否便于产品和原材料运输

4. 决定某类房地产供给量的主要直接因素有(　　)。

A. 该类房地产的价格水平　　B. 消费者的收入水平

C. 该类房地产的开发成本　　D. 该类房地产的开发技术水平

E. 房地产开发企业对未来的预期

5. 下列影响房地产需求的因素中，能够增加郊区商品住宅当前需求的有(　　)。

A. 当前该类房地产价格水平较高　　B. 消费者的收入水平增加

C. 通往郊区的高速公路收费被取消　　D. 城市居民出现向郊区迁移的趋势

三、简答题

1. 简述地租与土地价格的关系。

2. 简述土地区位的含义。

3. 简述区位级差地租模型的主要内容。

CHAPTER 3 第3章　房地产价格形成的基本原理

3.1　房地产价格概述

3.1.1　房地产价格的概念

1. 从现象上来定义

价格是为了获得一种商品或劳务所必须付出的东西，它通常用货币来表示，虽然不一定要用货币形式来偿付。因此，从现象上定义：房地产价格是为了获得房地产这种特殊的商品所必须支付的货币的数量。

2. 从本质上来定义

从本质上讲，可以从马克思政治经济学中劳动价值论观点和西方经济学中效用价值论观点对房地产价格进行定义。按照劳动价值论的观点，房地产价格可表述为：在房地产开发、建设、经营的过程中，所耗费的社会必要劳动所形成的价值与土地所有权价格综合的货币表现。房地产商品价格是房屋建筑物价格和地产价格的统一，是房地产商品价值和地租资本化价格的综合性货币表现。在房地产估价上，一般认为房地产价格是房地产经济价值（交换价值）的货币表示。

房地产是建筑在土地上的附着物，它的位置是固定于土地之上的，所以通常把房地产称为不动产。经过投入人类劳动的土地是与其附着物——房屋紧密联系在一起的。房地产价格是由房屋建造与土地开发经营全过程中的全部社会必要劳动时间即社会价值决定的，它是形成市场价格的基础。房地产价格是房地产交换价值的承担者，它反映完成某项房地产品交易时的货币价值量。

3.1.2　房地产价格的形成

1. 房地产价格的形成条件

房地产之所以有价格，前提条件有三个：房地产的有用性、房地产的稀缺性以及房地产的有效需求。

房地产的有用性是指房地产能够满足人们的某种需要或欲望，马克思政治经济学中将商品的这种有用性称为使用价值；西方经济学中将商品对使用者的这种有效性称为效用。房地产如果不具有用性，人们就不会产生占有房地产的需求或欲望，也就不会为占有房地产付出货币，从而不会有房地产价格。

房地产的稀缺性是指现存房地产的数量尚不够满足每个人的需要或欲望，是相对稀缺，而不是绝对缺乏。绝对缺乏是指“物质的不可获得性”，如严重干旱时，某些地区没有平日那么多的水可用。

房地产价格要成为现实——不是有价无市，还必须对房地产形成有效需求。只有购买欲望而无购买能力，或者虽有购买能力但无购买欲望，都不能形成具体的购买力量。所以，分清需要与需求是非常重要的。需要不等于需求，需要只是一种要求或欲望，需求是指有购买能力支持的需要——不但愿意购买而且有能力购买。这种有购买能力支持的需要，又称为有效需求。

综上所述，房地产价格是由房地产的有用性、稀缺性和有效需求三者相互结合而产生的。在现实中，不同房地产的价格之所以有高低，同一房地产的价格之所以有变动，归总起来也是由于这三者的程度不同及其变化引起的。

2. 房地产价格的形成原因

房地产是一种非常特殊的商品，要真正掌握其价格的形成，有必要全面了解价格形成的理论，并作具体分析。

关于商品价格的形成，主要有四种理论，即供求决定论、效用决定论、收益决定论和劳动价值论。

供求决定论认为市场上商品的价格不是事先规定的，而是根据市场上供求情况由买卖双方协议决定。

效用决定论认为一切商品的价值取决于它们的用途。房地产的效用，是指人们因占有、使用房地产而得到满足的程度。房地产如果没有效用，就不会发生房地产价格，因为没有效用，人们就不会产生占有房地产的欲望。但认定某物品有效用，并不能直接产生该物品的经济价值，如其数量丰富，随时随地都能自由获得，像空气那样虽对人类至关重要，也不产生价值。

收益决定论认为商品之所以有价值，是因为能在较长时间内给商品所有者带来一定收益，这些收益通过一定方法折算成现值就是商品的价值。

劳动价值论认为决定价格基础——价值的是劳动，价值的唯一源泉是劳动，商品的价值实体是抽象劳动，商品价值量由社会必要劳动时间决定。

劳动价值论还指出商品价格只是商品价值的货币表现。供求关系不能决定价值，只能影响价格（虽然有时这种影响很强烈），使价格围绕价值上下波动。

对房地产的价值及其价格形成，应以劳动价值论为基础，以供求理论、效用理论、收益理论为补充。劳动价值论对房地产价格形成的解释有以下三个特征：

第一，房地产价格形成具有广泛性。今天，在有人类活动的地方，已经没有哪块土地是纯粹的"生地"，土地的开发、加工都或多或少凝结了人类劳动；所有建筑物都是劳动的产物。因此，劳动数量的多少和质量的好坏往往是房地产价值和价格形成高低差异的主要原因。

第二，房地产价格形成具有本质性。对房地产的价值研究越深入，就越觉得其价值的基础是与人类劳动不可分的。有关房地产价格的诸多问题，如为什么大城市的土地价格高于中小城市的土地价格，中小城市的土地价格又高于周边乡村的土地价格？为什么交通设施、基础设施、配套设施的多寡对该地段土地价格有那么重大的影响？房地产收益的基础是什么？对房地产的有效需求又是怎样产生的？这些问题都可用一句话来回答，即人类劳动的结晶。

第三，房地产价格形成具有客观性。劳动价值论认为商品价值由转移过来的物化劳动价值、生产过程中加入的活劳动价值、创造出的新价值三部分组成。在现实中，将前两者称为成本(生产费用)，第三者称为利润。这三者在商品社会中都有数据可以计算，是客观存在的。而同样生产成本的房地产，房型的结构、外立面的色彩、不同的层次等都会在不同的消费者中产生不同的评价，其原因主要是使用功能和美学功能不同以及主观及心理因素影响，但这些量化计算难度较大。

马克思曾说："必须牢牢记住，那些本身没有任何价值，即不是劳动产品的东西(如土地)，或者至少不能由劳动再生产的东西(如古董、某些名家的艺术品等等)的价格，可以由一系列非常偶然的情况来决定。"因此，单靠劳动价值论不能解释一切，还必须以其他三种理论为补充。

如许多房地产的价格差别主要在于其使用中的收益差异，如许多商业、办公用物业，与周围的其他建筑物建造成本相同，但收益大相径庭，价格也就大不相同；在房地产拍卖或招标时，供求会使价格大大偏离其价值。在其他理论不能很好解释的场合，效用较合理往往能提供一种理论的解释。

由此可见，收益理论、供求理论、效用理论是房地产价格形成中不可忽视的重要理论依据，对这些因素的具体分析与适当评价应该在房地产估价过程中占据不少的分量。正如恩格斯在《论住宅问题》中谈到"地产"买卖时指出："首先要计算的是整个房屋或房屋一部分的建造和维修费用；其次是依房屋位置好坏程度而定的地价；最后决定问题的是当时的供求状况。"

3.1.3 房地产价格的特点

房地产作为整体，其价格与其他商品价格相比，既有相同的地方，也有不同之处。相

同之处在于：都是价格，用货币的形式来表示；都有价格波动；都按质论价，质优价高，质劣价低。但是，房地产的特殊性，使房地产价格与其他一般商品相比较，有其自己的特点。

1. 房地产价格具有地区性

由于土地的位置(自然地理位置)是固定的，房地产商品在交易时不能发生地理位置移动，房地产的价格也呈现出地区性的特征，主要反映在不同城市区域之间的房地产差价。一般来说，同质房屋，其价格大城市高于中小城市，沿海城市高于内地城市，市场经济发达的城市高于发展中的城市。同时，即使是在同一城市，房地产也有明显的地区差别，也有价格高的地段与价格低的地段之分。

房地产价格呈现地区性特征的原因如下。

(1) 房屋建筑在土地上，不同地区的土地自然地理条件各不相同，对房屋的功能结构和设备有不同的影响，因此，使得相同质量的建筑物在不同地区价格不同。

(2) 不同地区的土地社会经济环境不同，包括社会经济发展的程度、市场发达的程度、供求状况等，这些都会影响房地产的价格，最终导致不同地区的房地产价格呈现出地区差异性。

认识房地产价格的地区差异性，对于房地产估价具有重要意义。在进行房地产估价时，一要进行地区因素比较，分析不同地区各种因素的差别，这些因素对于该地区的房地产价格有什么影响等；二要与临近地区的房地产价格相比较，以此来确定房地产的价格。

2. 房地产价格实体具有双重性

房地产是以土地和附着于土地之上的房屋设施为主要物质形态的财产及其权属关系。这一概念指出了房地产商品的物质构成，即房地产是房屋设施与土地的有机统一体。这就规定了房地产价格在其内涵上具有双重的实体性基础，其中一部分来源于开发和房屋建筑安装劳动所形成的价值，另一部分则来源于土地使用权价格(从经济意义上说，它是地租的资本化，是土地所有权在经济上的实现)。房地产价格的这一特征，是房地产价格的本质特征。

3. 房地产价格具有高位性

房地产商品的高位性，是指房地产商品的价值量大、价格数额高，是超高档的商品。房地产价格的高位性，主要是由开发建设这一商品的巨大资金、物质、劳动、投入和土地等因素造成的。

第一，房地产建造投资成本高。房地产业是一个资金高度密集型行业。房地产商品建造投资少则几十万元，多则几千万元、上亿元。主要是由以下两个因素决定的：

(1) 土地开发费用较高。土地资源作为一种不可再生的稀缺性资源,不能被社会直接利用,必须投入一定的人、财、物进行开发,如进行“三通一平”等。它的稀缺性和位置固定性,又使得房地产市场产生竞争,如土地的拍卖、拍标,往往大幅度地抬高了土地的市场价格,特别是城镇土地的拍卖,竞争激烈,最后的成交价常常超过出售者最初拟定的出售价格。

(2) 房屋建筑价值较高。房屋的建筑安装成本,通常也高于一般产品的生产成本。这是由于房屋的建筑安装要耗费大量的建筑材料和物资,需要有大批技术熟练的工人、工程技术人员和施工管理队伍,要用大型施工机械。另外,由于建筑施工周期较长,占用资金较大,需要支付大量的利息。同时,在房地产成交时,分期付款、抵押付款方式的采用,使得房地产的投入资金回收缓慢,因此,也增加了房屋建筑物的成本价值。

第二,房地产商品标准越来越高。现代社会城市化和知识经济时代的到来,以及人民生活水平的不断提高,都导致房地产规模越来越大,建筑标准和豪华程度越来越高,从而使得房地产价格也越来越昂贵。同时,高层住宅以及豪华商品房要求有特殊的物业管理和安全保障,这也是房地产商品价格高的原因之一。

4. 房地产价格具有单件性

房地产具有单件的特点,每个房地产都有不同于其他房地产的特殊方面。这种不同反映到价格上,就是价格的单件性。其含义是:

(1) 房地产都是单件生产的,在生产过程中要受到多种因素的影响。如由于露天作业,冬季、春季和雨季施工的费用就不一样;建造期长、材料价格变化大、施工前很难预料准确等都会使工料消耗和各项费用支出各异。

(2) 没有完全相同的房地产,除地理位置、建造条件等不同外,在建造标准、设施配套等方面也千差万别。根据商品经济的要求,价格自然也不一样。

(3) 房地产交易要受交易主体之间个别因素的影响。这是由于土地的不可移动性、个别性等自然特性,使得房地产不同于其他一般物品,不易具备交易市场上的行情,不能够进行样品交易、品名交易。房地产价格如何,受交易主体各自的知识水平及对房地产市场的看法等因素的影响较大。这样,不同的交易主体,就会产生不同的房地产价格,使房地产价格呈现单件性特点。

5. 房地产价格具有计划性

在社会主义市场经济条件下,房地产价格的计划性主要表现在政府对房地产价格的管理和调控上。目前,国家对房地产价格的管理,一般采取以下三种形式。

1) 实行国家定价与国家指导价、市场调节价相结合

这是按照房地产商品的普及程度、供求状况和社会承受能力,对房地产商品分别实行

的三种价格。

(1) 实行国家定价的范围是：国家建设用地的土地补偿费；国家建设征用土地的安置补助费；被拆迁房屋的拆迁补偿费；私房落实政策作价费；原享受国家或单位补贴的商品住宅的买卖；联建公助、民建公助、住宅合作社的房产；公有旧住宅出售及其出售后的交易；其他享受优惠待遇的房屋；拆迁房屋实行拆一还一，交换房屋产权，按成本价进行调产的房屋；私有房屋继承、分家析产、赠与。

(2) 实行国家指导价的范围是：单位购买私有房屋；商品住宅；私房租赁价格。

(3) 实行市场调节价的范围是：私人购买私有房屋；侨汇房；非居住的商品房；土地使用权有偿出让；在土地使用权有偿转让地块上所建造的房屋；通过市场租赁的工商业用房。

通过实行国家定价、国家指导价和市场调节价的管理形式，有利于搞活房地产经济，稳定价格，满足不同层次的需求。

2) 实行价格审批制度

这是房地产出租、出售价格和收费标准，要按国家有关规定，报经当地物价、房管等部门核准。如私房买卖价格须报房屋所在地房管机关同意；租赁合同须经房管机关审核同意等。

3) 实行限价政策

这是房管或物价部门根据市场行情和房地产商品计价原则，对房屋出售和出售价格规定最高限价，防止价格失控。

6. 房地产价格具有扩散效应性

房地产市场是社会主义市场体系一个极其重要的组成部分，因此，它的状况直接影响整个市场体系的运行。房地产的价格高低，也直接影响整个市场的价格体系。而价格又直接影响人们的实际生活水平，影响社会其他行业的生产经营状况、企业盈利水平、政府税收和其他财政收入等。这些都是经济方面的影响。房地产价格在经济方面的影响，必然扩展到社会生活和政治局势等方面，这就是房地产价格的扩散效应性。

7. 房地产价格具有敏感性

房地产是人类最必需的生活资料和消费资料，人类通过对房地产的消费，才能实现生命的各种机能，才能促进社会文明的进步和发展。同时，房地产也是最重要的生产资料。人类自身的生存需要利用房地产生产其他生产资料和生活资料，人类自身的再生产也同样依赖房地产。因此，房地产价格的变化，不仅影响各方面的生产建设，而且还涉及广大人民的生活。房地产价格关系国计民生，是一个十分敏感的价格。

8. 房地产价格具有趋升性

房地产价格的趋升性，即房地产商品的增值性。其具体表现为，在时间序列上，房地产价格在总体上呈现不断上升的趋势。当然，这种上升是呈“螺旋形”的，也就是说，房地产价格的上升总体上不是直线形的，而是有“波动”的。现代社会经济生活中，虽然其他商品的价格也多在上涨，但一般而言，房地产价格的趋升性更强。据有关资料显示，近几年来，全国商品房价格涨价幅度平均每年为15%以上，大大高于社会平均物价指数的上涨。造成房地产价格趋升性的原因有：

(1) 房地产需求大于房地产供给造成价格持续上升。

(2) 土地资源的有限性，使得房地产商品稀缺。此外，土地投资的积累性，也导致房地产价格上涨。

(3) 房地产开发建造的周期长、投资风险大，这也是房地产价格上涨的重要因素。

3.2 房地产价格的构成与类型

3.2.1 房地产价格的构成

房地产商品价格是房屋建筑物价格和土地价格的统一，因此，房地产价格具有二重性的内涵。在房地产价格的构成中，一部分来源于土地开发和房屋建造安装所形成的价值，另一部分来源于土地租赁的资本化收入。

房地产价格包括总成本和利润两部分，即

$$\text{房地产价格}=\text{总成本}+\text{利润}$$

房地产总成本是指企业在开发建设和经营房地产过程中所投入的总费用，一般包括地价、土地开发费、建筑安装工程造价、税金、利息和其他费用分摊。总成本的大小主要取决于总成本中所包含项目的多少和每个项目的实际耗费值。总成本在各个地区和各个时期的差异性和可变性极大，房地产价格主要是由总成本决定的。

利润是房地产开发、经营企业的投资收益。利润的高低取决于总成本和社会平均利润率这两个因素。用公式表示为

$$\text{利润}=\text{总成本}\times\text{社会平均利润率}$$

房地产价格构成因素较多，现叙述如下。

1. 房地产价格的主要构成因素

1) 土地价格

土地价格是由土地原始价值、公共投资与环境改良价值、私人投资改良价值、未来价

值四项因素在地理空间上进行组合而表现出来的土地交易货币额。

土地的原始价值,不是人力所能够创造的,对该部分价值的估计很困难。在新古典城市经济学中,往往将城市边缘土地的农业利用价值作为其用于城市建设用地时的机会成本,称为城市土地的原始价值。

公共投资与环境改良价值,是包括政府部门进行的各种公共建设,以及私人部门在土地上进行的各种经济活动,对城市环境(包括社会、文化、政治、经济、建筑实体等多因素)的改良所形成的土地价值。

私人投资改良价值是指个人投资于某块土地上,使得该土地的价值增加的部分。私人在城市某块土地上进行投资,不仅增加这块土地的价值,而且影响毗邻土地的价值,也就是说产生了外溢效果或称外部性。可以说,私人投资改良与政府公共投资共同创造了社会环境价值。之所以将土地价值区分为私人部分和公共部分,是为了对土地收益进行公平、合理的分配。

未来价值是尚未实现的、潜在的价值。比如,农地在转化为建设用地前,价值较低,转化后价值增加,用途转化前的预期价值增加就是未来价值。土地利用强度较低时,所实现的价值也较低,预期土地利用强度提高所引起的土地价值增加部分也是未来价值。未来价值预期实现的速度与城市化速度极为相关,从货币时间价值的角度考虑,这种速度越慢,土地未来价值的现值就越小。未来价值还与土地上的土地资本累积量及其新旧程度有关,累积量越大、越新,未来价值量相对越小,而社会环境价值越大,二者具有此消彼长的关系。未来价值是土地投机的真正对象。

房地产价格中土地价格所占的比重是一个不确定的变量。它主要取决于土地的地理位置、用途和使用时间、建筑容积率、建筑安装造价、房屋建筑物的折旧状况等因素。通常地价在房地产价格中所占的比重,随着地价的上涨和房屋的陈旧而相应地提高,随着容积率和建筑安装造价的增加而下降。

2) 房屋建筑成本

(1) 基地开发费。包括临时房屋搭建费、自行过渡补贴费、搬迁障碍费,临时接水、接电、接煤气费,平整土地费等。

(2) 勘察设计费。即按各地有关规定支付的居住区规划费、建筑设计费、地质勘察费及施工执照费等。

(3) 动迁用房建筑安装工程费。指为安置建设基地上的居民动迁户而建造的住宅所支付的建筑安装工程费。

(4) 房屋建筑安装工程费。指建筑基地上房屋建设中所支付的建筑安装工程费。

(5) 街坊配套费。指在建筑用地街坊范围内,按有关住宅建设市政公用设施配套标准支付的供水、供电、供气、通信、排水、道路、绿化等工程费用。

(6) 管理费。指房屋建设中支付的各项管理费用,包括开发公司职工的工资、工资附加费、办公费、差旅交通费、固定资产使用费、车辆使用费、低值易耗品购置费、劳动保护费、职工教育费、广告费、合同鉴证费、公证费、保险费、诉讼费、聘请律师费、股息等。管理费总额一般以上述(1)～(5)项为基数,按1%～3%计取。

(7) 贷款利息。指从银行取得用于该房屋建筑的贷款应付的利息。

3) 建筑房屋的利润

以房屋建筑成本的(1)～(5)项为基数,按3%～8%的利润率计取利润。

4) 税金

包括营业税、城市维护建设费、教育税附加、土地增值税等。我国的税种和税率经常调整,因此,不同时期的税种和税率往往不同。

5) 其他附加费

这项费用包括人防费和住宅建设市政基础设施配套投资,即商业网点、幼儿园、托儿所、中小学、文化馆、机关办公室、各类活动室等公共建筑、居住区内城市道路、上下水、煤气、供电等项工程建设费。目前这些费用有些是合理的,有些是不合理的。以营利为目的的建设项目的费用不应摊入房地产价格中。

6) 土地使用税(费)

按土地使用税(费)规定,每年按0.6～30元/平方米征收。

2. 房地产价格的其他构成因素

1) 房屋装修费

随着房屋装修的逐渐普及,人们的房屋装修标准也日益提高,房屋装修成为房地产价格的重要构成因素。房屋装修主要指超过正常标准的门、窗、地板、天花板、内墙面等高级装修费用。

2) 房屋设备费用

房屋设备一般指卫生、暖气、厨房用设备以及电话等。如果设备未列入房屋造价中,应按原价增加房屋设备费用。

3) 建筑地段、楼层和朝向差价

(1) 建筑地段差价,一般是指同一地区的同一房地产,由于所处地段不同而引起的价格差异。城市政府可以根据土地级差情况,划分若干地段,确定相应的地段差价。

(2) 楼层差价是根据高层或多层房屋的间距、总层数、提升工具、光照时间、消费习惯等具体情况,确定标准价格楼层与其余各楼层的差价率,各楼层差价率的代数和应趋近于零。

楼层差价=标准房价×楼层差价率

(3) 朝向差价是指根据当地的气候、主风向和光照以及当地人们生活习惯等,确定标准房价和房屋朝向差价率。楼房朝向增减差价率的代数和应趋近于零。

朝向差价=标准房价×朝向差价率

4) 房屋的折旧

房屋建成后,无论是使用还是闲置,都会发生自然损耗和人为损耗,从而需要考虑折旧。一般地,折旧额随房屋使用时间增长,年代越长,折旧额越高。但折旧的计算方法不同,具体折旧额会有所不同。

5) 房屋的完好程度

房屋在使用年限内各阶段的折旧率,一般只考虑时间因素,而未考虑人为因素。而房屋在具体的使用过程中,由于使用方法不同,相同房屋会有不等量的磨损。另外,在房屋的保养维修方面,也会不大一致。因此,确定房屋的完好程度,或称为房屋的成新,应考虑下面三个因素:①自然损耗;②房屋维修;③保养爱护。在实际工作中,可根据上述三个因素确定房屋的完损等级或成新,然后再进一步确定房屋的价格。

3.2.2　房地产价格的主要类型

房地产不只是一个客观实体,而在一定程度上反映了一定的社会经济状况。因此,进行房地产估价,必须对我国目前房地产价格类型有一个较全面的了解。房地产价格类型从不同的角度有不同的分类。目前,我国房地产价格类型主要可从下列角度划分。

1. 存在形态

按照房地产的存在形态不同,房地产价格可分为土地价格、建筑物价格和房地价格。

1) 土地价格

土地价格简称地价,如果是一块无建筑物的空地,此价格即指该块土地的价格;如果是一块有建筑物的土地,此价格即指该宗房地产中土地部分的价格,不含建筑物的价格。

同一块土地,在估价时考虑(或假设)的“生熟”程度不同,会有不同的价格。土地的“生熟”程度主要有以下五种:

(1) 未征用补偿的农地。取得该土地后需要进行征用,支付征地补偿费。

(2) 已征用补偿但未做“三通一平”或以上开发的土地。

(3) 已做“三通一平”或以上开发的土地,如已做“七通一平”的土地。

(4) 在现有城区内有待拆迁建筑物的土地。取得该土地后需要进行拆迁,支付拆迁安置补偿费。

(5) 已做拆迁安置的城市空地。

根据土地的“生熟”程度,又把土地粗略地分为生地、毛地、熟地三种,由此又有生地价格、毛地价格、熟地价格之说。

2) 建筑物价格

建筑物价格是指建筑物部分的价格,不含建筑物所占用的土地的价格。人们平常所说的房价,如购买一套商品房的价格,通常是含有该建筑物占用的土地的价格,与这里所说的建筑物价格的内涵不同。

3）房地价格

房地价格又称房地混合价，是指建筑物连同其占用土地的价格。它往往等同于人们平常所说的房价。

对于同一宗房地产而言，有

房地价格＝土地价格＋建筑物价格

土地价格＝房地价格－建筑物价格

建筑物价格＝房地价格－土地价格

2．房地产权属

按照房地产权属不同，房地产价格可分为所有权价格、使用权价格、转让价格、租赁价格和抵押价格。这一组价格是依据我国城市房地产管理法所规定的几个主要权利划分的，其中前两个价格类型是一级市场价格，后三个价格类型是二级市场价格。

1）所有权价格

房地产的所有权价格是指房地产所有权的价格。房地产所有权价格还可以依据其是否完全再细分。例如，根据“权利束”理论，所有权为占有权、管理权、享有权、排他权、处置权（包括出售、出租、抵押、赠与、继承）等诸项个别权利的总和。但如果在所有权上设定了他项权利，则所有权变得不完全，价格因此会降低。

2）使用权价格

房地产的使用权价格是指房地产使用权的价格。在我国现阶段土地房地产产权制度中，使用权具有较特殊的含义，主要是指土地的使用权。我国有偿出让的土地使用权是一个等级较大的权利，具有较广泛的含义。尽管就法律含义而言，使用权与所有权具有本质的区别，但就其价格评估而言，两者差异不大，与所有权价格仅存在一个使用年期的限制问题，即年期修正的问题。

3）转让价格

房地产的转让价格是指房地产权利人将其合法的房地产转移给他人时所形成的价格。转让可以有不同的方式，如买卖、继承、赠与等。转让房地产时，应符合国家房地产管理的有关法律、法规所规定的要求和条件，如按照土地使用权出让合同约定进行投资开发，属于房屋建设工程的，应完成开发投资总额的25％以上。房地产转让时，应遵循“房地不可分”的原则，即房屋所有权与房屋所占用的土地使用权同时转让。

4）租赁价格

房地产的租赁价格是指房地产权利人将其合法的房地产出租给承租人时所形成的价格。这一价格是租赁价格，俗称租金，由承租人支付。

5）抵押价格

房地产的抵押价格是指以抵押方式将房地产作为债权担保时而评估的价格。它的实质是当抵押人不履行债务，抵押权人依法以提供担保的房地产折价或者拍卖、变卖时，该房地产所能实现的客观合理价格折算到设定抵押权时的价格。

3. 价格管理

按照价格管理的不同，房地产价格可分为基准地价、标定地价和(建筑物)重置价格。

1) 基准地价

基准地价是在某一城市的一定区域范围内，根据用途相似、地段相连、地价相近的原则划分地价区段，然后调查评估出各地价区段在某一时点的平均价格。原国家土地管理局在 1993 年发布的《城镇土地估价规程(试行)》中将基准地价定义为：对城镇各级土地或均质地域，分别按商业、住宅、工业等各类用途评估出的土地使用权平均单价。目前，我国城市基准地价的表述方式大体分为两种，如表 3-1、表 3-2 所示。

表 3-1　德州市基准地价(摘编)　　元/平方米

用地类型	区段号	区段范围(或街道名称)	区段平均地价	年地租
住宅用地	1	南以一环路为界，西以津浦铁路为界，东以漳卫新河为界围成的区片	138	13
	4	南以共青团路为界，北以一环路为界，东以湖滨北路为界，西以新湖北路为界围成的区片	217	21
工业用地	1	北以共青团路为界，东以湖滨南、北路为界，南以新华路为界，西以津浦铁路为界围成的区片	186	18
	2	南运河与漳卫新河之间的建成区，不含区段 1	156	15
商业用地路线价		东风西路(西起迎宾路，东止解放南路)	1 531	146

资料来源：乔志敏等. 资产评估学教程[M]. 北京：中国人民大学出版社，2006.

表 3-2　天津市基准地价　　元/平方米

土地级别	Ⅰ	Ⅱ	Ⅲ	Ⅳ	Ⅴ	Ⅵ	Ⅶ
商业	5 520	4 350	3 006	2 075	1 410	988	680
住宅	3 010	2 000	1 400	820	470	360	230
工业	1 010	815	625	470	335	270	200
综合	5 500	4 400	3 000	2 100	1 400	990	680

资料来源：乔志敏等. 资产评估学教程[M]. 北京：中国人民大学出版社，2006.

2) 标定地价

标定地价是指在一定时期和一定条件下，能代表不同区位、不同用途地价水平的标志性宗地的价格。标定地价既可以用比较法、收益法、剩余法等方法评估，也可以在基准地价的基础上进行修订评估。

基准地价和标定地价都是由政府部门评估并向社会公布的，借用台湾地区的称谓，它们都是“公告地价”。

3）(建筑物)重置价格

建筑物重置价格，是指在一定时间点，在当前建筑及装修材料价格和人工劳务费用情况下，可以采用新的建筑材料、建筑技术与工艺，重新建造一幢与原建筑物在结构、功能、效用上相同的新建筑物的价格。

4. 政府行为

按照政府行为不同，房地产价格可分为土地使用权出让价格、征用价格和课税价格。

1）土地使用权出让价格

土地使用权出让价格是指政府将国有土地使用权在一定年期内出让给土地使用者，并由土地使用者向国家支付土地使用权出让金的价款。土地使用权出让价格是房地产一级市场价格，政府根据城市规划与土地利用要求、投资需求等情况，确定出让土地的面积、位置及有关使用条件等，其出让价格因出让方式的不同而不同：拍卖价格最高，协议价格最低，招标价格居中。

2）征用价格

征用价格是为确定政府征收房地产的补偿而评定的价格。如旧城改造过程中对原有建筑物的拆迁征用，基础设施建设所涉及的房地产的拆迁征用，城市扩张涉及的对农用地的征用等。征用价格一般是一种补偿性价格，远较正常市场价格要低。

3）课税价格

课税价格是指政府为课征税赋而对房地产评定的价格，一般是根据政府公布的房地产标准价格并适当参考房地产所在区位等因素，或按市场交易价格的一定比例评定。

5. 出让方式

按出让方式不同，房地产价格可分为协议价格、招标价格和拍卖价格。

1）协议价格

协议价格是指采用协议方式而形成的房地产价格。协议方式是由交易双方通过协商而成交的一种交易方式。就土地使用权出让而言，这种方式所受行政干预较多，所形成的价格是一种优惠性价格。因此，协议方式一般适用于市政工程、公益事业、福利设施、基础建设及国家重点扶持发展的产业用地等。如果这种方式过多地应用于竞争性房地产项目，往往会产生一些不良后果，如缺乏公平竞争，导致垄断经营和国有土地资产流失，滋生腐败等。

2）招标价格

招标价格是指采用招标方式而形成的房地产价格。所谓招标方式是指在指定期限内，由符合条件的单位或个人以投标的形式，竞投某一标的，而招标者根据投标价格及其他条件，如企业资信、规划方案、以往业绩等综合考虑后确定一个合适的投标者的交易方式。因此，招标价格的中标者不一定是出价最高者。招标方式具有很多的市场因素，在我国现阶段土地房地产市场机制尚不完善、法制尚不健全的条件下，土地使用权的出让采用招标方式较有利于土地市场的正常发育。

3）挂牌价格

挂牌价格是指采用挂牌出让方式而形成的房地产价格。所谓挂牌出让国有土地使用权，是指出让人发布挂牌公告，接受竞买人的报价申请并更新挂牌价格，根据挂牌期限截止时的出价结果确定土地使用者的行为。挂牌时间不得少于10个工作日。挂牌期间可根据竞买人竞价情况调整增价幅度。挂牌期限届满，按照下列规定确定是否成交：

(1) 在挂牌期限内只有一个竞买人报价，且报价高于底价，并符合其他条件的，挂牌成交。

(2) 在挂牌期限内有两个或两个以上的竞买人报价的，出价最高者为竞得人；报价相同的，先提交报价单者为竞得人，但报价低于底价者除外。

(3) 在挂牌期限内无应价者或者竞买人的报价均低于底价或均不符合其他条件的，挂牌不成交。在挂牌期限截止时仍有两个或者两个以上的竞买人要求报价的，出让人应当对挂牌宗地进行现场竞价，出价最高者为竞得人。

4）拍卖价格

拍卖价格是指采用拍卖方式而形成的房地产价格。所谓拍卖方式是指在指定时间、公开场合，在政府及有关部门的参与下，在拍卖主持人的主持下，竞投者手举统一编号的牌子应价，最终由出价最高者为竞得人的一种交易方式。拍卖价格完全由市场机制决定，但在市场不完善、信息不完全的情况下，容易受当时拍卖场所气氛的影响，出现价格偏离现象，甚至影响日后房地产的正常开发投资。

在上述四种交易方式所形成的价格中，拍卖价格最高，招标价格和挂牌价格次之，协议价格最低。

6. 估价方法

按照估价方法不同，房地产价格可分为收益价格、比准价格和积算价格。

房地产估价方法有多种，其中最主要、最基本的估价方法是收益法、成本法和市场比较法三种。

采用收益法评估出的房地产试算价格称为收益价格；采用市场比较法评估出的房地产试算价格称为比准价格；采用成本法评估出的房地产试算价格称为积算价格。此外，根据房地产其他估价方法，还有路线价格、影子价格等。

7. 价格单位

按照价格单位不同，房地产价格可分为总价格、单位价格和楼面地价。

1）总价格

总价格简称总价，是指某一房地产的整体价格。它可能是一块面积为500平方米的土地的价格，一套建筑面积为200平方米的高档公寓的价格，或是一座建筑面积为1万平方米的商场的价格，也可能是一个地区范围内的全部房地产的价格，或是一国全部房地产的价格。房地产的总价格一般不能反映房地产价格水平的高低。

2）单位价格

单位价格简称单价，对于土地来说，是指单位土地面积的价格；对于建筑物来说，是指单位建筑物面积的建筑物价格；对于房地来说，是指单位建筑物面积的房地价格。房地产的单位价格一般可以反映房地产价格水平的高低。

认清单位价格，必须认清价格单位，否则只是一个单纯的数字符号，无经济意义。价格单位由货币和面积两方面构成：货币包括币种（如人民币、美元、港元等）和货币单位（如元、万元等）；面积包括面积内涵（如建筑面积、套内建筑面积、使用面积等）和面积单位（如平方米、公顷、亩、英尺等）。

3）楼面地价

楼面地价又称单位建筑面积地价，是平均到每单位建筑面积上的土地价格。楼面地价与土地总价的关系为

$$楼面地价=土地总价\div 总建筑面积$$

由此公式可以找到楼面地价、土地单价、建筑容积率三者之间的关系，即

$$楼面地价=土地单价\div 建筑容积率$$

现实生活中，楼面地价往往比土地单价更能反映土地价格水平的高低。例如，有面积均为1 000平方米的甲、乙两宗土地，土地单价均为700元/平方米。甲的容积率为3，可以建设3 000平方米的建筑物，每平方米建筑物售价为1 200元；乙的容积率为2，可以建设2 000平方米的建筑物，每平方米建筑物售价为1 250元。甲、乙的楼面地价分别为233.3元/建筑平方米、350元/建筑平方米，甲的每平方米建筑物价格1 200元中有233.3元是地价，乙的每平方米建筑物价格1 250元中有350元是地价。

8. 用途

按照用途不同，房地产价格可分为商品房价格和经济适用住房价格等。

1）商品房价格

商品房价格就是房地产的市场价格，由完整的土地价格和建筑物价格构成。商品住

房价格是向高收入阶层出售住房的市场价格。以商品房价格购买的房地产，包括建筑物所有权和若干年的土地使用权。

2) 经济适用住房价格

经济适用住房价格是向中、低收入阶层出售的(经济适用)住房价格，它是由建筑物价格和不完全土地价格构成。具体包括：

(1) 征地及拆迁补偿安置费；

(2) 勘察设计及前期工程费；

(3) 住宅建筑及设备安装工程费；

(4) 小区内基础设施和非经营性公用配套设施建设费；

(5) 贷款利息；

(6) 税金；

(7) 以(1)～(4)项费用之和为基数1%～3%的管理费；

(8) 3%以内的利润。以经济适用房价格购买的房地产，包括建筑物所有权和划拨土地使用权。

9. 现房价格与期房价格

按照交房时间不同，房地产价格可分为现房价格和期房价格。

1) 现房价格

房地产的现货价格是指以现状房地产为交易标的的价格。该房地产的现状可能是一块准备建造，但尚未建造建筑物的土地；可能是一项在建工程；也可能是建筑物已建成的房地产。当为建筑物已建成的房地产时，即为现房价格。

2) 期房价格

房地产的期货价格是指以未来状况的房地产为交易标的的价格，其中最常见的是期房价格。期房价格是指以目前尚未建成而在将来建成的房屋(含土地)为交易标的的价格。

期房价格与现房价格之间的关系为

期房价格＝现房价格－预计从期房达到现房期间现房出租的净收益的折现值－风险补偿

上述关系是期房与现房同品质(包括工程质量、功能、户型、环境和物业管理服务等)情况下的关系。

10. 形成基础

按照形成基础不同，房地产价格可分为市场价格、理论价格与评估价格。

1) 市场价格

市场价格是指某种房地产在市场上的一般、平均水平价格，是该类房地产大量成交价格的抽象结果。

2）理论价格

理论价格是经济学假设的经济人的行为和预期是理性的，或真实需求与真实供给相等的条件下形成的价格。

3）评估价格

评估价格是具备价格评估资格的估价人员，运用科学的方法和技术手段，遵照有关的法律规定和评估规则，对房地产的客观合理价格或价值进行估算和判定所确定的价格。

3.3 房地产价格的影响因素

影响房地产价格的因素很多，可以说是错综复杂，这些因素相互影响、相互作用于房地产价格。各种因素对房地产价格的影响是不同的，有的因素有利于提高房地产价格，有的因素则起相反的作用。同时，不同的因素对房地产价格的影响程度也不尽相同，有的影响力较大，有的则较小，有的甚至没有影响。即使同一因素，也会由于房地产类型的不同而产生不同的影响。此外，随着时间的变化、地区的不同或者房地产类型的不同，影响房地产价格的因素也会发生变化。正是因为这样，在进行房地产价格评估时，应明确把握各种影响房地产价格的因素，充分调查和分析过去的变化、现在的状态及将来的趋势，并研究分析各因素之间的相互关系，才能正确地评估出房地产的价格。

影响房地产价格的因素多且复杂，通常需要进行归纳分类。按影响因素的属性不同，可分为自然（物理的）因素、社会因素、经济因素和行政因素四大类；按因素对房地产价格的影响特性，可分为一般因素、区域因素和个别因素三大类。这里着重介绍后一种分类方法中的各类影响因素，因为这种分类方法是采用市场比较法进行对比分析影响因素时通常采用的分类方法。

3.3.1 一般因素

一般因素是指影响房地产价格的一般、普遍、共同的因素。它通常会对整个房地产市场产生全面影响，从而成为影响房地产价格的基本因素。

一般因素主要包括以下几种。

1. 社会因素

影响房地产价格的社会因素主要有人口状况、社会安定程度、城市化进程和房地产投机等。

1）人口状况

人口状况对房地产价格的影响具体由人口数量、人口素质和家庭人口构成三方面来反映。人口数量与房地产价格的关系非常紧密，呈正相关，人口增多，对房地产的需求就增加，在供给相对匮乏的情况下，房地产价格水平趋高。特别是在城市，外来人口、流动人口的增加，可能刺激商业、服务业等产业的发展，使房地产价格的上涨趋势更为明显。人口素质，包括人们的受教育水平、文明程度等，也有可能引起房地产价格的变化，如地区中居民素质低、组成复杂，社会秩序欠佳，该地区房地产价格必然低落。此外，由于传统生活方式的改变及城市化的影响，家庭人口会越来越少。一般而言，随着每个家庭人口平均数的下降，即家庭小型化，则房地产需求增加，房地产价格有上涨趋势。

2）社会安定程度

一般来说，政局稳定，社会秩序良好，安全感强，投资风险小，人们就愿意投资、购物、居住，从而带动房地产价格上升；反之，房地产价格则下降。

3）房地产投机

在经济学上，投机是指在商业或金融交易中甘冒特殊风险，希望获得特殊利润的行为。投机通常用于那些期望从价格变化中获利的证券、商品和外汇买卖活动。当投机对象是土地及房屋时，就称为房地产投机。房地产投机对房地产价格的影响有三种情况：一是引起房地产价格上涨；二是引起房地产价格下跌；三是起着稳定房地产价格的作用。

4）城市化进程

城市化发展意味着人口向城市地区集中加快，造成城市土地需求不断扩大，带动城市房地产价格上涨。另外，公共设施的建设又从成本方面推动房地产价格，从而使房地产价格上扬。这一因素在城市化还不发达的发展中国家表现得尤为明显。

2. 经济因素

经济情况的演变对国计民生及国际地位有重要的影响，必然会影响房地产价格。影响房地产价格的经济因素主要有经济发展状况、储蓄水平和投资水平、财政收支和金融状况、物价和利息率等。

1）经济发展状况

经济发展预示着投资、生产、生活活跃，对住宅、厂房、办公楼、商场和各种文娱设施等的需求不断增加，由此引起房地产价格上涨。如近年来日本、新加坡、韩国以及中国台湾、中国香港等国家和地区经济持续高速增长，房地产价格也相应大幅度上涨。

2）储蓄水平和投资水平

储蓄水平和投资水平呈正相关，即储蓄增长则投资也相应增长。这是经济学中的“储蓄、投资一致性”原理。一般来讲，一系列储蓄率高的时期往往是超额储蓄累积期；储蓄率在连续较高的情况下突然转为较低时，则是房地产热潮期，此时房地产价格会飞涨。

3）财政收支与金融状况

财政金融状况是国家综合经济实力的反映，而货币供给量是财政、金融状况的外在表现。货币供给量增加，则表示市面上的资金增加，即社会闲散资金增加，游资过剩会导致过多的货币，争相购买少数的物品，特别是购置可以保值的房地产，于是造成对房地产的需求增加，促使房地产价格上涨。

4）物价

通常物价普遍波动，表明货币购买力的变动，即币值发生变动，而房地产在物价变动时期越能体现其保值性。因此，一般来说，物价变动对房地产市场的影响呈正相关，即物价上涨，房地产价格也上涨。

5）利息率

利率水平对房地产价格的影响也较复杂，与税收、价格、信贷等经济杠杆相比，利率杠杆具有灵活性、有偿性、间接性的特点。从理论上看，短期内房价的变化与利率的变化呈正相关关系，长期内房价的变化与利率的变化呈负相关关系。通过利率调整控制房地产投资的规模和投资增长速度及投资风险，对于保持房地产业与国民经济的协调发展是十分必要的。

6）汇率

汇率是指一种货币折算成另一种货币的比率，或者说一种货币以另一种货币表示的价格。在国际房地产投资中，汇率波动会影响房地产的投资收益。比如说，外国投资者以一定价格购买了一宗房地产，此后出售房地产时，相对于当地市场可能升值了，但如果该房地产所在国的货币发生了贬值，那么相对于国际交易，其房地产升值可能与货币贬值相互抵消，从而导致房地产投资失败。相反如果该房地产所在国的货币发生了升值，即使相对当地市场房地产没有升值，但是相对于国际交易也会获得较好的房地产投资收益。因此，当预期某国的货币会升值时，就会吸引外国投资者购买该国房地产，从而导致其房地产价格上涨；相反，会导致其房地产价格下降。

3. 行政因素

行政因素主要是指国家对房地产价格的干预，包括制度、政策、税收、城市规划、土地使用权出让方式、出让期限、行政变更等。

1）制度

这主要包括土地制度和住房制度，其中，土地制度对土地价格的影响巨大。例如，在我国传统的土地无偿使用制度下，地租、地价根本不存在；在市场经济条件下，制定科学、合理的土地制度和政策，不仅使国家作为土地所有者的利益得到了体现，而且通过市场形成合理的土地使用权价格，大大促进了土地的有效使用。住房制度与土地制度一样，对房地产价格的影响也是很大的。实行福利型的住房制度，必然造成住宅价格的低水平，无法促进供给量的增加，很难形成真正的房地产市场。

2）房地产价格政策

房地产价格政策抽象来看有两类：一是高价格政策；二是低价格政策。所谓高价格政策，一般是指政府对房地产价格放任不管，或有意通过某些措施抬高房地产的价格；低价格政策，一般是指政府采取种种措施抑制房地产价格上涨。因此，高价格政策促进房地产价格上涨，低价格政策造成房地产价格下落。但值得注意的是，低价格政策并不意味着造成房地产价格的绝对水平低下。同理，高价格政策也不意味着房地产价格的绝对水平高。抑制房地产价格的措施是多种多样的，它们影响房地产价格低落的速度和幅度不尽相同。抑制房地产价格的措施主要有：制定最高限价，规定房地产交易时不得突破此价格；制定标准价格，作为房地产交易时的参考；政府在房地产价格高涨时抛出一定量的房地产，以增加房地产的供给，从而平抑房地产的价格；征收房地产交易税或增值税；建立一套房地产交易管理制度。

3）房地产税收

房地产税收对房地产价格的影响是显而易见的。因为对房地产课税实际上是减少了房地产的收益，因而造成房地产价格低落。但是，不同的房地产课税种类和大小，对房地产价格的影响是不相同的。此外，考虑房地产税收对房地产价格的影响时，必须注意税收的转嫁问题。如果某种房地产税收可以通过某种途径部分或全部转嫁出去，那么对房地产价格的影响变小甚至不起作用。

4）城市规划

城市规划中的规定用途、容积率、建蔽率、建筑物高度等限制，对房地产价格，尤其是对土地价格有很大影响。

规定用途对地价有两方面的影响，就某一块土地而言它会降低地价，但从总体上看由于有利于土地的健康协调利用，因此有提高地价的作用。但是，如果规定用途不妥，缺乏科学的理论和方法，也会两败俱伤，既降低单块土地的价格，也会降低整个土地的利用效益，而使地价下降。从纯理论上分析，规定用途对地价的影响可以从图3-1中看出：在 *OA* 地段如果规定为住宅用途，那么地价就是由住宅地价曲线决定，而不是由商业地价曲线决定；*BC* 地段如果硬性规定为商业用途，此时地价甚低，甚至可能出现负数，因为此地段经营商业会亏本。

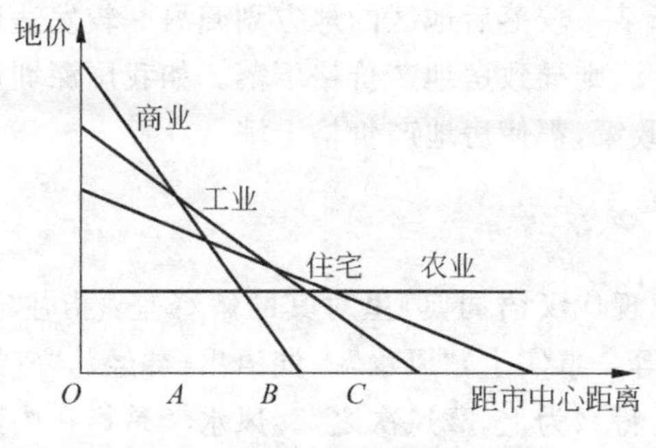

图3-1　规定用途与地价的关系

容积率是影响地价的最直接最主要的因素之一。就单块土地而言,地价与容积率成正比,即容积率越大,地价越高。因为容积率越大,在同等面积的土地上允许建筑的建筑面积就越多,而某一地点同期的单位建筑面积费用基本上是不变的,所以由剩余法可知其地价越高。就整个地区来看,规定容积率有改善环境条件的作用,从而带动地价上涨。

建蔽率可以从法律角度强制改善环境条件,特别是有利于绿化和提供充足的地面活动空间,从而间接地提高房地产价格。

5) 土地使用权出让方式、出让期限

由于我国土地所有权属于国家或集体,所以土地交易主要涉及土地使用权。目前,我国土地使用权出让方式主要有协议、招标、挂牌和拍卖四种。协议出让土地使用权是指市、县人民政府土地行政主管部门(以下简称出让人)与特定的土地使用者通过协商方式有偿出让土地使用权的行为。如政府部门对那些要扶持的高科技工业或教育、卫生、慈善、宗教等提供土地使用权,需要降低地价,多采用这种方式。招标出让土地使用权是指出让人发布招标通告,邀请特定或者不特定的自然人、法人或者其他组织参加土地使用权投标,根据投标结果确定土地使用者的行为。这种出让方式由于不仅考虑报价,而且考虑开发方案,所以通常选定的土地使用者不一定是出价最高者,因此有抑制地价的作用。但单纯以报价方式投标,有抬高地价的作用。挂牌出让土地使用权是指出让人发布挂牌公告,按公告规定的期限将拟出让宗地的交易条件在指定的土地交易场所挂牌公布,接受竞买人的报价申请并更新挂牌价格,根据挂牌期限截止时的出价结果确定土地使用者的行为。这种出让方式往往由一级开发商确定挂牌价格,起价比较高,有抬高成本的作用。拍卖出让土地使用权是指出让人发布拍卖公告,由竞买人在指定的时间、地点进行公开竞价,根据出价结果确定土地使用者的行为。在拍卖情况下,如果土地需求量大,土地由谁取得完全取决于所报地价的高低,所以最能抬高地价。土地出让期限的长短意味着土地使用时间的长短,因而它对地价的影响是显而易见的。

6) 行政变更

可以想象,将某个县级城市升格为地级市、省辖市,无疑会促进这一地区房地产价格的上涨。同样,将原属于某一较落后地区的地方划归另一较发达地区管辖,会促进这一地区房地产价格上涨。相反,则导致房地产价格下落。如我国深圳市变为经济特区,海南岛成立海南省并享受特区政策,都使房地产价格上涨。

4. 风水因素

风水,亦称“堪舆”,《现代汉语词典》里对其的解释是:指住宅基地、坟地等的地理形势,如地脉、山水的方向等。事实上,“风水”一词语出《葬经》,“气乘风则散,界水则止……故谓之风水。风水之法,得水为上,藏风次之”。风水学是指在中国传统阴阳五行视角下,讨论行为主体在特定的时间或地点从事特定的择地、营造行为,使行为主体获得利益的学说。

风水学说的四条基本定理包括："地"有好坏之分，某地比某地更适合营造城市、聚落、房屋、墓穴或进行人类经济、政治、文化活动；占据"好地"的个人、家庭、组织、民族等，在社会意义上将获得某方面的积极效果；"好地"出乎天然，但也可通过人工补其不足，风水学的任务包括两个方面，一是寻找"好地"，二是通过人工营造获得"好地"的效果；自然环境变化与人类社会发展的合力导致"好地"是不断变化的。

传统风水学探讨风水与健康、风水与财富、风水与人丁、风水与仕途等，其中与房地产估价联系相对紧密的是对于风水与财富关系探究的部分。这里，我们主要讨论住宅的估价与风水。在风水与财富的视角下，一处具有"较佳风水"的房产或地产，其评估值理应较高。

传统风水学基本格局强调"山环水抱，藏风聚气"之地为风水宝地。最初，当房地选址在自然环境中时，山水皆为自然山水。随着经济性市镇的兴起以及人工庭院的大量出现，人们开始有意识地在小范围内人工构筑起"山环水抱，藏风聚气"的象征性格局，以房屋主体为中心，四周院墙、隔离植物象征山，院内溪流、池塘、鱼池象征水。在城市中，除了自然的山丘外，楼房等建筑物象征山，"山"有高低大小疏密远近，这些"山"与标的房地产的关系构成了风水判断的重要方面。其格局包括前低后高、前高后低、盆地、山顶四种，分别象征着古代房屋与山丘的关系，分别是山南、山北、山中、山顶。换言之，较佳的风水格局应是象征着山南的"前低后高"格局，后有屏障阻挡来自北方的干冷气流，前方视野开阔，采光良好，温暖湿润的夏季风不受阻隔。至于山顶格局，则以半山为宜，"高处不胜寒"，除了交通不便外，高处风大，不利于"藏风聚气"，获得一个安静的居住环境。

同样地，城市里除了河流、湖泊外，具有流动性的事物，也往往被认为有水的特质。这样的"水"有人流、车流、桥梁等，十字路口等交通交汇处一般做商用，因此对于住宅风水格局，主要有U形、Y形、T形、高架桥形等几种特异形态。对于U形"水流"、U形的内部具有更好的风水格局，符合风水学藏风聚气的原则，若以地理学知识类比，U形河道凸岸堆积、凹岸侵蚀，不断被侵蚀的一侧，自然是不宜定居的。对于Y形，两条岔道所夹之三角形地块风水格局较劣，因为该地块同时受两侧人流、车流的影响，不利于"聚气"，客观上给居民造成更大的噪声、空气污染等。至于T形，无论交汇点在哪一侧，都不适宜定居。因为无论上、左、右任一侧，都会受到三个方向络绎不绝人流、车流的影响。高架桥的修建是为了交通的畅通运行，高架桥上车速一般较快，从而造成更高的噪声与更快的风速，因此住宅不宜选址于高架桥旁。

"藏风聚气"是上等风水格局(美格)中起码的条件，具体到一所宅院，四面包围的围墙或房舍，房内的回廊、山石、草木，室内的帘帐、屏风这种由整体到局部的"围护-分隔"结构，起到了藏风、避风从而聚气的作用。《堪舆泄密》中同样认为，"外山环抱着，风无所入而内气聚；外山亏疏者，风有所入而内气散。气聚者暖，气散者冷"。风水学并非要排斥所有的风，而是要避开、隔开那些冷风、寒风、阴风，并不排斥温暖的风。因而在住宅营造修筑中，像北风、山谷风、旋风、暗风、阴风等，都是风水学上需要回避的。从古人对山水格局的要求中，我们不难发现一个“藏风聚气”的山水格局所着力避免的两种情况：一是“风势过疾”。风势过疾、过猛，人体表面散热速率增大，代谢速率就要增加，增加人体的负担；风声虎虎，形成噪声，狂风卷起尘土，造成污染，对居住者的生理、心理都有影响。二是“通风不畅”，通风不畅的直接后果是居住者所排出的废气无法被新鲜空气快速地更新，影响人体正常代谢，从而影响健康与生活质量。在城市中，通风不畅又往往是由小区乃至整个城市的高容积率导致的。

5. 国际因素

国际经济、军事、政治等环境如何，对房地产价格有较大的影响。

1）国际经济状况

国际经济发展良好，一般有利于房地产价格上升。

2）军事冲突

房地产具有不可移动性，一旦受到战争的破坏，繁华城市瞬间可化为废墟。因此，当遭受战争或社会动乱时，房地产价格会陡然下落。受到战争威胁或影响的地区，房地产价格也有所下降。

3）政治对立

若发生政治对立，不免会出现国与国之间实行经济封锁、冻结货款、中止往来等，这些一般会导致房地产价格下跌。

4）国际竞争

主要是国与国之间为吸引外资的竞争。竞争激烈时，房地产价格一般较低落。

6. 特殊因素

所谓特殊因素是指对房地产价格的影响不具有普遍意义的因素，但这些因素有时也足以影响房地产价格。如某些不适宜单独开发的小块土地，本来地价应该低下，但拥有人反以居奇的心态，待价而沽，需用人可能为达到基地的完整性以及发挥土地整体利用效益，宁可接受较高的地价；某些重要人物的死亡有时可以左右时局，从而影响房地产价格的涨落；参加土地竞投中的某些单位和个人，由于自身的急迫需要，使得他只求得到土地，从而抬高地价；土地拥有者偶遇资金调度困难，急需现金周转，因此贱售土地以应急需，这时的成交价多低于正常价格。所有这些都可以看成特殊因素对地价的影响。

必须指出，有些因素现在看来是特殊因素，但随着时间的推移、地点的不同，可能成为对房地产价格影响具有普遍意义的因素；而有些现在看来具有普遍意义的因素，在某些情况下也可能成为特殊因素。

3.3.2　区域因素

所谓区域因素是指影响一个城市内部不同功能分区房地产价格的因素。这些因素一方面取决于城市不同分区的地理环境，另一方面取决于实现分区功能对地理环境要素的要求。本书从后一角度阐述区域因素。不同性质的区域，如商业区、住宅区、工业区等，其影响房地产价格的区域因素是不同的。

1. 商业区

影响不同商业区房地产价格的区域因素主要有：

(1) 商业区经营规模、经营种类、聚集程度、竞争状况、繁华程度；

(2) 商业区腹地(吸引顾客的空间范围)大小、顾客的来源及购买力；

(3) 商业区内经营者的经营资力、资信、开拓精神；

(4) 商业区与外界的交通通达程度；

(5) 区内环境、街道规划设计对顾客购物(附带娱乐)的方便、舒适程度；

(6) 土地利用控制(如容积率、建筑密度等)状况。

2. 住宅区

影响不同住宅区房地产价格的区域因素主要有：

(1) 自然景观优美程度、环境清洁程度；

(2) 距商业中心的远近、与外界的交通通达程度；例如作者曾对北京市轨道交通换乘站和非换乘站对周边住宅价格的影响进行了研究，结果表明无论增值幅度，还是正负影响范围，换乘站均大于非换乘站，但是就区域差异来看，换乘站和非换乘站对周边住宅价格的影响差异和轨道交通的增值效应都是郊区大于城区[①]。

(3) 水、电、燃气、邮政、电信、防火、垃圾处理等基础设施的配置状况；

(4) 学校、医疗、公园娱乐等公益设施的配置状况，例如作者曾对北京市普通高中对周边住宅价格的影响进行了研究，结果表明北京市普通高中在租赁市场和二手房市场均存在800米的影响半径，中学质量(录取分数线)在两个市场均存在明显的资本化现象，但距离仅在租赁市场中存在资本化现象，总体上租赁市场的资本化水平要比二手房市场更高些[②]。

(5) 区内超市、菜市场、洗理等服务状况；

---

① Dai X Z, Bai X, Xu M. The Influence of Beijing Rail Transfer Stations on Surrounding Housing Prices[J]. Habitat International, 2016, 55(7): 79-88.

② 闫晶.北京市普通高中对周边住宅价格的影响分析[D].中央财经大学硕士毕业论文，2013.

(6) 区内街道、绿化等规划设计状况;
(7) 居民的人口构成、文化素养、治安状况;
(8) 土地利用控制状况。

3. 工业区

影响不同工业区房地产价格的区域因素主要有:
(1) 与原料供应及产品外销有关的交通通达程度;
(2) 雇用劳动力的成本;
(3) 水、电、燃气、电信、防火等基础设施的配置状况;
(4) 相关产业的集聚程度;
(5) 环境污染及管制状况;
(6) 土地利用控制状况。

3.3.3 个别因素

个别因素是指房地产的个别特性对房地产个别价格的影响因素,它是决定相同区域房地产出现差异价格的依据。包括土地的个别因素和建筑物的个别因素两个方面。

1. 土地的个别因素

不同用途的土地的个别因素并不完全一致。对土地价格影响力较大的个别因素主要有下列几个。

1) 位置

土地位置的优劣直接影响土地使用者的经济效益或生活满足程度。虽然各种经济活动和生活活动对土地位置都有不同要求,但一般情况下,凡接近人们经济活动的核心、要道的通口、行人较多、交通流量较大、有利于商业发展的地带,地价必然高昂;反之,闭塞街巷、郊区僻野的地价必然偏低。城市地价的高低,几乎为位置优劣所控制。

2) 面积

地块面积对地价高低有较大的影响。一般来说,凡土地面积过于狭小而不利于经济使用的地价必然偏低,但在特殊情况下可能会有例外。如某地块的存在可能会降低相邻大面积土地的利用价值,于是相邻地块的使用为求其土地得到最佳利用,而不惜以高价取得。

3) 地形地势

地形地势对他价也有重要影响,且主要是通过影响土地的利用价值和建筑成本而影响其地产价格。

4) 地质

这主要包括地质构造及土质的建筑力学性质和物理化学性质。地质构造和土质的力学性质决定地基的稳定性和承载力，对城市用地地价影响较大。如在软弱地基上建造高层建筑，必须进行地基处理，这势必增加建筑费用，从而影响地产价格。而地质的物理化学性质主要影响农用地地价。

5）水文

这主要指江河湖泊等地表水和地下水状况。江河湖泊等水体对居民生活、生产用水、美化环境、改善小气候条件等具有重要的作用。当然，地表水体也可能造成洪水危害。地下水位埋深过小，对建筑用地来说会增加施工难度，提高建筑费用，从而影响地价。

6）形状

土地形状是否整齐，对地价有一定的影响。一般来说，凡土地形状不便于经济使用的土地，地价必然低落。为改善这类土地的利用，多采用土地调整措施。土地经过调整之后，土地利用价值提高，地价立即随之上涨。与形状直接有关的是地块的长度、宽度及其比例关系，这对商业用地尤为重要。如果宽深比低于普通标准，则随深度增加，价格将递减，此即所谓深度递减法则。

7）气候

这主要包括日照、风向、风速、温度、湿度、降水量、灾害性气候等。对城市用地来说，这些因素直接关系到环境的舒适程度和居民的身体健康；对农业用地来说，这些因素直接影响土地肥力和收成，所以也会影响地产价格。

8）临街状况

地块临街状况对地价影响很大。临街宽度与深度状况对商业地块的价格影响很大，在宽度一定的条件下，深度过深，超过需要，超过部分土地效用难以发挥；在深度一定的条件下，一般来说宽度增大，土地价格也增加。如宽度与深度适当，则可使地块能充分发挥其全面积的效用。街角地处于两条街道交叉或拐角处，具有两面正面长度，对于营业性房产最能发挥效用，从而使土地价格提高，但是街角地必须有一定的范围。对于居住用房地产来说，街角地对地价的影响则相反。临街地，一面临街，其商用价值低于街角地。袋地深入街区的腹地，通过巷道与街道相连，从而造成了不利的地理条件，其商用价值较低，但袋地用于住宅建设时，地价有可能大于商用，不过仍要看袋地的采光、通风、视野、防火等因素情况。盲地一般指未临接公共道路的宅地，其价格一般较低。

9）建筑物与土地的组合是否得当

建筑物与土地组合得当，则地价较高；反之亦然。

2. 建筑物的个别因素

从房屋建筑物个别性看，其影响因素主要有以下几种。

1）建筑构造

建筑物主体结构分为木结构、钢筋混凝土结构、钢筋结构等不同类别。建筑物按其所属类别的不同，价格水平有差异。

2）房屋装修标准

这主要指门窗地板的用料情况，不同类型式样的房屋有不同要求的装修标准。如果房屋的装修标准超过或低于同类房屋标准，则可在原单价的基础上适当升高或降低房屋装修标准增减率。

3）房屋设备

这主要指卫生设备和暖气设备。卫生设备有大小之分，一般包括抽水马桶、瓷面盆。此外，有没有浴缸以及浴缸的用料不同，也会影响到造价。

4）房屋附属设施

这指围墙、栅栏和绿化状况。

5）地段、层次、朝向增减因素

房屋的地段、层次、朝向对房屋使用价值影响极大，因此在房屋建筑物评估中，对这些因素不容忽视，应在原单价基础上合理确定其增减率。

6）房屋的折旧和完好程度

当房屋建成以后，不论使用与否，随着时间的延续，都会逐渐发生损耗。时间越长，损耗越大，提取的折旧费就越多。所以，在对房屋进行评估时，必须正确计算折旧。

7）规模及高度

建筑物的规模影响单位价格，规模小则单位造价高；高层建筑由于结构、设备、地基等因素，也将引起造价上升。

8）用途

住宅、办公楼、商厦、校舍、工业厂房等，由于建筑用途不同，价格水平各异。

此外，还有建筑设计、施工质量、建筑面积、建筑功能及建筑物与环境的协调性等因素也影响建筑物价格。

一、名词解释

1. 基准地价　2. 标定地价　3. 土地使用权出让底价　4. 转让价格
5. 出租价格　6. 课税价格　7. 征用价格　8. 抵押价格　9. 楼面地价

二、判断题

1. 在商品房价格快速上涨情况下，提高购买商品房首付款比例，上调购买商品房贷款利率，会抑制商品房价格上涨。

2. 若某因素对房地产价值的影响可用数字模型量化，同时注册房地产估价师也可根据经验判断时，应优先根据经验进行判断。

3. 从投资角度理解，投资人购买收益性房地产的目的是为了购买该房地产未来所能产生的一系列收益，而不是购买该房地产本身。

4. 税收是影响房地产价格制度的政策因素之一，在买方市场条件下，减少房地产开发环节的税收会使房地产价格下降。

5. 城市经济发展和人口增加带来房地产需求增加，从而引起房地产价格上涨，这种房地产价格上涨属于房地产自然增值。

6. 征用价格属于公平市场价格。

7. 在影响房地产价格的各因素中，如果某影响因素最初对某房地产价格的影响是正向的，但随着该影响因素的变化，其对该房地产价格的影响可能出现相反的情况。

8. 某房地产的当前市场价值为 1 000 万元，抵押贷款余额为 540 万元，贷款成数为 0.6，则该房地产现在再次抵押的价值应为 276 万元。

9. 在有较多土地供应者的情况下，地价水平主要取决于房地产价格水平。

10. 一般来说，国内生产总值的增长会形成较多供给，引起房地产价格下降。

11. 房地产价格上涨或下降趋势的强弱与房地产目前价格的高低无关，价格较低的房地产其价格上涨趋势可能更强劲。

12. 一般情况下，商场与住宅相比，楼层对价格的影响比朝向对价格的影响要大。

13. 某房地产于两年前以抵押贷款的方式，贷款 200 万元，贷款期限 5 年，贷款成数六成，贷款年利率 8%，以等本金方式按月偿还贷款本息。目前该房地产未设立法定优先受偿款权下的价值为 500 万元，在没有其他债权限制下，该房地产的再次抵押价值为 300 万元。

14. 对于房地产开发用地而言，从某个特定投资角度评估出的投资价值，一般大于市场价值。

15. 周围环境状况是否良好、交通是否有利于商品运输是确定商业用房位置优劣的首要因素。

三、单项选择题

1. 下列房地产价格影响因素中，不属于区位因素中的位置因素的是(　　)。

A. 朝向　　B. 楼层　　C. 方位　　D. 交通条件

2. 影响某套住房的实物因素不包括(　　)。

A. 装修　　B. 户型　　C. 层高　　D. 楼层

3. 下列房地产价格影响因素中，不属于经济因素的是(　　)。

A. 居民收入增加　　B. 房产税征收

C. 人民币升值　　D. 居民消费价格指数上升

4. 关于住宅估价中楼层因素的说法，错误的是(　　)。

A. 估价对象为整幢住宅楼时，楼层属于区位因素

B. 位于同一住宅楼不同楼层的住房，景观有所不同

C. 对于一套住房而言，楼层会影响其通达性

D. 同一住宅小区总层数相同的住宅楼的楼层差价可能不同

5. 下列房地产价格影响因素中，不属于制度政策因素的是(　　)。

A. 开征房产税　　B. 物价水平变化

C. 调整房地产信贷规模　　D. 城市规划变更

6. 因公共利益的需要征收处于正常生产经营中企业的房屋，该房屋占用范围内的建设用地使用权为划拨性质，对该企业给予的补偿不包括(　　)。

A. 该房屋占用范围内的建设用地使用权价值的补偿

B. 搬迁后可继续使用的机器设备价值的补偿

C. 因征收房屋造成的企业搬迁、临时安置的补偿

D. 因征收房屋造成的企业停产停业损失的补偿

7. 下列影响房地产价格的因素中，会导致房地产价格下降的因素是(　　)。

A. 控制土地供应量　　B. 增加城镇居民可支配收入

C. 增加房地产保有环节税收　　D. 提高城市化水平

8. 房地产估价师从某个特定投资者的角度出发评估出的价值属于(　　)。

A. 市场价值　　B. 清算价值　　C. 快速变现价值　　D. 投资价值

9. 城镇土地的基准地价是(　　)。

A. 某时点城镇土地单位面积价格　　B. 某时期城镇土地单位面积价格

C. 某时点城镇区域性土地平均价格　　D. 某时期城镇区域性土地平均价格

10. 某宗土地的面积为1 000平方米，其上建筑物的建筑面积为5 000平方米，建筑物的基底面积为700平方米，建筑物层数为8层。则该宗土地的容积率为(　　)。

A. 8.0　　B. 5.6　　C. 5.0　　D. 0.7

11. 某房屋被火灾烧损，现需评估其损失，此时估价对象状况应为(　　)。

A. 被烧损前的状况　　B. 被烧损后的状况

C. 被烧损前与被烧损后的差异状况　　D. 未来修复或重建后的状况

12. 某宗土地面积为2 000平方米，城市规划规定的限制指标为：容积率3，建筑密度30%。在单位建筑面积所获得的利润相同的条件下，下列建设方案中最可行的是(　　)。

A. 建筑物地面一层建筑面积为800平方米，总建筑面积为5 000平方米

B. 建筑物地面一层建筑面积为1 400平方米，总建筑面积为5 000平方米

C. 建筑物地面一层建筑面积为600平方米，总建筑面积为5 500平方米

D. 建筑物地面一层建筑面积为600平方米，总建筑面积为2 500平方米

13. 现实中，房地产市场上某种房地产在某一时间的供给量为(　　)。

A. 存量＋新开发量＋其他种类房地产转换为该种房地产量－该种房地产转换为其

他种类房地产量－拆毁量

B. 存量＋新开发量＋该类房地产与其他种类房地产之间转换总量＋拆毁量

C. 存量＋新开发量＋空置房量－拆毁量

D. 存量＋新增竣工量－拆毁量

14. 某宗地面积为5 000平方米，现状容积率为0.8，土地市场价值为4 000元/平方米，拟进行改造。批准的规划容积率为5.0，楼面地价为1 500元/平方米，则理论上应补交地价（　　）元/平方米。

A. 1 250　　B. 1 750　　C. 2 050　　D. 3 500

15. 某套住宅建筑面积为100平方米，套内建筑面积为92平方米，使用面积为80平方米，每平方米使用面积的价格为3 000元，则住宅每平方米建筑面积的价格为（　　）元。

A. 2 400　　B. 2 580　　C. 2 607　　D. 2 760

16. 影响房地产价格的环境因素不包括（　　）。

A. 大气环境　　B. 声觉环境　　C. 卫生环境　　D. 治安环境

17. 在影响房地产价格的各种因素中，“城市化”属于（　　）。

A. 社会因素　　B. 环境因素　　C. 人口因素　　D. 行政因素

18. 某宗土地上有一幢8层高、各层建筑面积相同的住宅楼，建筑密度为50%。假设该住宅楼总价为2 000万元，平均单价为5 000元/平方米，楼面地价为1 200元/平方米，则该宗土地的总价为（　　）万元。

A. 96　　B. 192　　C. 240　　D. 480

19. 某套住宅的套内建筑面积为145平方米，套内使用面积为132平方米，应分摊的公共部分建筑面积为9平方米，按套内建筑面积计算的价格为3 500元/平方米，则该套住宅按建筑面积计算的价格为（　　）元/平方米。

A. 3 000　　B. 3 277　　C. 3 295　　D. 3 599

20. 引起真正的房地产自然增值的原因是（　　）。

A. 装修改造　　B. 需求增加　　C. 通货膨胀　　D. 改进物业管理

21. 下列情况中会导致房地产价格上升的是（　　）。

A. 上调贷款利率　　B. 收紧房地产开发贷款

C. 开征房地产持有环节的税收　　D. 增加土地供应

22. 下列关于房地产价格影响的表述中，正确的是（　　）。

A. 在卖方市场下，增加卖方的税收通常会导致房地产价格上涨

B. 增加房地产持有环节的税收，通常会导致房地产价格上涨

C. 在买方市场下，增加卖方的税收通常会使房地产价格下降

D. 严格控制房地产开发贷款，通常会使房地产价格下降

23. 某宗房地产未设立法定优先受偿权下的价值为600万元，法定优先受偿款为50

万元，贷款成数为七成，则该房地产的抵押贷款额度为（　　）万元。

A. 370　　B. 385　　C. 420　　D. 550

24. 一套总价 60 万元的住房，在实际交易中的付款方式可能有下列几种情况：

(1) 要求在成交日期一次性付清；

(2) 如果在成交日期一次性付清，则给予 5%的折扣；

(3) 首付款 20 万元，余款以抵押贷款方式支付，贷款期限 15 年，按月等额偿还贷款；

(4) 约定自成交日期起一年内一次性付清；

(5) 自成交日期起分期支付，首期支付 20 万元，余款在一年内分两期支付，每隔半年支付 20 万元。

上述情况中，名义价格不等于实际价格的是（　　）。

A. 第(1)、(3)种情况　　B. 第(3)、(4)、(5)种情况

C. 第(2)、(3)、(4)种情况　　D. 第(2)、(4)、(5)种情况

25. 一般来说，人口总量虽然不变，但随着家庭人口规模小型化，住宅价格总的趋势是（　　）。

A. 上涨　　B. 下跌　　C. 保持相对稳定　　D. 先涨后跌

26. 住宅平面设计中的功能分区对房地产价值的影响，属于房地产价值影响因素中的（　　）。

A. 区位因素　　B. 社会因素　　C. 实物因素　　D. 权益因素

27. 房地产的规划用途对房地产价值的影响，属于房地产价值影响因素中的（　　）。

A. 配套设施建设的限制　　B. 房地产使用管制

C. 房地产权利的设立和行使限制　　D. 房地产相邻关系的限制

28. 甲、乙两宗相邻地块，市场价值分别为 60 万元和 40 万元。若将两宗土地合并则总价值为 120 万元。如果甲地块的使用权人拟购买乙地块，则对双方最为公平合理的正常价格应为（　　）万元。

A. 40　　B. 48　　C. 50　　D. 60

29. 对于同一估价对象和同一估价时点，下列价值类型中评估价值最大的一般是（　　）。

A. 谨慎价值　　B. 市场价值　　C. 残余价值　　D. 快速变现价值

30. 下列关于价值类型的表述中，错误的是（　　）。

A. 在用价值为市场价值　　B. 投资价值属于非市场价值

C. 市场价值的前提之一是继续使用　　D. 同一估价对象可能有不同类型的价值

四、多项选择题

1. 下列房地产价值类型中，属于非市场价值的有（　　）。

A. 完全产权价值　　B. 出租人权益价值

C. 快速变现价值　　D. 承租人权益价值

E. 残余价值

2. 某套期房住宅的套内建筑面积为120平方米，套内墙体面积为20平方米，分摊的共有建筑面积为30平方米，套内建筑面积的购买单价为15 000元/平方米，购买人采用的付款方式为：首付60万元，余款向银行申请贷款。关于该房地产价格的说法，正确的有(　　)。

A. 使用面积的购买单价为12 500元/平方米

B. 建筑面积的购买单价为12 000元/平方米

C. 名义价格为180万元

D. 实际价格为180万元

E. 现房价格低于180万元

3. 下列房地产价格影响因素中，不属于区位因素的有(　　)。

A. 地形、地势　　B. 土地开发程度

C. 土地用途、容积率　　D. 朝向、楼层

E. 外部配套设施

4. 在合法利用前提下，其他条件相同，若评估同一房地产的下列价值，其中通常低于市场价值的有(　　)。

A. 投资价值　　B. 抵押价值　　C. 快速变现价值　　D. 现状价值

E. 残余价值

5. 下列制度政策的调整，在其他因素不变的情况下，会导致房地产价格下降的有(　　)。

A. 提高购房最低首付款比例

B. 在卖方市场的情况下，增加房地产开发环节的税收

C. 在买方市场的情况下，减少卖方的税收

D. 减少房地产开发用地的供应量

E. 建立严格的交易管理制度遏制房地产投机

6. 评估一宗房地产的价值，估价方法的选用主要取决于(　　)。

A. 估价对象　　B. 估价师对估价方法的熟悉程度

C. 委托人　　D. 估价机构资料库中可用资料情况

E. 当地房地产市场状况

7. 以下关于标定地价的描述，正确的是(　　)。

A. 标定地价是一个区域性的平均地价

B. 标定地价是确定土地使用权出让底价的参考和依据

C. 标定地价是政府评估的具体地块的地价

D. 标定地价是各类用地的平均地价

8. 判断以下关于一级市场、二级市场的描述正确的是(　　)。

A. 一级市场也称政府批租市场　　B. 一级市场是政府垄断市场

C. 二级市场也是垄断市场　　D. 二级市场是竞争性市场

E. 土地使用权出让底价属于二级市场的价格范畴

9. 以下(　　)各类用地,确属必需的,可由县级以上人民政府依法批准划拨。

A. 国家机关用地和军事用地

B. 城市基础设施用地和公益事业用地

C. 国家重点扶持的能源、交通、水利等项目用地

D. 一般乡镇企业用地

E. 外商投资企业用地

10. 属于一级地产市场价格范围的地价是(　　)。

A. 出让底价　　B. 抵押价格　　C. 标定地价　　D. 课税地价

E. 征用价格

11. 由政府决定的地产价格有(　　)。

A. 标定地价　　B. 基准地价

C. 土地使用权出让底价　　D. 出租价格

E. 抵押价格

12. 在房地产估价中,如果估价目的不同,则(　　)。

A. 估价的依据有可能不同　　B. 估价的方法有可能不同

C. 估价对象的范围有可能不同　　D. 不影响估价结果的公正性

E. 不影响估价报告的用途

13. 下列情形中会导致房地产当前需求增加的有(　　)。

A. 消费者的收入增加　　B. 作为替代品的房地产的价格上升

C. 作为互补品的房地产的价格上升　　D. 消费者预期其未来的收入增加

E. 消费者预期未来的房地产价格上升

14. 甲、乙两块土地,其区位及实物状况都基本一样。甲地块土地单价为506元/平方米,容积率为1.5,土地使用年限为50年。乙地块土地单价为820元/平方米,容积率为2.4,土地使用年限为70年。在用楼面地价来判断甲、乙两地块的投资价值时,若土地报酬率为8%,则下列表述中正确的有(　　)。

A. 乙地块比甲地块贵

B. 甲地块的70年使用权楼面地价低于341.67元/平方米

C. 甲地块与乙地块的楼面地价相等

D. 甲地块比乙地块贵

E. 乙地块的70年使用权楼面地价高于340元/平方米

15. 房地产的供给量是由许多因素决定的，除随机因素外，经常起作用的因素主要有(　　)。

A. 该种房地产的价格水平　　B. 消费者的预期

C. 该种房地产的开发成本　　D. 该种房地产的开发技术水平

E. 房地产开发商对未来的预期

16. 下列关于房地产价格影响因素的表述中，正确的是(　　)。

A. 不同的房地产价格影响因素，引起房地产价格变动的方向和程度是不尽相同的

B. 房地产价格影响因素对房地产价格的影响与时间无关

C. 理论上，房地产价格与房地产价格利率因素呈负相关

D. 房地产价格影响因素对房地产价格的影响均可用数学公式或者数学模型来量化

E. 汇率因素对房地产价格影响的表现是：本币汇率上升会导致房地产价格上涨；相反，则导致房地产价格下降

17. 征收集体土地下的土地取得成本中，征地补偿安置费用包括(　　)。

A. 土地补偿费

B. 安置补助费

C. 地上附着物和青苗的补偿费

D. 土地使用权出让金等土地有偿使用费用

E. 安排被征地农民的社会保障费用

18. 城市房屋拆迁补偿实行产权调换方式且调换房屋为期房的，在结算房屋产权差价时，(　　)。

A. 估价时点应当与评估被拆迁房屋的房地产市场价格的估价时点一致

B. 期房产权调换差价＝所调换期房的未来市场价值－被拆迁房屋的现在市场价值

C. 期房产权调换差价＝所调换期房的现在市场价值－被拆迁房屋的未来市场价值

D. 期房的区位、用途、面积、建筑结构等，应以拆迁人与被拆迁人在拆迁安置补偿协议中约定的为准

E. 在原地实行产权调换时，差价不应大于被拆迁房屋市场价格的20%

19. 下列引起房地产价格上涨的因素中，属于房地产自然增值的因素有(　　)。

A. 对房地产本身进行投资改良　　B. 需求增加导致稀缺性增加

C. 通货膨胀　　D. 外部经济

E. 提高建造成本

20. 下列关于居民收入水平对房地产价格影响的表述中，正确的有(　　)。

A. 居民收入的真正增加，通常会导致房地产价格上升

B. 如果居民收入的增加是衣食较困难的低收入者的收入增加，则对房地产价格影响不大

C. 如果居民收入的增加是中等收入者的收入增加,则会促使房地产价格上升

D. 如果居民收入的增加是高收入者的收入增加,且其无房地产投资或投机行为,则对房地产价格影响不大

E. 居民收入水平的变化对房地产价格影响不大

五、简答题

1. 简述基准地价、标定地价和土地使用权出让底价之间的区别与联系。
2. 简述影响地产价格的一般因素。
3. 简述影响地产价格的个别因素。

六、计算与分析题

投资者面对甲、乙两宗土地。甲地容积率为 5,单价为 1 000 元/平方米,乙地容积率为 3,单价为 800 元/平方米,两宗土地其他条件相同。问投资者应选择哪一宗土地投资更为经济?

CHAPTER 4

第4章　市　场　法

4.1　市场法的基本原理

市场法是房地产估价方法中最常用的基本方法之一，也是目前国内外广泛应用的经典估价方法。市场法又称市场比较法、买卖实例比较法、交易实例比较法、市价比较法、市场资料比较法、现行市价法等。

市场法的基本概念是指通过比较待估房地产与近期售出的类似房地产(即可参照交易房地产)的异同，并据此对类似房地产的市场价格进行调整，从而确定待估房地产价值的估价方法。运用市场法的前提条件是：需要有一个比较成熟的房地产交易市场；可以找到与待估房地产相似的可比较参照交易，要求可比较参照交易的交易价格确知，交易情况和交易时间与待估房地产相近，参照交易物在技术参数、功能等方面与待估房地产具有可比性。

市场法的基本计算公式为

$$\begin{aligned}\text{评估价值} = &\text{市场参照交易价格} + \sum \text{待估对象优于参照交易物因素引起的价格差额} \\ &- \sum \text{待估对象劣于参照交易物因素引起的价格差额}\end{aligned}$$

或者

$$\text{评估价值}=\text{参照交易价格}\times\text{修正系数}$$

由市场法估价得到的价格，称为比准价格。

市场法的理论依据是经济学中的替代原理。根据替代原理，在市场上任何经济主体都谋求以最小的代价取得最大利润或效用，因此效用均等的物品或服务其价格应该相等。在一个完全竞争的市场上，两个以上具有替代关系的商品同时存在，商品的价格通过相互竞争，最终促使商品的价格趋于一致。在房地产市场上也是这样，从理论上讲，效用相等的房地产经过市场的竞争，其价格最终会基本趋于一致。

4.2　市场法的适用范围

市场法只要有类似房地产的适合的交易实例即可应用，因此市场法适用于房地产市场发育程度较好、有较多交易实例发生的地区或房地产类型。像教堂、寺庙、学校、古建筑等很少有交易发生的特殊类型房地产，就不适用于市场法。市场法要求在与估价对象具有替代关系，价格会相互影响的适当空间范围内（或称同一供求圈），有较多的类似房地产交易实例，以便于获取较充分的市场交易信息，通过市场比较，估算出尽可能符合市场行情的估价对象房地产价格。

在房地产市场比较发育、交易实例资料比较丰富的地区，市场法除了可直接用于估算房地产价格外，还可用于其他估价方法中有关参数的求取。例如，可以用市场法先求取在待估土地上拟开发房屋的未来市场租售价，再采用假设开发法估算其土地价格；可用市场法求取估价对象房地产的租金或净收益，再用收益法估算房屋或土地的价格。国外也有用市场法求取成本法中的应扣除折旧额的。

4.3 市场法的操作步骤

4.3.1 搜集交易实例

运用市场法进行估价，需要搜集并拥有大量翔实的交易实例，以利于掌握市场价格行情，保证估价结果的客观准确性。搜集的交易实例内容包括以下几个方面。

1. 交易双方的情况及交易目的

交易双方情况包括交易者的名称、性质、法人代表、住址等基本情况，特别还要说明交易双方是否是在公开市场条件下，进行公平、自愿的交易，即属于正常交易还是非正常交易。交易目的是指交易双方为什么而交易，一般包括买卖、入股、抵押、置换等目的。

2. 交易实例房地产状况

一般包括：①坐落位置、形状、面积；②地质条件及周围的社会文化环境条件；③购物及交通等基础设施和公共设施条件；④土地利用现状与规划条件；⑤有关建筑物的基本情况；⑥产权状况。

3. 成交价格及成交日期

成交价格包括房地产总价格、房屋总价格、土地总价格、单价、单位面积租金等内容，以及价格类型、价格水平、货币种类及货币单位等情况。有时在成交价格中可能包括家具、营业设备等非房地产财产的价格，需要从中剔除。成交日期需要具体到“日”。

4. 付款方式

付款方式包括一次付清、分期付款、抵押贷款、租金支付等方式，对各种方式的付款期限、利率条件、折扣等影响真实价格的因素，都要做尽可能详细的调查记录。

搜集房地产交易实例时，估价人员最好针对不同类型房地产，事先制作统一的交易实例调查表格，既避免遗漏重要事项的调查，又利于数据库的建立。交易实例调查表的格式如表4-1所示。

表4-1　交易实例调查表

名　　称					
坐　　落		（规划）用途		产权状况	
卖　　方					
买　　方					
成交价格		货币种类		成交日期	
付款方式					
个别因素说明	面积				
	形状				
	地貌				
区域因素说明	商服繁华度				
	交通通达度				
	景观				
交易情况说明					
坐落位置简图			建筑平面简图		
资料来源			调查日期		调查人

搜集房地产交易实例的主要途径有：①查阅政府有关部门关于房地产交易的申报登记资料；②查阅网络、中介机构上关于房地产租售的信息；③“假冒”房地产购买者，与房地产经办人和交易当事人洽谈，了解各种信息；④通过各类房地产交易展示会，索取资料、掌握信息；⑤同行之间相互提供信息资料；⑥向专业的房地产信息提供机构购买资料；⑦其他途径获取资料。所有渠道获取的交易实例资料，都要进行核实，以保证估价结果的可信性。

4.3.2　选取可比交易实例

可比交易实例即可用作比较参照的交易实例。选取可比实例就是从已搜集和积累的大量交易实例中，选取与估价对象房地产条件相同或相似的、成交日期与估价时点相近的、成交价格为正常价格或可修正为正常价格的交易实例。运用市场法估价，应根据估价对象状况和估价目的，从搜集的交易实例中选取三个以上的可比实例。如果可比实例少于三个，则其代表性较差，难以客观地反映市场状况，可能造成估价结果出现偏差。

所选取的可比交易实例，应符合下列要求。

1. 可比交易实例是与估价对象类似的房地产

具体是指：①与估价对象房地产的用途应相同。用途是指房地产的具体利用方式，可按大类和小类划分。大类用途如商店、办公楼(写字楼)、酒店、旅馆、住宅、工业厂房、仓库等。小类用途是在大类用途的基础上进一步细分。如住宅，可细分为普通住宅、高档公寓、豪华别墅等。②与估价对象房地产的建筑结构应相同。这里主要指钢结构、钢筋混凝土结构、砖混结构、砖木结构、简易结构等大类结构。如果能在大类建筑结构下再细分出的小类建筑结构也相同则更好，如砖木结构，进一步可分为砖木一等、二等，等等。③与估价对象房地产所处地段应相同。即可比实例与估价对象房地产应处于具有相同经济、社会、环境特征的同一区域或邻近地区，或处于同一供求圈内或同一级别土地范围内。④与估价对象权力性质相同，若不同时一般不能作为可比交易实例。例如国有土地与集体土地之间，出让与划拨国有建设用地使用权之间的权利性质都是不同的，不宜选用不同权利性质的房地产作为可比交易实例。⑤与估价对象房地产的档次相当。档次是指按一定标准分成的等级，如宾馆的星级等，这里主要指设施设备、装饰装修、周围环境等方面的齐全、优劣程度应相当。⑥与估价对象规模相当。选取的可比实例规模应在估价对象规模的0.5～2倍范围内，即0.5≤可比实例规模/估价对象规模≤2。

2. 可比交易实例的交易方式应适合估价目的

房地产交易方式有买卖、租赁等，其中土地的出让方式又可分为协议、招标、拍卖、挂牌等。如果是为买卖目的估价，则应选取买卖实例为可比实例；为了租赁目的的估价，应选取租赁实例为可比实例。

3. 成交日期与估价对象房地产的估价时点相近

所选择的可比实例房地产的成交日期距估价时点的间隔越短，在进行交易日期修正时准确性越高。因此，最好选择距估价时点一年内成交的房地产买卖作为可比实例。如果房地产市场相对比较稳定,可适当延长间隔时间,但最长不宜超过两年。若为“干净”的地产(其上无建筑物),则可比实例交易日原则上不得超过估价期日三年。

4. 成交价格为正常价格,或可修正为正常价格

所谓正常价格,是指在公开的房地产交易市场上,交易双方均了解市场信息,以平等自愿的方式达成的交易价格。如果市场上正常的交易实例较少,不得不选择非正常交易实例作为可比实例时,则也可选取交易情况明了且可修正为正常价格的交易实例作为可比实例。

非正常交易是由于交易行为中的某些特殊因素造成的,概括起来主要有:①有利害关系人之间的交易。如父子之间、亲友之间、有利害关系的公司之间、公司与其职员之间的房地产交易价格,通常都低于市场价值。②急于出售或者急于购买情况下的交易。前者易造成价格偏低,后者则往往偏高。③受债权债务关系影响的交易。一般交易价格偏低。④交易双方或者一方获取的市场信息不全。如果买方不了解市场行情,盲目购买,则交易价格往往偏高;如果卖方不了解市场行情,盲目出售,则交易价格往往偏低。⑤交易双方或者一方有特别动机或特别偏好的交易。⑥相邻房地产的合并交易。假如买方在购买相邻房地产后,与其原有房地产(面积过小)合并,将增加原有房地产的效用时,相邻房地产拥有者会因此抬高价格,迫使买方以高于正常价格购买。⑦特殊方式的交易。如以拍卖方式成交的价格,一般多高于市场正常价格;政府以招标方式出让土地使用权时,因注重投标方案的整体效用,故招标的成交价格可能偏高,也可能偏低。在拍卖或招标的公告期过短或公告影响范围过小时,成交价格可能会偏低。⑧交易税费非正常负担的交易。如土地增值税本应由卖方负担,但双方却私下协议由买方缴纳;交易手续费本应由双方各负担一部分,而实际上却由买方负担;契税本应由买方负担,却协议由卖方缴纳等,这些都会造成交易价格的不正常。

4.3.3　建立价格可比基础

选取可比交易实例后,应对可比实例成交价格的表达方式和内涵进行统一,以便于进行交易情况、交易日期、区域因素、个别因素的修正。所选取的若干个可比实例之间及其与估价对象之间,可能在付款方式、成交单价、货币种类、货币单位、面积内涵、面积单位、融资条件和税费负担等方面存在不一致,从而无法进行直接的比较修正。因此,需要对它们的表达方式和内涵进行统一,以便进行比较修正。具体内容包括:①统一财产范围。财产范围的不同主要是由非房地产成分、债权债务、实物范围的不同造成的,统一财产范围一般是统一到估价对象的实物范围,补充(扣除)可比实例缺少的(多余的),相应的对可比实例的成交价格加价(减价)。②统一付款方式。应将可比实例不是成交日期或一次付清的价格,调整为成交日期一次付清的价格。③统一融资条件。应将非常规融资条件下的价格调整为常规融资条件下的价格。④统一税费负担。将可比实例在非正常税费负担状况下的价格调整为正常税费负担下的价格。⑤统一计价单位。具体包括统一价格表示单位、币种和货币单位、面积内涵和计量单位。不同货币种类之间的换算,应按照评估基准日国家外汇管理部门公布的外汇牌价的卖出、买入中间价计算。

4.3.4 进行交易情况修正

交易情况修正,是为了排除可比实例交易行为中的某些特殊因素所造成的成交价格偏差,将其成交价格修正为正常价格。进行交易情况修正的一般步骤如下:①测量各特殊因素对房地产交易价格的影响程度,分析比较相对于正常交易情况而言,特殊情况下的房地产交易价格可能产生的偏差大小。测定方法可以利用已掌握的同类型房地产交易资料分析计算,确定修正比例或系数。也可以由估价人员根据长期的实践经验,判断确定修正比例或系数。②利用修正系数,修正求得可比实例的正常价格。

4.3.5 进行交易日期修正

交易日期修正,即将可比实例在其成交日期时的价格修正到估价时点价格。交易日期修正的方法一般有:①采用房地产价格变动率进行修正;②利用房地产价格指数进行修正;③在无法取得房地产价格指数或变动率的情况下,估价人员可以根据当地房地产价格变动情况和发展趋势,以及自己的经验积累进行判断,加以修正。此外,房地产价格还可以通过分析房地产价格随时间而变动的规律,采用时间序列分析方法,建立房地产价格-时间模型来求取。

4.3.6 进行区域因素修正

区域因素修正,是将可比实例在其外部区域环境下的价格,调整为估价对象的外部区域环境下价格,即将可比实例与估价对象的区域因素进行比较,找出由于区域因素优劣所造成的价格差异,进行调整。区域因素修正的方法主要有两种:①直接比较修正法,即以估价对象房地产的各项区域因素状况为基准,与可比实例相对应的区域因素逐项比较,然后确定修正比率。②间接比较修正法,即以设定的某标准房地产的各项区域因素为基准,将估价对象和可比实例的区域因素与其相比较,并根据比较结果逐项打分,然后再将分值转化为修正比率。用修正比率乘以可比实例交易价格,即可得到可比实例在估价对象区域环境下的修正价格。

房地产价格区域因素修正的内容主要包括:①繁华程度。是指城市中某些职能在空间上的集聚,对企业单位和居民产生吸引力,从而影响房地产收益和利润的程度。商业繁华程度可以从商业的集聚规模和服务等级两方面进行分析。②交通便捷程度。是指在空间地域上人们上下班、上下学、走亲访友或购物等往来的可达及便利程度。反映交通便捷程度的因素主要包括道路功能及宽度、道路网密度、公交便捷程度和对外交通设施的分布状况。③环境。主要包括自然环境和人文环境条件及环境质量。环境质量是指区域大气、水、噪声的污染程度。④景观。包括人文景观和自然风景。⑤公共设施配套完备程度。包括城市基础设施和社会(生活)服务设施两部分。反映其完备程度的指标主要有设施水平、设施的保证率和齐备程度。⑥城市规划限制。主要包括对用途、建筑容积率、建筑覆盖率、建筑高度等指标的限制性规定。影响不同用途房地产价格的区域因素不同,比较修正时应根据具体情况选择对其价格有影响的主要因素。

4.3.7 进行个别因素修正

个别因素修正,是将可比实例的个别因素状况下的价格调整为估价对象的个别因素状况下价格,即将可比实例与估价对象的个别因素进行比较,找出由于个别因素优劣所造成的价格差异,进行调整。修正的方法与区域因素修正方法一样,可以直接比较修正,也可以间接比较修正。个别因素修正的内容主要包括:①土地个别因素修正。包括容积率、面积大小、形状、临街状况、土地平整程度、宗地内的基础设施完备程度、地势、地质水文状况、规划管制条件、土地使用权年限等因素修正。②建筑物个别因素修正。包括新旧程度、装修、设施设备、平面布局、工程质量、建筑结构、楼层、朝向等因素修正。

年限修正系数为$[1-1/(1+r)^m]/[1-1/(1+r)^n]$。其中,$r$为折现率;$m$为估价对象剩余使用年限;$n$为可比交易实例在成交日期的剩余使用年限。

4.3.8 综合修正

综上所述,运用市场法估价时,需要对交易情况、交易日期、区域因素、个别因素等进行修正,经过综合修正可以求出估价基准日的正常价格,将可比实例的价格修正为待估对象的价格。

针对房地产估价,市场法基本计算公式是

$$P = P' \cdot A \cdot B \cdot C \cdot D$$

式中,P为待估房地产评估价格;P'为可比实例成交价格;A为交易情况修正系数;B为交易日期修正系数;C为区域因素修正系数;D为个别因素修正系数。

实际评估工作中,常用以下计算公式:

$$P = P' \cdot A \cdot B \cdot C \cdot D = P' \times \frac{100}{(\quad)} \times \frac{(\quad)}{100} \times \frac{100}{(\quad)} \times \frac{100}{(\quad)}$$

式中,字符含义同前,具体内容为

$$A = \frac{100}{(\quad)} = \frac{\text{正常交易情况指数}}{\text{可比实例交易情况指数}}$$

$$B = \frac{(\ )}{100} = \frac{\text{估计基准日价格指数}}{\text{可比实例交易时价格指数}}$$

$$C = \frac{100}{(\ )} = \frac{\text{待估对象所处区域因素条件指数}}{\text{可比实例所处区域因素条件指数}}$$

$$D = \frac{100}{(\ )} = \frac{\text{待估对象个别因素条件指数}}{\text{可比实例个别因素条件指数}}$$

上式中，交易情况修正系数 A 中的分子 100 表示以正常交易情况下的价格为基准而确定可比实例交易情况的价格修正参数；交易日期修正系数 B 中的分母 100 表示以可比实例交易时的价格指数为基准而确定估价基准日的价格指数；区域因素修正系数 C 中的分子 100 表示以待估对象所处的区域环境为基准而确定可比实例所处区域环境的修正系数；个别因素修正系数 D 中的分子 100 表示以待估对象的个别因素条件为基准而确定可比实例个别因素条件的修正系数。

市场法的计算公式也可以是

$$P = P' \cdot A \cdot B \cdot C \cdot D = P' \times \frac{100}{(\ )} \times \frac{(\ )}{100} \times \frac{(\ )}{100} \times \frac{(\ )}{100}$$

式中，P'、A、B 含义同前；C 和 D 分别为以可比实例的区域因素条件和个别因素条件为基准而确定待估对象的区域因素和个别因素条件的修正系数。

如果剩余使用年限单独修正，则计算公式为

$$P = P' \cdot A \cdot B \cdot C \cdot D \cdot \text{剩余使用年限修正系数}$$

这里需要说明的是，组成区域因素或个别因素中的各个因子都可以独立地扩展出来进行单独修正。

4.3.9 确定比准价格

比准价格是指用市场法估价出的价格。将选取的多个可比交易实例，进行上述各项修正之后，每个可比交易实例修正幅度不宜超过其建立比较基础后成交价格的 30%。综合考虑多个可比交易实例的估价结果，确定比准价格。常用的计算比准价格的方法有以下几种。

1. 简单算术平均法

假定可比实例 A、B、C 经比较修正后的估价时点价格分别为 1 000 元/平方米、1 078 元/平方米、1 100 元/平方米，如果认为这三个价格具有同等重要性，则可求得一个综合结果，即评估值＝(1 000＋1 078＋1 100)/3＝1 059(元/平方米)。

2. 加权算术平均法

上例中，若认为可比实例 C 与估价对象房地产的情况最为接近，A 次之，B 最差，则相应赋予权数分别为45%、35%、20%，则可求得一综合结果，即评估值=(1 000×35%+1 078×20%+1 100×45%)=1 061(元/平方米)。

3. 中位数法

所谓中位数法，是指将多个可比实例经修正后的价格数额按大小顺序排列后，将居于数列中间位置的可比实例修正后价格作为综合结果。例如，上例中三个可比实例的修正后价格按大小顺序排列C、B、A，即1 100、1 078、1 000。位于中间位置上的为1 078，则可确定评估值为1 080元/平方米。

4. 众数法

这是将各修正结果按某一标准进行排序整理成分布数列，其中出现次数最多的那个结果为众数值，即将该结果确定为估价结果。在房地产估价中，需要选择10个以上的可比实例，才可能用到这种方法确定综合结果，目前采用较少。

市场比较法中交易情况、交易日期、区域因素和个别因素修正，可采用百分率法、差额法或者回归分析法。百分率法是将可比实例与估价对象房地产在某一方面的差异折算为价格差异的百分率来修正可比实例价格的方法。例如，估价对象优于可比实例10%，则确定修正系数为110%；估价对象劣于可比实例10%，则确定修正系数为90%；可比实例优于估价对象10%，则确定修正系数为100/110(90.9%)；可比实例劣于估价对象10%，则确定修正系数为100/90(111%)。差额法是将可比实例与估价对象房地产条件的差异所导致的价格差额大小求出来，并在可比实例的价格上直接加上或减去这一数额，而求得估价对象房地产价格的修正方法。例如，可比实例房地产的朝向为面南，成交价格为2 500/平方米。估价对象房地产的朝向为面东，而市场上同类型朝南和朝东的差价为500元/平方米，则估价对象的价格=(2 500-500)=2 000(元/平方米)。

4.4　回归分析法

回归分析法一般需要至少40～50个可比交易实例。这种方法遵循一般的多元回归分析原理，其基本公式如下：

$$Y=\alpha+\beta_1 X_1+\beta_2 X_2+\beta_3 X_3+\cdots+\beta_N X_N+\varepsilon$$

式中，Y为价格或租金；α为常数；β为系数；X为影响价值的因素变量；ε为因素变量不能解释的价格差异。

该方法可用于办理大量抵押贷款时的估价，可以大大缩短评估时间和费用。表4-2为显示了某一回归模型中的系数值及其具体应用。

表 4-2　回归模型系数及在某一居室公寓评估中的应用

因素变量		β	t	X	对租金的贡献/元
X_1	洗碗设施	5.08	6.63	1	5.08
X_2	网球场	4.36	6.64	1	4.36
X_3	蒸汽浴	12.40	24.49	0	0
X_4	以年计租	−11.14	12.52	1	−11.14
X_5	交互作用因素 1	−6.40	13.96	0	0
X_6	交互作用因素 2	−7.38	8.26	1	−7.38
X_7	特殊设施	22.10	6.05	0	0
X_8	邻里环境较差	−17.00	19.50	0	0
X_9	公共及基础设施	4.02	6.20	1	4.02
X_{10}	已装修	24.74	73.44	1	24.74
X_{11}	平均每个卧室的浴盆数	3.15	3.16	1	3.15
X_{12}	平均每个卧室的面积	1.47	7.57	300	441
X_{13}	某特定不良区位	−3.36	7.70	7.7	−25.87
X_{14}	小套公寓	−57.27	26.83	0	
X_{15}	二居室公寓	48.77	282.25	0	
X_{16}	三居室公寓	104.27	450.59	0	
X_{17}	四居室公寓	164.92	435.58	0	
合计					437.96

“交互作用因素 1”表示前三项因素综合作用导致的价值增值；“交互作用因素 2”表示由前三项因素中的两个因素导致的价值增值。$R^2=0.8852$；标准差等于 2.9%；自由度等于 17；$F=80.78$；常数等于 134.68。一居室租金 437.96 元；小套公寓租金等于 380.69 元(437.96 元−57.27 元)；二居室公寓租金等于 486.73 元(437.96 元+48.77 元)；三居室公寓租金等于 542.23 元(437.96 元+104.27 元)；四居室公寓租金等于 602.88 元(437.96 元+164.92 元)。

4.5　基准地价修正法

基准地价修正法是将基准地价作为市场比较法中的可比实例，然后对基准地价进行交易日期、区域因素、个别因素修正，得到某一宗地价格的估价方法。基准地价水平和基准地价修正系数，应以当地政府公布的标准作为估价依据。比如，某城市的一宗土地，城市规划批准为住宅用地，该宗地的基本情况和修正系数及计算过程如表 4-3 所示。

表 4-3　某宗地地价(2013.12.22)的基准地价修正法评估计算

修正因素			修正因素状况	修正系数	计算过程及结果/元
基准地价 7 800 元/平方米(70 年)					7 800
基准地价(2010.06.30)的估价时点修正			年上涨 3%	1.10	7 800×110%=8 580
区域因素	繁华程度	距离城市商业服务中心	3 000 米	0.73	8 580×1.067 1=9 156
		距离区级商业服务中心	400 米	1.45	
		距离小区级商业服务中心	220 米	0.73	
	交通条件	距离公共交通站点	90 米	0.87	
		附近公共交通车流量	25 次/小时	0.58	
		距离主次干道	90 米	1.16	
	生活及文体设施	距离医院	1 000 米	0	
		距离邮局	1 100 米	−0.44	
		距离中学	800 米	−1.02	
		距离小学、幼儿园	250 米	1.06	
		距离影剧院	900 米	0	
		距离图书馆、文化馆	1 600 米	−0.44	
	环境条件	距离公园	900 米	0.29	
		环境污染	轻度	0	
	基础设施条件		良	1.74	
	小计			6.71	
宗地个别条件	宗地形状及面积		不限制开发	0	9 156×1.008 6=9 235
	容积率		1.09	0.87	
	土地使用权年限(折现率 10%)		55	−0.01	
	小计			0.86	
该宗地 2013 年 12 月 22 日单价=9 235(元/平方米), 总地价=9 235 元/平方米×24 000 平方米=22 164(万元)					

4.6　应用举例

例 4.1　估价对象是某城市的一块空地,城市规划为住宅用地,总面积 500 平方米。现要估价其在 2013 年 6 月 28 日的市场价值。该类土地交易实例近期在邻近地区发生较多,因而拟选用市场法估价地价。首先搜集交易实例,经过分析选出三个可比交易实例,具体情况如表 4-4 所示。

表 4-4 估价对象及可比实例资料

项目		估价对象	可比实例 1	可比实例 2	可比实例 3	备注
坐落		略	略	略	略	
所处地区		4—3	相同	临近	临近	
类型		空地	空地	空地	有地上建筑物	
单价/(元/平方米)		待求	1 300	1 250	1 170	
交易日期		2013.06.28	2012.10.25	2013.02.04	2012.12.20	月均上涨 1%
估价时点修正系数			108/100	104/100	106/100	
交易情况		正常	拍卖出让	正常	正常	
交易情况修正系数			100/110	100/100	100/100	
个别因素	面积/平方米	500	450	430	300	
	形状	规则	规则	规则	规则	
	地质水文	一般	一般	水位稍高	一般	
	地势	平坦	平坦	平坦	平坦	
	上下水道	可满足使用	可满足使用	可满足使用	可满足使用	
	临路状况	次干道	次干道	次干道	支路	
	规划限制(容积率)	4	4	4	3.8	
	个别因素修正系数		100/100	100/95	100/90	
区域因素	距大商业服务网点/公里	2.5	2.2	2.4	2.4	
	社会环境	一般	一般	一般	一般	
	交通便捷程度	好	好	一般	一般	
	环境质量	一般	一般	一般	一般	
	公共基础设施配套	齐全	齐全	齐全	齐全	
	景观	好	一般	一般	一般	
	区域因素修正系数		100/100	100/99	100/99	
总修正系数			98.2/100	110.6/100	118.9/100	
修正价格/(元/平方米)			1 276.6	1 382.5	1 391	
总修正幅度/%			1.8	10.6	18.2	
权重/%			45	35	20	

评估单价结果=(1 276.6×45%+1 382.5×35%+1 391×20%)=1 336.5(元/平方米),
总地价=66.8(万元)

例 4.2 待估地块为一商业用途的空地,面积为 600 平方米,要求估算其 2012 年 5 月的公平市场交易价格。估价人员通过搜集有关数据资料(过程略),选出三个交易实例作为比较参照,交易实例有关情况见表 4-5。

表 4-5 参照物及估价对象资料

项目		A	B	C	待估对象
坐落		略	略	略	略
所处地区		繁华区	非繁华区	非繁华区	繁华区
用地性质		商业	商业	商业	商业
土地类型		空地	空地	空地	空地
价格	总价/万元	25.2	49	43.5	
	单价/(元/平方米)	1 500	1 400	1 450	
交易日期		2011.10	2011.12	2012.01	2012.05
面积/平方米		168	350	300	600
形状		长方形	长方形	长方形	长方形
地势		平坦	平坦	平坦	平坦
地质		普通	普通	普通	普通
基础设施		完备	较好	较好	较好
交通通信状况		很好	较好	较好	很好
剩余使用年限/年		35	30	35	30

已知以下条件：交易情况正常；2011 年 10 月以来，土地价格平均每月上涨 1%；折现率为 8%。

交易实例 A 与待估对象处于同一地区，B、C 的区域因素修正系数情况可参照表 4-6 进行判断。

表 4-6 区域因素分值

项目	B	分值	C	分值
自然条件	相同	10	相同	10
社会环境	相同	10	相同	10
街道条件	稍差	8	相同	10
繁华程度	稍差	7	稍差	7
交通便捷度	稍差	8	稍差	8
规划限制	相同	10	相同	10
交通管制	相同	10	相同	10
离公交车站	稍远	7	相同	10
交通流量	稍少	8	稍少	8
周围环境	较差	8	相同	10

注：比较标准以待估地块的各区域因素为标准，即待估地块的区域因素分值为 100。待估地块面积因素对价格的影响较各交易实例高 3%。

(1) 进行交易情况修正。

从估价人员的调查中发现交易实例的交易没有什么特殊情况，均作为正常交易看待，故无须修正。

(2) 进行交易时间修正。

交易实例A交易时间修正系数＝107/100＝1.07

交易实例B交易时间修正系数＝105/100＝1.05

交易实例C交易时间修正系数＝104/100＝1.04

(3) 进行区域因素修正。

交易实例A与待估对象处于同一地区，无须作区域因素调整。

交易实例B区域因素修正数＝100/86＝1.163

交易实例C区域因素修正系数＝100/93＝1.075

(4) 进行个别因素修正。

关于面积因素修正。由于待估对象的面积大于三个交易实例地块，就商业用地而言，面积较大，便于充分利用，待估地块面积因素对价格的影响较各交易实例高3%。

土地使用权年限因素修正。除交易实例B与待估价地块的剩余使用年限相同外，交易实例A与C均需作使用年限因素修正。修正系数计算如下：

交易实例A及C使用年限修正系数$=\left[1-\frac{1}{(1+8\%)^{30}}\right]\div\left[1-\frac{1}{(1+8\%)^{35}}\right]=0.965\,9$

交易实例A的个别修正系数＝1.03×0.965 9＝0.995

交易实例B的个别修正系数＝1.03

交易实例C的个别修正系数＝1.03×0.965 9＝0.995

(5) 计算待估土地初步价格。

A＝1 500×1×1.07×1×0.995＝1 597(元/平方米)

B＝1 400×1×1.05×1.163×1.03＝1 761(元/平方米)

C＝1 450×1×1.04×1.075×0.995＝1 613(元/平方米)

(6) 采用算术平均法求得估价结果。

待估地块单位面积价格评估值＝(1 597＋1 761＋1 613)/3＝1 657(元/平方米)

待估地块总价评估值＝1 657×600＝994 200(元)

因此，这一地块的评估值为994 200元。

习题

一、名词解释

1. 市场法　　2. 比准价格　　3. 基准地价修正法

二、判断题

1. 交易税费非正常负担的房地产交易，其成交价格比正常价格可能偏高也可能偏低。

2. 对于估价人员搜集的交易实例，只要是估价对象的类似房地产就可以作为可比实例。

3. 现实中有时评估的不一定是公开市场价值，而是某些特定条件限制下的价值，如城市房屋拆迁是强制性的，所以城市房地产估价不应采用公开市场价值。

4. 运用市场法求取房地产的价格时，选取的可比实例的规模一般应在估价对象规模的0.5～2范围内。

5. 市场法中的房地产状况调整可以分为区位状况调整、交易状况调整和权益状况调整。

6. 在基准地价修正法中进行交易日期调整，是将基准地价在估价时点时的值调整为其基准日期时的值。

7. 一般来说，不宜直接使用实际成交价格来判断估价结果的准确性。

8. 市场法的估价结果普遍高于收益法的估价结果，说明房地产价格有一定的泡沫。

9. 在采用市场法进行城市房屋拆迁估价时，如果选取的可比实例是含有装修的房地产，则在建立比较基准时，应将可比实例中的装修价值扣除。

10. 在房地产交易实例搜集工作中，要了解交易双方的名称、关系，以及交易目的。

11. 现行城镇基准地价是在土地使用权出让和转让中形成的地价，而不是通过估价确定的地价。

12. 市场法求得的价值是最真实、最可靠的，因为它是市场价格的体现。

13. 比较法中权益状况调整的内容主要包括土地使用期限、规划条件、配套设施状况、出租情况、地役权设立情况等影响房地产价格的因素。

14. 某可比实例房地产的实物状况优于标准房地产3%，估价对象房地产的实物状况劣于标准房地产5%。若采用直接比较法，可比实例房地产的实物状况调整系数为0.922。

15. 建立比较基础时，应将可比实例的装修价值扣除。

三、单项选择题

1. 关于市场法的说法，错误的是(　　)。

A. 测算结果容易被人们理解、认可、接受

B. 测算结果有时并不一定是合理、真实的

C. 需要估价师对当地房地产市场行情有足够的把握

D. 每个影响因素对可比实例成交价格的影响程度都可采用定量分析予以量化

2. 某年1月30日购买某房地产价格为1 000美元/平方米，首付款为20%，余款半年

末一次性支付，月利率为0.6%。当年，该类房地产以美元为基础的价格平均每月比上月上涨1%，人民币兑换美元的汇率1月30日为6.59∶1，9月30日为6.46∶1。下列关于该房地产价格的说法，错误的是（　　）。

A. 该房地产的名义交易价格为人民币6 590元/平方米

B. 该房地产的实际交易价格为人民币6 494元/平方米

C. 该房地产于该年9月30日的市场价格为1 052美元/平方米

D. 该类房地产在该年1月30日至9月30日期间以人民币为基础的价格平均每月比上月涨幅大于1%

3. 某类房地产2015年1月的市场价格为4 230元/平方米，2015年9月的市场价格为4 654元/平方米。根据上述数据，2015年1月至9月，该类房地产市场价格的平均环比月上涨率为（　　）。

A. 1.07%　　B. 1.11%　　C. 1.20%　　D. 1.25%

4. 估价对象为总楼层6层的住宅楼中第四层的一套住宅，可比实例为总楼层5层的住宅楼中顶层的一套住宅，可比实例的成交价格为5 700元/平方米，所有交易税费均由买方负担，估价对象所在区域同类5层和6层住宅楼以第一层为基准的不同楼层住宅价格差异系数见下表；6层住宅楼中第一层住宅价格为5层住宅楼中第一层住宅价格的98%，买方和卖方应缴纳的交易税费分别为成交价格的3%和6%，除上述因素外，估价对象与可比实例的其他情况均相同，由可比实例成交价格求取的比准价值为（　　）元/平方米。

5层、6层住宅楼不同楼层的价格差异系数 %

总楼层＼楼层	第一层	第二层	第三层	第四层	第五层	第六层
5层	100	105	110	105	95	—
6层	100	105	110	110	100	90

A. 6 280　　B. 6 408　　C. 6 881　　D. 7 021

5. 有甲、乙两宗区位、面积、权益、规划条件等相当的土地，甲土地为空地，乙土地上有一幢建筑物。合理正确的估价结果显示乙土地连同地上建筑物的价值低于甲土地的价值，这是因为（　　）。

A. 乙土地价值低于甲土地价值

B. 该建筑物价值小于其重置成本

C. 该建筑物价值小于其拆除费用

D. 该建筑物更新改造后的价值低于其现状价值

6. 采用百分率法进行交易情况修正时，应以可比实例（　　）为基准确定交易情况修正系数。

A. 成交价格　B. 账面价格　C. 正常价格　D. 期望价格

7. 评估某宗房地产的市场价值，选取了甲、乙、丙三个可比实例：甲可比实例的成交价格为 8 000 元/平方米，比正常价格低 2%；乙可比实例的卖方实收价格为 7 800 元/平方米，交易税费全由买方负担，当地房地产交易中买方和卖方应缴纳的税费分别为正常交易价格的 3% 和 6%；丙可比实例的成交价格为 8 300 元/平方米，其装修标准比估价对象的装修标准高 200 元/平方米。假设不考虑其他因素影响，三个可比实例比较价值的权重依次为 0.4，0.2，0.4，该房地产的市场价格为（　　）元/平方米。

A. 8 157.60　B. 8 158.91　C. 8 163.57　D. 8 164.88

8. 估价对象为一沿街店铺，建筑面积为 300 平方米，已知其中家电和汽车价值为 60 万元。估价中选取甲、乙、丙三个可比实例，建筑面积分别为 300 平方米、280 平方米和 340 平方米，总价分别为 420 万元、448 万元和 595 万元，其中可比实例丙的总价中含有价值为 30 万元的家具。根据上述条件，利用简单算术平均法求取的估价对象包含家电和汽车的市场价格为（　　）万元。

A. 466　B. 526　C. 535　D. 545

9. 某房地产在 2016 年 3 月的价格为 7 200 元/平方米，已知类似房地产在 2016 年 3 月至 9 月的价格指数分别为：99.40，94.80，96.60，105.10，109.30，112.70，118.30（均以上个月为基数）。该房地产 2016 年 9 月的价格为（　　）元/平方米。

A. 8 485　B. 8 536　C. 10 038　D. 10 098

10. 某宗房地产某年 1 月 1 日的成交价格为 1 000 美元/平方米，同年 1 月 1 日至 9 月 1 日类似房地产以人民币为基准的价格平均每月比上月增加 80 元/平方米，该年 9 月 1 日该房地产以美元计算的正常价格为（　　）美元/平方米（假设该年 1 月 1 日的汇率为 1 美元兑换 6.7 元人民币，9 月 1 日的汇率为 1 美元兑换 6.4 元人民币）。

A. 1 051　B. 1 096　C. 1 100　D. 1 147

11. 在应用市场法时，一般应该选择（　　）参照物进行比较。

A. 3 个或 3 个以上　B. 2 个或 2 个以上　C. 1 个或 1 个以上　D. 4 个或 4 个以上

12. 某宗工业用地最高出让年限为 40 年，实际转让年限为 36 年，若还原利率为 9%，则年限修正系数为（　　）。

A. 0.992　B. 0.986　C. 0.981　D. 0.930

13. 某待评估住宅建筑物与参照住宅建筑物相比而言，室内格局更加合理，由此引起待评估住宅的价格比参照交易住宅的价格高 15%，室内格局因素修正系数为（　　）。

A. 100/115　B. 85/100　C. 115/100　D. 100/85

14. 运用市场比较法评估地产进行市场交易情况修正时，应修正的因素是（　　）。

A. 地理位置　B. 特殊动机　C. 特殊环境　D. 特殊交易时间

15. 房地产状况修正中的间接比较修正评分办法，是以(　　)状况为参照系进行的。

A. 可比实例房地产　　B. 估价对象房地产

C. 标准房地产　　D. 类似房地产

16. 按间接比较的判定，某可比实例的房地产状况劣于标准房地产状况，价格低2%；而估价对象的房地产状况优于标准房地产状况，价格高5%。若改为直接比较判定，将出现(　　)的情形。

A. 估价对象的房地产状况优于可比实例的房地产状况，价格高7%

B. 可比实例的房地产状况优于估价对象的房地产状况，价格低7%

C. 可比实例价格的房地产状况调整系数为1.071

D. 可比实例价格的房地产状况调整系数为0.933

17. 现需评估某宗房地产2014年10月末的价格，选取的可比实例成交价格为2 500元/平方米，成交日期为2014年1月末，该类房地产自2013年7月末至2014年6月末每月价格递增1%，2014年6月末至2014年10月平均每月比上月价格上涨20元/平方米。该可比实例在2014年10月末的价格为(　　)元/平方米。

A. 2 648　　B. 2 688　　C. 2 708　　D. 2 734

18. 为评估某住宅2014年10月1日的正常市场价格，在其附近收集公证机关的某可比实例的有关资料如下：成交价格为4 000元/平方米，成交日期为2014年5月1日，成交价格比正常价格低2%，房地产状况调整系数为1.087。已知从2014年5月1日到10月1日该类住宅价格平均每月比上月上涨1%，则对该可比实例成交价格进行校正、调整得到的价格最接近于(　　)元/平方米。

A. 3 790　　B. 4 238　　C. 4 658　　D. 4 663

19. 城市基准地价是根据用途相似、地块相连、地价相近的原则划分地价区段，调查评估的各地价区段在某一时点的(　　)。

A. 最低价格　　B. 平均价格　　C. 出让地价　　D. 标定地价

20. 在市场法选择可比实例的过程中，可比实例的规模应与估价对象的规模相当。选取的可比实例规模一般应在估价对象规模的(　　)范围之内。

A. 0.5～2.0　　B. 1.5～2.0　　C. 0.5～1.5　　D. 1.0～1.5

21. 某地区房地产买卖中应由卖方缴纳的税费为正常成交价的7%，应由买方缴纳的税费为正常成交价格的5%。在某宗房地产交易中，买卖双方约定买方付给卖方2 500元/平方米。买卖中涉及的税费均由卖方负担。但之后双方又重新约定买卖中涉及的全部税费改由买方支付，并在原价格基础上相应调整买方付给卖方的价格，则调整后买方应付给卖方(　　)元/平方米。

A. 2 020.80　　B. 2 214.29　　C. 2 336.45　　D. 2 447.37

22. 在某宗房地产估价中，三个可比实例房地产对应的比准单价分别是6 800元/平方米、6 700 元/平方米和 6 300 元/平方米，根据可比性综合评估得到的三个可比实例对应的比准单价的权重分别是 0.3、0.5 和 0.2。如果分别采用加权算术平均法和中位数法测算最终的比准单价，则前者与后者的差值是(　　)元/平方米。

A. －100　　B. －50　　C. 50　　D. 100

23. 运用市场法评估建筑物是要体现建筑物评估的(　　)。

A. 房地合一原则　　B. 供需原则

C. 替代原则　　D. 最有效使用原则

24. 某宗房地产交易的成交价格为 30 万元，其中首期支付 30%，余款在一年后一次性付清。该房地产公摊面积为建筑面积的 10%，套内建筑面积为 100 平方米。假定折现率为 6%，则该房地产按照建筑面积计算的实际单价为(　　)元/平方米。

A. 2 593　　B. 2 619　　C. 2 727　　D. 2 862

25. 在市场法中，对房地产状况进行间接比较调整，其中可比实例的房地产状况优于标准房地产状况，得 102 分；估价对象的房地产状况劣于标准房地产状况，得 97 分，则房地产状况修正系数为(　　)。

A. 0.95　　B. 0.99　　C. 1.01　　D. 1.05

26. 为评估某房地产 2016 年 9 月 1 日的市场价格，选取的可比实例资料是交易日期为 2016 年 3 月 1 日，合同交易价格为 4 000 元/平方米，约定建筑面积为 95 平方米，合同约定面积误差在 6%以内不增加付款，实际产权登记面积为 100 平方米。自 2016 年 1 月 1 日起至 2016 年 9 月 1 日，当地该类房地产价格平均每月比上月上涨 0.3%，则就上述情况对该可比实例成交价格进行处理后的单价为(　　)元/平方米。

A. 3 868.92　　B. 4 000.00　　C. 4 072.54　　D. 4 286.89

27. 评估某套建筑面积为 120 平方米的住宅在 2016 年 9 月底市场价值，收集了以下几个交易实例，其中最适合作为可比实例的是(　　)。

交易实例	建筑面积/平方米	用途	价格/元/平方米	成交日期	区位	交易情况
甲	120	居住	5 800	2015 年 8 月	同一供需圈	正常交易
乙	105	居住	6 000	2016 年 6 月	同一供需圈	正常交易
丙	140	办公	6 500	2016 年 9 月	同一供需圈	正常交易
丁	115	旅馆	6 100	2016 年 7 月	不同供需圈	正常交易

A. 甲　　B. 乙　　C. 丙　　D. 丁

28. 为评估某房地产 2016 年 10 月 1 日的市场价格，选取的可比实例资料是：交易日期为 2016 年 4 月 1 日，合同约定买方支付给卖方 3 500 元/平方米，买卖中涉及的税费全部由买方支付，该地区房地产交易中规定卖方、买方需缴纳的税费分别为正常交易价格的 6%、3%。自 2016 年 2 月 1 日起到 2016 年 10 月 1 日期间，该类房地产价格平均每月比上月上涨0.3%，则该可比实例修正、调整后的价格为(　　)元/平方米。

A. 3 673.20　　B. 3 673.68　　C. 3 780.43　　D. 3 790.93

29. 在某旧城改造的房屋拆迁中，因有的房屋登记的是使用面积，有的房屋登记的是建筑面积，所以在对可比实例建立比较基准时应特别注意的环节是(　　)。

A. 统一房地产范围　　B. 统一付款方式

C. 统一价格单位　　D. 统一市场状况

30. 估价对象是一套不带车位的住宅，选取的可比实例成交价格为86万元，含有一个现价为8万元的车位和一套全新状态下价值为3万元的家具，家具为八成新。该可比实例经统一房地产范围后的价格为(　　)万元。

A. 75.00　　B. 75.60　　C. 83.60　　D. 86.00

四、多项选择题

1. 市场法中进行区域因素修正需考虑的因素有(　　)。

A. 繁华程度　　B. 交通状况　　C. 基础设施状况　　D. 环境质量

E. 土地使用年限

2. 运用市场比较法评估地产，在选择参照物时应注意在(　　)方面与评估对象保持一致。

A. 交易类型　　B. 用地性质　　C. 交易动机　　D. 供需圈

E. 交易时间

3. 运用基准地价评估宗地价格时，需修正的因素包括(　　)。

A. 土地出让金　　B. 土地使用年限

C. 拆迁费用　　D. 土地等级

E. 容积率

4. 用比较法评估建筑物时，所选择的交易实例应满足的要求有(　　)。

A. 与待评估建筑物用途相同　　B. 与待评估建筑物结构类型相同

C. 与待评估建筑物的评估工作日期相同　　D. 与待评估建筑物的评估目的一致

E. 是正常交易或可补正为正常交易

5. 下列关于可比实例的说法中，正确的有(　　)。

A. 可比实例一定是交易实例　　B. 可比实例不一定是交易实例

C. 交易实例一定是可比实例　　D. 交易实例不一定是可比实例

E. 可比实例可以是交易实例，也可以不是交易实例

6. 城镇基准地价的内涵包括其对应的(　　)。

A. 容积率　　B. 土地使用税　　C. 土地开发程度　　D. 土地使用期限

E. 征地补偿费

7. 估价对象为一宗熟地，对其可比实例权益状况进行调整时，应包括的内容有(　　)。

A. 建筑密度　　B. 土地使用期限

C. 周边道路交通管制状况　　D. 容积率

8. 选取可比实例时，应符合的要求包括(　　)等。

A. 可比实例与估价对象所处的地区必须相同

B. 可比实例的交易类型与估价目的吻合

C. 可比实例的规模与估价对象的规模相当

D. 可比实例的成交价格是正常价格或可修正为正常价格

E. 可比实例大类用途与估价对象的大类用途相同

9. 评估某套住宅价格中，进行区位状况调整时，比较、调整的内容包括(　　)等。

A. 环境景观　　B. 离市中心距离

C. 朝向　　D. 城市规划限制条件

E. 地势

10. 运用市场法时，估价人员根据基本要求选取可比实例后，需要建立价格可比基础，主要包括(　　)等。

A. 统一采用总价　　B. 统一采用单价

C. 统一币种和货币单位　　D. 统一面积内涵和大小

E. 统一付款方式

11. 市场法中实物状况比较和调整的内容包括(　　)。

A. 环境　　B. 地形地势

C. 外部配套设施　　D. 内部基础设施完备程度

E. 装饰装修

12. 在考虑房地产交易程度的不同负担状况时，房地产正常的成交价格等于(　　)。

A. 卖方实际得到的价格/(1－应由卖方缴纳的税费比率)

B. 卖方实际得到的价格－应由卖方负担的税费

C. 买方实际付出的价格－应由买方负担的税费

D. 应由卖方负担的税费/应由卖方缴纳的税费比率

E. 买方实际付出的价格/(1－应由买方缴纳的税费比率)

13. 评估基准地价或利用基准地价评估宗地价格，必须明确基准地价的内涵。基准地价的内涵包括(　　)。

A. 基准日期　　B. 土地开发程度

C. 基准地价修正体系　　D. 土地用途

E. 基准地价公布日期

14. 市场法中权益状况调整的内容包括(　　)。

A. 土地使用期限　　B. 容积率

C. 土地开发程度　　D. 房屋空间布局

E. 地役权设立

15. 下列房地产中,一般情况下适用市场法估价的有(　　)。

A. 标准厂房　　B. 房地产开发用地

C. 行政办公楼　　D. 写字楼

E. 在建工程

16. 与估价对象相似的房地产是指与估价对象的(　　)等相同、相似的房地产。

A. 区位　　B. 用途　　C. 权利性质　　D. 总价

E. 外观

17. 估价对象为一宗熟地,对可比实例的成交价格进行权益状况调整时,应包括的内容有(　　)。

A. 地役权设立的情况　　B. 土地使用期限

C. 基础设施完备程度　　D. 容积率

E. 临街状况

18. 市场法中选取可比实例时,应做到可比实例与估价对象的(　　)。

A. 区位相近　　B. 权利性质相同　　C. 面积相等　　D. 档次相当

E. 建成年份相同

19. 基准地价修正法评估国有建设用地使用权价值应具备的条件有(　　)。

A. 政府确定并公布了征收农用地地区片价标准

B. 估价对象位于基准地价覆盖区域

C. 有完备的基准地价修正体系

D. 估价对象宗地的开发程度与基准地价对应的开发程度一致

E. 估价对象宗地的使用年限与基准地价对应的使用年限相同

20. 某小区中有一幢沿街商业楼,第一、二层为商业用房,第三层至第六层为住宅,现需评估其中第四层某套住宅价格,拟选取该小区中另一幢 6 层住宅楼第四层的某套住宅为可比实例,该楼为同期建造但不临街。对该可比实例与估价对象进行对比,进行房地产状况调整时,判断错误的有(　　)。

A. 因位于同一小区,区位因素相同,不需进行区位状况调整

B. 因同期建造,质量一致,不需进行实物状况调整

C. 因房地产权利性质相同,不需进行权益状况调整

D. 因楼层相同,不需进行楼层因素调整

E. 因临街状况不同,应进行噪声污染因素调整

五、简答题

1. 市场法评估应具备的条件有哪些?

2. 简述市场法评估的操作步骤。

六、计算与分析题

1. 某房屋建筑面积为1 200平方米,同类型房屋标准新建单价为970元/平方米,但该房屋装修好,调整增加1%;设备配置齐全,增加2%;地段、层次、朝向增加1.5%,其他情况同于标准房屋。经现场评定,该房屋为七成新。根据上述情况,评估房屋价格。

2. 有一待估宗地,现收集到4个可比较参照交易案例,具体情况见下表。

宗地	成交价格/(元/平方米)	交易时间	交易情况	容积率	剩余使用年限	区域因素	个别因素
待估地		2015年1月	0	1.2	45	0	0
1	800	2013年1月	2%	1.3	50	1%	0
2	850	2014年1月	1%	1.4	50	0	1%
3	760	2013年1月	0	1.1	40	0	−2%
4	780	2013年1月	0	1.0	45	−1%	1%

表中的交易情况、区域因素及个别因素值,都是参照物宗地与待估宗地比较,负号表示参照物宗地条件比待估宗地条件差,正号表示参照物宗地条件比待估宗地条件优,数值大小表示对宗地地价的修正幅度。折现率为10%。

容积率与地价的关系为:容积率在1～1.5之间时,容积率每增加0.1,宗地单位地价比容积率为1时增加3%。该城市地价指数见下表。

年份	2010	2011	2012	2013	2014	2015
指数	100	105	108	110	111	115

试根据以上条件评估待估宗地2015年1月20日的价格。

CHAPTER 5

第5章 收益法

5.1 基本思路及适用范围

收益法又可称为收益还原法、收益资本化法、收益现值法、投资法，其英文名称为"income capitalization approach"或"income method"或"investment method"。它是在估算房地产未来若干年预期纯收益的基础上，以一定的还原利率，将评估对象未来收益还原为评估基准日收益总和的一种方法。用公式表示为

$$V = \sum A_i/(1+r)^i \quad i = 1,2,\cdots,n$$

式中，V 为所估算的收益价格，即房地产价值；A_i 为第 i 年的房地产净现金流；r 为折现率；n 为评估对象的收益年限。

以收益法求取的房地产价格通常称为收益价格。收益法的关键在于准确估算估价对象所产生的预期净收益、发生时间及恰当的折现率。

采用收益法评估确定的房地产价值，是为获得该项房地产以取得预期收益的权利所支付的货币总额。房地产价值与房地产的效用即获利能力密切相关。运用收益法评估房地产的前提条件是，待评估房地产的预期收益及其风险都是可以量化的，且纯收益为正。因此，该方法适用于有收益或有潜在收益的可正常经营用房地产的估价，如商业性的土地、房屋等房地产的经营、租赁。但现实情况往往并非如此，实际的条件与模型假设的前提条件相距越远，收益法的运用就越困难，如政府机关、学校、寺庙、公园等公益性或特殊用途房地产的估价，一般不适宜用此法。

5.2 收益法的评估程序

运用收益法进行房地产估价时，一般按照如下步骤进行：①收集验证房地产的有关经营、财务状况的信息资料；②计算和对比分析有关的收益、费用指标及其变化趋势；③预测房地产的预期资产净现金流，确定适当的折现率；④估算待评估房地产的收益价值。

5.3 收益法计算常用公式

除上面表述过的收益法基本公式外,经常可能用到的公式还有以下几个。

1. 年资产净现金流(纯收益)不变,为 A 时

(1) 如果评估对象的收益年限为有限年期,则计算公式为

$$V = \frac{A}{r}\left[1 - \frac{1}{(1+r)^n}\right] \quad (r > 0)$$

$$V = A \cdot n \quad (r = 0)$$

(2) 如果评估对象的收益年限为无限年期(即未来收益年金化),则计算公式为

$$V = \frac{A}{r}$$

注:若房地产未来预期收益不完全相等,但相差不大,可用此方法。计算步骤如下:
一是预测该房地产未来若干年(一般为五年左右)的收益额;
二是求取年等值收益额,计算公式为

$$A = \frac{\sum_{i=1}^{n} \frac{R_i}{(1+r)^i}}{\sum_{i=1}^{n} \frac{1}{(1+r)^i}}$$

三是将年等值收益额进行本金化计算,即为评估值。

2. 年资产净现金流(纯收益)若干年后保持不变

(1) 如果评估对象的收益年限为无限年期,则计算公式为

$$V = \sum_{i=1}^{t} \frac{R_i}{(1+r)^i} + \frac{A}{r(1+r)^t}$$

(2) 如果评估对象的收益年限为有限年期,则计算公式为

$$V = \sum_{i=1}^{t} \frac{R_i}{(1+r)^i} + \frac{A}{r(1+r)^t}\left[1 - \frac{1}{(1+r)^{n-t}}\right]$$

3. 年资产净现金流(纯收益)按等差级数变化

1) 年资产净现金流(纯收益)按等差级数递增

(1) 如果评估对象的收益年限为无限年期(即未来收益年金化),则计算公式为

$$V = \frac{A}{r} + \frac{B}{r^2}$$

式中，B 为等差。

(2) 如果评估对象的收益年限为有限年期，则计算公式为

$$V=\left(\frac{A}{r}+\frac{B}{r^2}\right)\left[1-\frac{1}{(1+r)^n}\right]-\frac{B}{r}\cdot\frac{n}{(1+r)^n}$$

2) 年资产净现金流(纯收益)按等差级数递减

纯收益按等差级数递减的公式只有收益年期为有限年期一种。因为当纯收益为负值时，该房地产将不再会被经营下去。令第 n 年纯收益 $A-(n-1)B<0$，得 $n>A/B+1$，故收益期只能为有限年，且 $n\leqslant A/B+1$。计算公式为

$$V=\left(\frac{A}{r}-\frac{B}{r^2}\right)\left[1-\frac{1}{(1+r)^n}\right]+\frac{B}{r}\cdot\frac{n}{(1+r)^n}(r\neq 0,n\leqslant A/B+1)$$

4. 年资产净现金流(纯收益)按等比级数变化

1) 年资产净现金流(纯收益)按等比级数递增

(1) 如果评估对象的收益年限为无限年期(即未来收益年金化)($r>s>0$)，则计算公式为

$$V=\frac{R_1}{r-s}$$

式中，R_1 为评估基准日后第一年纯收益；$1+s$ 为公比。

(2) 如果评估对象的收益年限为有限年期，则计算公式为

$$V=\frac{R_1}{r-s}\left[1-\left(\frac{1+s}{1+r}\right)^n\right]$$

2) 年资产净现金流(纯收益)按等比级数递减

(1) 如果评估对象的收益年限为无限年期(即未来收益年金化)($r+s>0$)，则计算公式为

$$V=\frac{R_1}{r+s}$$

(2) 如果评估对象的收益年限为有限年期，则计算公式为

$$V=\frac{R_1}{r+s}\left[1-\left(\frac{1-s}{1+r}\right)^n\right]$$

5. 预期房地产将在评估基准日后第 j 年年末以价格 V_j 出售

$$V=\sum_{i=1}^{j}\frac{R_i}{(1+r)^i}+\frac{V_j}{(1+r)^j}\quad i=1,2,\cdots,j$$

$$V_j=\sum_{x=j+1}^{n}\frac{R_x}{(1+r)^x}\quad x=j+1,j+2,\cdots,n$$

在收益法计算公式中，我们用 V 表示所估算的收益价格；A_i 表示第 i 年的资产净现金流。在各年净现金流相等时以 A 表示；r 表示折现率；n 表示估价对象的收益年限。

5.4　收益法指标的估算

5.4.1　纯收益

纯收益是指归属于房地产的除去各种费用后的收益，一般以年为单位。

1. 总收益

房地产收益可分为实际收益和客观收益。

实际收益是指在现状条件下实际取得的收益。由于不同的人或企业的经营能力以及外在不确定因素的影响，经营同样的房地产会有各不相同的实际收益，若以实际收益为基础进行资本化，会得到不一样的结果。因此，不能以实际收益来计算纯收益，不能直接用实际收益来评估。比如，城市商业中心有一待开发空地，无当前收益，同时还必须支付有关税费，纯收益为负值，我们不能因此而否认其价格的存在。再如，某企业占用一块交通便利的地块，但由于经营管理不善，其纯收益也可能为负数，这也不意味着这块土地没有价格。

客观收益是指排除了房地产实际收益中属于特殊的、偶然的要素后所能得到的一般正常收益，即在正常市场条件下的房地产，用于最佳利用方向上的收益值。只有客观收益才能作为评估的依据。此外需要注意的是，房地产收益包括有形收益和无形收益。有形收益是由房地产带来的直接货币收益。无形收益是指由房地产带来的间接利益，如安全感、自豪感、提高个人的声誉和信用、增强企业的融资能力和获得一定的避税能力等。

2. 总费用

总费用指取得该收益所必需的各项支出，即为创造总收益所必须投入的正常支出。在估价时总费用也应该是客观费用。总费用所应包含的项目随待估房地产的状态不同而有区别。比如，土地租赁中的总费用包括土地税、管理费、维护费等，房地租赁中的总费用包括管理费、维修费、保险费、税金等。若租赁契约规定某些费用由承租方负担，则承租方负担部分就不应作为费用扣除。折旧费、债务及利息支付、与经营无关的特殊成本等，一般不作为费用扣除，因为折旧费是收入的一部分，它不会支付给任何人，而筹资成本也在对预期资产净现金流进行折现时即从货币时间价值的角度考虑了。

需要指出的是，学术界关于利息、折旧费和空房损失费是否构成总费用的组成部分有着不同的观点。

关于利息，鹿心社主编的《中国地产估价手册》认为，利息是房屋所有者投资建房的成本利息，应在租金中予以补偿，在计算纯收益时应予扣除；而《土地估价理论与方法》（土地估价师资格考试辅导教材）一书认为，房产投资利息应包含在房产收益中，因为房产投资和其他投资一样，均以获取相应的收益为目的，只有房地产投资收益率高于相应的存款利率，投资者才会选择投资房地产而非将资金存入银行获取利息收入，因此，利息表现为投资收益的一部分。对于贷款资金，投资者需要从投资收益中取出一部分支付贷款利息；对于自有资金，其利息收入构成投资者全部收益的一部分，故不应将利息作为一项费用扣除。

关于折旧费，在土地估价规程和房地产估价规范中的要求有所不同。土地估价规程要求扣除折旧费，但房地产估价规范要求不扣除折旧费。虽然在现行的房地产估价参考书中，大都将房屋折旧费作为一项重要的费用构成而在收益中予以扣除，但越来越多的学者逐渐认为在收益法估价时求取纯收益不应扣除折旧费。按照资金的时间价值现值公式，被贴现的是资金的本利和，而收益还原法中被资本化的也应是包括房屋折旧在内的房地产投资资本价值和使用价值（由资本价值带来的价值）之和。若用扣除了建筑物折旧的“纯收益”贴现，将无法还原建筑物本身的价值，在实际评估中，扣除折旧将大大降低房地产的评估值。

关于空房损失费，普遍认为空房损失费是房屋可能出现的空置现象造成的房主租金的收益损失，一般以每年空置半个月的租金损失计算。笔者认为这种计算方法是不妥的，因为在计算客观收益时已强调这种收益是一种一般正常收益，个别房屋的空置率和空置时间不能作为计算客观收益的依据，而应以该地区类似房地产的平均空置率和平均空置时间为准来计算纯收益，把空房损失费作为扣除费用项目会导致重复计算。

3. 纯收益

纯收益等于总收益减去总费用。在估算纯收益时，根据纯收益在过去、现在、未来的变动情况，以及估价对象的可获收益年限，确定未来（估价时点以后）的净收益流量。估价对象的未来净收益流量可能是每年基本固定不变的，也可能是每年按某个固定的数额（或比率）递增或递减，还可能按其他方式变化。

5.4.2 折现率

折现率是决定房地产评估价格最关键的因素。这是因为评估价格对折现率最为敏感，折现率的每个微小变动，都会使评估价格发生显著改变。这就要求评估人员确定的折现率的精度要远远高于纯收益的精度，评估人员必须具有较高的评估水平和丰富的经验。

1. 折现率的实质

折现率是将房地产的纯收益还原成房地产价格的利率或比率，其实质是一种资本投资的期望回报率，我们可以将它看作估价对象投资的机会成本，或者说是资本成本，正确的折现率是投资者能够从一项“相似的”投资中得到的回报率。将购买房地产看作一种投资，投资所需资本就是房地产价格。这种投资将获得多少预期收益，取决于收益率的大小。与收益率相类似的有获利率、回报率、利润率、盈利率、报酬率和银行利率等，它们依据不同的投资形式而有所不同。不同的投资形式存在不同的风险，风险越高，回报率就越高。银行存款这种投资形式风险最低，其利率也最小，而股票投资往往要冒很大的风险，其回报率也往往较高。房地产投资风险属于居中水平，投资风险与收益率成正比，如图 5-1 所示。

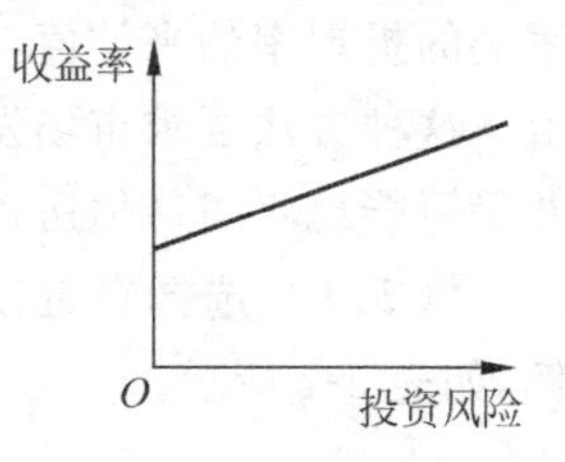

图 5-1　收益率与投资风险的关系

同等风险的投资应具有同样的投资回报率，因此，在确定房地产投资回报率时，应取与房地产投资具有同等风险的资本投资的收益率。

需要指出的是，房地产投资在不同地区、不同时期、不同性质与不同用途上的投资风险是各不相同的。因此，房地产投资回报率即折现率是一个变量，随市场状况的变化而变化，不存在一个统一不变的折现率。

2. 折现率的种类

运用收益法评估房地产价格，评估对象可以是整个房地产，也可以是其中的某一部分，如土地或建筑物。评估对象不同，所选用的折现率也不同。

(1) 综合折现率，是求取房地产整体价格时所应使用的折现率，此时对应的纯收益是整个房地产所产生的纯收益。

(2) 土地折现率，是求取土地价格时所应使用的折现率，此时对应的纯收益是土地所带来的纯收益，这个纯收益不应包括其他方面带来的纯收益。

(3) 建筑物折现率，是求取单纯建筑物价格时所应使用的折现率，此时对应的纯收益是建筑物本身所产生的纯收益，不包括土地所产生的纯收益。

综合折现率、土地折现率、建筑物折现率三者虽有所不同，但又相互联系，存在以下数学关系：

$$r = \frac{r_L P_L + r_B P_B}{P_L + P_B} \quad \text{或} \quad r = r_L \cdot L + r_B \cdot B$$

式中，r 为综合折现率；r_L 为土地折现率；r_B 为建筑物折现率；P_L 为土地价格；P_B 为建筑物价格；L 为土地价值占房地产价值的比率；B 为建筑物价值占房地产价值的比率。

3. 折现率的估算

1) 市场提取法(比较法)

市场提取法是通过在市场上收集多个(一般为三个以上)相同或类似房地产的纯收益、价格等资料,选用相应的公式,反算求出折现率。通常,为避免偶然性,往往选取多个案例的折现率的平均值,具体可以根据实际情况,求其简单算术平均值或加权算术平均值。这种方法要求市场发育比较充分、交易案例比较多。评估人员必须拥有充裕的资料,并尽可能地将与待估房地产情况接近的资料作为参照。

例 5.1 选择在近期发生的,且种类、等级都与估价对象房地产相似的六个交易实例,如表 5-1 所示。

表 5-1 六个可比实例收益价格资料

可比实例	1	2	3	4	5	6
纯收益/(万元/年)	12	23	10	65	90	32
价格/万元	102	190	88	542	720	250
折现率/%	11.8	12.1	11.4	12.0	12.5	12.8

将其折现率进行简单算术平均,即可得到待估房地产的折现率:

$$r=\frac{\sum_{i=1}^{n} r_i}{n}=\frac{11.8\%+12.1\%+11.4\%+12.0\%+12.5\%+12.8\%}{6}=12.1\%$$

2) 资本资产定价模型法

资本资产定价模型法是通过比较一项资本投资的回报率与投资于整个资本市场的回报率,来衡量该投资的风险补偿。一项投资的风险包括可分散风险和不可分散风险。可分散风险是由与该项投资相关的特殊事件引起的,它对资产的价值有正面或负面影响,如未曾预料到的实际盈利比预计盈利高等正面影响,以及暂时影响房地产使用面积的事故发生、对企业不利的法律诉讼等负面影响。可分散风险可以通过投资多样化(组合)来降低或消除。不可分散风险是由那些对整个经济而不只是对某一项投资产生影响的事件带来的,如经济增长率的变化、通货膨胀率的变化、利率的变化、政治和社会环境的变化等会影响到整个投资市场。不可分散风险无法通过投资多样化来降低或消除。因为可分散风险能够通过多样化来消除,所以投资市场不会给予它回报,投资市场只对无法避免的风险即不可分散风险予以补偿。

由于不同类型资产的风险不同,因而其回报率也不同。表 5-2 显示了美国在 1926—1995 年发行的普通股票、公司债券、政府债券、国库券的回报率。它们的回报率之所以不同,是因为它们的风险不同,股票的风险最大,因此回报率也最高。而国库券是最安全的

投资方式，我们可以将它的回报率当作无风险利率。资产的期望回报率、无风险利率、资产风险补偿之间的关系可以表示为

资产风险补偿＝期望回报率－无风险利率

将此等式变为

期望回报率＝无风险利率＋资产风险补偿

表 5-2 美国 1926—1995 年普通股票、公司债券、政府债券、国库券的回报率 %

投资种类	年回报率	资产风险补偿	
		相对于国库券	相对于政府债券
普通股票	12.2	8.5	7.0
公司债券	5.7	2.0	0.5
政府债券	5.2	1.5	0
国库券	3.7	0	—

资产风险补偿等于资产市场（平均）风险补偿乘以资产的贝他系数（β），因而可以将资产的期望回报率表示为

资产期望回报率＝无风险利率＋资产市场风险补偿×β

＝无风险利率＋（资产平均回报率－无风险利率）×β

这种将资产的期望回报率同它的不可分散风险联系起来的模型称为资本资产定价模型，其含义是说资产的回报率由两部分组成：①无风险利率，即衡量无风险投资的回报；②投资者因承担风险而要求的期望回报率，等于市场风险补偿乘以 β。可以看出，资产的期望回报率与风险呈线性关系，这种关系可用图 5-2 表示。假如电子业的 β 系数为 1.52，无风险利率为 6%，市场风险补偿为 7%，则电子类企业整体资产的投资回报率为（6%＋7%×1.52），等于 16.64%；再如旅店行业的 β 为 0.4，则旅店类企业的回报率为 8.8%。这里要说明的是，利用该模型确定的折现率是资产的权益成本，而非资本成本。

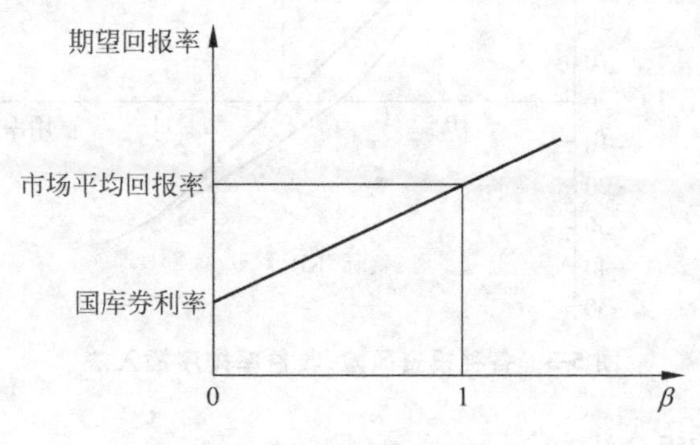

图 5-2 资本资产定价模型

将该模型应用于房地产估价，确定其计算公式为

$$r = r_f + \beta(r_m - r_f)$$

式中，r 为折现率；r_f 为无风险利率；β 为投资估价对象房地产的不可分散（系统）风险系数；r_m 为社会投资平均报酬率或市场利率。

$\beta>1$，说明该投资的风险高于社会投资的平均（系统性）风险；$\beta\leqslant 1$，说明该投资的风险等于或小于社会投资平均风险。无风险利率在美国通常采用长期国债券利率，我国一般采用银行一年期定期存款利率。风险系数根据估价对象所在地区的经济趋势、估价对象的用途等确定。房地产折现率与投资风险的关系可参照表 5-3。

表 5-3　不同风险下的折现率　%

风险水平	土地折现率	建筑物折现率
低	7～9	8～11
中	9～12	11～14
高	12～15	14～18
投机	>15	>18

3）排序插入法

排序插入法的操作步骤如下：①将社会上各种类型的投资及其收益率找出，包括从各种类型的银行存款、贷款、国库券、债券、股票、保险到各个领域的投资收益率等；②将收益率（IRR）按由低到高的顺序排列，制成如图 5-3 所示曲线；③将估价对象房地产的投资与其他投资进行比较分析，考虑投资的风险性、流动性、管理的难易以及作为资产的安全性，找出同等风险投资，判断资本化率应落的区域范围，从而确定所要求的资本化率。

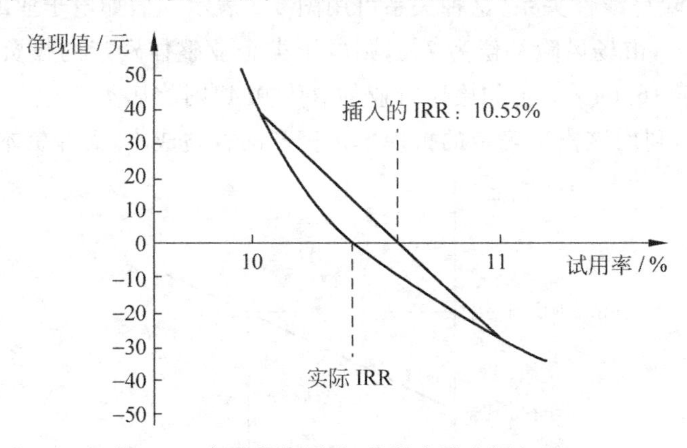

图 5-3　各种投资风险、收益率排序插入法

4）投资资本结构组合法

投资资本结构组合法（band of investment-mortgage and equity components）以购买

房地产的抵押贷款的利息率与自有资本(或称权益资本)的收益率,按照资金构成比例进行加权平均求得折现率。计算公式如下:

$$r = r_m \cdot m + r_e \cdot (1 - m)$$

式中,r 为折现率;r_m 为抵押贷款利息率;m 为抵押贷款占房地产价值的比率;r_e 为自有资本要求的收益率。

投资资本结构组合法将购买房地产看作一种投资行为,投资额为房地产价格,投资来源分为抵押贷款和自有资本,投资房地产纯收益分为抵押货款收益和自有资本收益两部分。这里的负债比和权益比是按照它们的市场价值而不是会计价值或账面价值来计算的。

例 5.2 某类房地产的目标财务结构是 40%负债,60%权益,税前负债成本是 7%,权益成本是 14%,所得税税率为 33%,则折现率为

$$7\% \times (1 - 33\%) \times 40\% + 14\% \times 60\% = 10.28\%$$

例 5.3 某房地产纯收益为 2 000 元,购买者自有资金 10 000 元,要求年收益率为 12%,抵押贷款的年利率为 15%,则

投资者自有资金年收益额=10 000×12%=1 200(元)

银行抵押贷款年收益额=2 000−1 200=800(元)

银行抵押贷款额=800÷15%=5 333(元)

该房地产价格=自有资金额+抵押货款额=10 000+5 333=15 333(元)

$$\text{该房地产折现率} = 15\% \times \frac{5\,333}{15\,333} + 12\% \times \frac{10\,000}{15\,333} = 13\%$$

5) 债务保证率法

债务保证率法最早由盖特(Ronald E. Gettel, 1978)提出,其计算公式如下:

$$r = \mathrm{DCR} \cdot r_m \cdot m$$

$$\mathrm{DCR} = \mathrm{NOI}/I_m$$

式中,DCR 为债务偿还保证率,等于年净收益(NOI)与年债务偿还额(I_m)的比值;r_m、m 的含义同前。

例 5.4 假定某房地产的年净收益为 30 000 元,年抵押贷款的本利偿还额为 19 000 元,则债务偿还保证率如下:

$$\mathrm{DCR} = \frac{30\,000}{19\,000} = 1.579$$

若 $r_m = 0.132$,$m = 0.7$,则 $r = 1.579 \times 0.132 \times 0.7 = 0.146$。

5.4.3 收益期限

房地产收益期限是预计在正常市场和运营状况下估价对象未来可获取净收益的时间,具体是自价值时点起至估价对象未来不能获取净收益时止的时间,通常以年为单位。房地产收益期限一般由评估人员根据房地产未来的获利能力、房地产的损耗情况、法律规

定等因素确定，一般根据土地使用权剩余年限和建筑物剩余经济寿命进行测算。根据中华人民共和国国家标准《房地产估价规范》(GB/T 50291—2015)，土地使用权剩余年限和建筑物剩余经济寿命同时结束的，收益期限应为土地使用权剩余年限或建筑物剩余经济寿命。土地使用权剩余年限和建筑物剩余经济寿命不同时结束的，应选取其中较短者为收益期限；对超出收益期的土地使用权价值，应累计到收益价值中；对超出收益期的建筑物价值，应按出让合同的约定决定是否累计到收益价值中。对承租人权益价值的评估，收益期限应为剩余租赁期限。

5.5 残余法

纯收益、折现率、收益期限三个指标确定以后，即可根据已知条件，选用收益法中相应计算公式求得房地产价格。如若已知估价对象中土地部分或建筑物部分价值，则可以利用土地与地上建筑物共同产生的收益来估算建筑物部分或土地部分的价值，此即残余法。计算公式如下：

由 $$A = V_L R_L + V_B R_B$$

得 $$V_L = \frac{A - V_B r_B}{r_L} \quad 或 \quad V_B = \frac{A - V_L r_L}{r_B}$$

式中，A 为土地和地上建筑物共同产生的纯收益；V_L 为土地价值；V_B 为建筑物价值。

从理论上讲，残余法适用于年纯收益持续不变、可获收益无限期的情况。若求建筑物价格，还要求建筑物的用途、使用强度以及使用状态等与土地的最佳使用不能严重背离。例如，在建筑物已濒临倒塌，或容积率过低，或租金收入或收益极低，以致房地合一的租金收入难以满足土地对其纯收益的要求时，用残余法估价建筑物市值是比较困难的。由于土地和建筑物各自对房地产收益的贡献、土地折现率和建筑物折现率等都非常难以准确、科学地予以确定，因而残余法在大多数情况下只是一种理论模型，仅适用于能够取得相关参数的，且处于最有效使用状态的新建筑物。

5.6 应用举例

例 5.5 某房地产，在正常使用情况下每年所获得的总收益为 20 万元，每年所需支出的总费用为 12 万元，该类房地产的折现率为 8.5%。另外，该宗房地产是在政府有偿出让土地使用权的地块上建造的，当时获得的土地使用权年限为 50 年，现已使用了 6 年。求该房地产的收益价格。

由题意可知，房地产每年的纯收益、折现率相同，使用年限为有限年，应选用公式 $P=\frac{a}{r}\left[1-\frac{1}{(1+r)^n}\right]$计算。

$$P = \frac{20-12}{8.5\%}\left[1-\frac{1}{(1+8.5\%)^{50-6}}\right] = 91.5(\text{万元})$$

故该房地产的收益价格为 91.5 万元。

例 5.6 设某一宗地，使用年限为 50 年，前 5 年土地纯收益分别为 20 万元、25 万元、30 万元、35 万元、40 万元，从第 6 年起每年的土地纯收益为 50 万元。若土地折现率每年都保持为 10%，求该宗地收益价格。

该题系纯收益若干年(5 年)前有变化(纯收益按一定级数递增)、若干年后纯收益不变的情形，将地价分成两部分来计算，先计算前 5 年的收益价格 P_1：

$$\begin{aligned}P_1 &= \sum_{i=1}^{5}\frac{a_i}{(1+r)^i} = \frac{20}{(1+10\%)} + \frac{25}{(1+10\%)^2} \\ &+ \frac{30}{(1+10\%)^3} + \frac{35}{(1+10\%)^4} + \frac{40}{(1+10\%)^5} \\ &= 18.18 + 20.66 + 22.54 + 23.91 + 24.84 = 110.13(\text{万元})\end{aligned}$$

或

$$\begin{aligned}P_1 &= \left(\frac{a}{r}+\frac{b}{r^2}\right)\left[1-\frac{1}{(1+r)^{n_1}}\right] - \frac{b}{r}\cdot\frac{n}{(1+r)^{n_1}} \\ &= \left[\frac{20}{10\%}+\frac{5}{(10\%)^2}\right]\times\left[1-\frac{1}{(1+20\%)^5}\right] - \frac{5}{10\%}\times\frac{5}{(1+10\%)^5} \\ &= 700\times 0.38 - 250\times 0.62 = 111(\text{万元})\end{aligned}$$

再计算 5 年后的收益价格 P_2：

$$\begin{aligned}P_2 &= \frac{a_6}{r(1+r)^{n_1}}\times\left[1-\frac{1}{(1+r)^{n_2}}\right] \\ &= \frac{50}{10\%\,(1+10\%)^5}\times\left[1-\frac{1}{(1+10\%)^{50-5}}\right] \\ &= 310.46\times 0.986 = 306.11(\text{万元})\end{aligned}$$

所以，$$P = P_1 + P_2 = 110.13 + 306.11 = 416.24(\text{万元})$$

故该宗地的收益价格为 416 万元(取整)。

例 5.7 某一用于出租的写字楼，占地面积为 1 000 平方米，建筑物容积率为 2。若每年来自土地的总收益为 20 万元，总费用为 5 万元，建筑物折现率为 12%，综合折现率为 10%，且每年保持不变。假设该房地产使用年限为无限期，该建筑物现时价格为 150 万元，试求：①楼面地价；②土地折现率。

该题运用收益法的有关公式来计算，思路有二：

一是 $r_1 \Leftarrow \dfrac{a_1}{P_1} \Leftarrow \dfrac{a_1 = a - a_2}{P_1 = P - P_2} \Leftarrow a_2 = P_2 \cdot r_2$；

二是利用公式 $r = \dfrac{Lr_1 + Br_2}{L+B}$，先求出 L 再求出 r_1。

解法一：建筑物年纯收益 $a_2=P_2 \cdot r_2=150\times 12\%=18$(万元)

$$房地产总价格\ P=\frac{a}{r}=\frac{a_1+a_2}{r}=\frac{(20-5)+18}{10\%}=330(万元)$$

$$土地总价格\ P_1=P-P_2=330-150=180(万元)$$

$$土地单价=\frac{总地价}{建筑物占地面积}=\frac{1\,800\,000}{1\,000}=1\,800(元/平方米)$$

$$楼面地价=\frac{土地单价}{建筑物容积率}=\frac{1\,800}{2}=900(元/平方米)$$

$$土地折现率\ r_1=\frac{a_1}{P_1}=\frac{20-5}{180}=8.3\%$$

解法二：运用综合折现率公式及土地折现率公式组成方程组

$$\begin{cases} r=\dfrac{Lr_1+Br_2}{L+B} & (1) \\ a_1=L \cdot r_1 & (2) \end{cases}$$

将式(2)代入式(1)得

$$(L+150)\times 10\%=(20-5)+150\times 12\%$$

得 $L=180$(万元)。

$$楼面地价=\frac{总地价}{建筑物总面积}=\frac{180(万元)}{1\,000\times 2}=900(元/平方米)$$

$$土地折现率\ r_1=\frac{a_1}{L}=\frac{20-5}{180}=8.3\%$$

例 5.8 某房地产公司于 2011 年 11 月以有偿出让方式取得一块土地 50 年使用权，并于 2013 年 11 月在此地块上建成一座砖混结构的写字楼，当时造价为每平方米 2 000 元，经济耐用年限为 55 年，残值率 2%。2015 年该类建筑重置价格为每平方米 2 500 元。该建筑物占地面积为 500 平方米，建筑面积为 900 平方米。在出租期间，每月平均实收租金为 3 万元。另据调查，当地同类写字楼出租租金一般为每月每建筑平方米 50 元，空置率为 10%，每年需支付的管理费、维修费、土地使用税及房产税、保险费等出租费用为 73 260 元，土地折现率 7%，建筑物折现率 8%。试根据以上资料评估该宗地 2015 年 11 月的土地使用权价格。

计算过程如下：

(1) 确定评估方法。该宗房地产有经济收益，适宜采用收益法。

(2) 计算总收益。总收益应该为客观收益而不是实际收益。

$$年总收益=50\times 12\times 900\times (1-10\%)=486\,000(元)$$

(3) 计算总费用。年总费用已知为 73 260 元。

(4) 计算房地产纯收益。

$$年房地产纯收益=年总收益-年总费用=486\ 000-73\ 260=412\ 740(元)$$

(5) 计算房屋纯收益。

第一,计算房屋现值。由于土地使用年限小于房屋耐用年限,而房屋的重置价必须在可使用年限内全部收回,故本例房地产使用者剩余使用年限为 50－4＝46(年)。假定不计残值,视为土地使用权年限届满,一并由政府无偿收回。

$$房屋现值=房屋重置价\times房屋成新率=2\ 500\times900\times\frac{46}{46+2}=2\ 156\ 250(元)$$

第二,计算房屋纯收益。

$$房屋年纯收益=房屋现值\times房屋折现率=2\ 156\ 250\times8\%=172\ 500(元)$$

(6) 计算土地纯收益。

$$\begin{aligned}土地年纯收益&=年房地产纯收益-房屋年纯收益\\&=412\ 740-172\ 500=240\ 240(元)\end{aligned}$$

(7) 计算土地使用权价格。

土地使用权在 2015 年 11 月的剩余使用年期为 50－4＝46(年)。

$$V=\frac{240\ 240}{7\%}\times\left[1-\frac{1}{(1+7\%)^{46}}\right]=3\ 279\ 281(元)$$

$$单价=\frac{V}{500}=6\ 559(元/平方米)$$

$$楼面地价=\frac{土地总价格}{建筑总面积}=\frac{3\ 279\ 281}{900}=3\ 644(元/平方米)$$

(8) 评估结果。本宗土地在 2015 年 11 月的土地使用权价格为 3 279 281 元,单价为每平方米 6 559 元,楼面地价为每平方米 3 644 元。

习题

一、名词解释

1. 收益法　2. 折现率　3. 客观收益　4. 实际收益　5. 残余法　6. 综合折现率

二、判断题

1. 残余法适用于最有效使用状态的新建筑物的评估。

2. 房地产的客观收益是指在现状条件下实际取得的收益。

3. 某宗房地产,其土地于 2010 年年底取得,土地使用权年期为 50 年。该房地产建成于 2011 年年底,2012—2015 年年底的净收益分别为 83 万元、85 万元、90 万元和 94 万元。预计 2015 年年底起可以稳定获得年净收益 90 万元。该类房地产的报酬率为 10%,

则 2016 年 1 月 1 日该房地产价值为 886 万元。

4. 折现率是将房地产的纯收益还原成房地产价格的利率或比率，其实质是一种资本投资期望的回报率。

5. 资本化率是一种将房地产的预期收益转化为价值的比率，但它并不能明确表示房地产未来各期的获利能力。

6. 为帮助房地产开发商进行投资决策，应用收益法对拟开发的项目进行投资价值评估时，应采用与该项目风险程度相对应的社会一般收益率作为折现率的选取标准。

7. 在评估投资价值时，采用的折现率是某个特定投资者所要求的，它应高于与该房地产风险程度相对应的社会一般报酬率。

8. 用收益法估算某大型商场的价值时，其净收益为商场销售收入扣除商品销售成本、经营费用、销售税金及附加、管理费用、财务费用后的余额。

9. 预计某宗房地产未来第一年的净收益为 38 万元，此后每年的净收益将在上一年的基础上减少 3 万元，则该宗房地产的合理经营期限为 12 年。

10. 某收益性房地产按经济寿命计算的建筑物年折旧费为 100 万元，房屋设备年折旧费为 10 万元，室内装饰装修年折旧费为 50 万元，则采用收益年限为有限年的收益法公式估价时，计入年运营费用的折旧费为 160 万元。

11. 在求取整体房地产价值时，期末转售收益是指在房地产持有期末转售房地产并扣减抵押贷款余额之后的收益。

12. 资本化率和报酬率都是将房地产的未来预期收益转换为价值的比率，前者是某种年收益与其价格的比率，后者是用来除一连串的未来各期净收益，以求得未来各期净收益现值的比率。

13. 在现金流量折现法中，对开发完成后的房地产价值、开发成本、管理费用、销售费用、销售税费等的测算，主要是根据估价时房地产市场状况来预测的。

14. 运用收益法评估投资价值时采用的报酬率应是特定投资者所要求的最低期望收益率。

15. 自有资金资本化率通常为未来第一年的税前现金流量与自有资金额的比率，可以由可比实例房地产的税前现金流量除以自有资金金额得到。

16. 一般而言，房地产价格与利率呈正相关，利率上升时房地产价格会上升，利率下降时房地产价格也会下降。

17. 收益法中运营费用包含经济寿命比整体建筑物经济寿命短的构件、设施设备、装饰装修等的重提拨款。

18. 某房地产的年有效毛收入为 10 万元，运营费用为 2.5 万元，有效毛收入乘数为 10，则该房地产的综合资本化率为 7.5%。

19. 房地产收益可分为有形收益和无形收益。无形收益通常难以货币化，难以在计算净收益时予以考虑，但可通过选取较高的报酬率或资本化率予以考虑。

20. 某旧商业综合楼，装修改造完成后的租期尚有5年，承租人有两种装修改造方案；一是重新装修但不改变用途，装修费为180万元，每年净收益比装修前增加50万元；二是装修且改变用途，装修费为300万元，每年净收益比装修前增加80万元。假设报酬率为10%，则承租人应该选择第二种方案。

三、单项选择题

1. 某人年初以3 000万元购买一间商铺，年末将该商铺售出，收回资金3 800万元，当年通货膨胀率5%，该商铺实际增值额为(　　)万元。

A. 610.00　　B. 619.05　　C. 650.00　　D. 761.90

2. 某宗房地产收益期限为35年，判断其未来每年的净收益基本上固定不变，通过预测得知其未来4年的净收益分别为15.1万元、16.3万元、15.5万元、17.2万元，报酬率为9%，该房地产的价格为(　　)万元。

A. 159.56　　B. 168.75　　C. 169.39　　D. 277.70

3. 某宗商业用途房地产未来第一年的净收益为30万元，此后每年的净收益在上一年的基础上减少2.4万元，该房地产的合理经营期限为(　　)年。

A. 10.0　　B. 12.5　　C. 13.5　　D. 40.0

4. 有效毛收入乘数法没有考虑估价对象与类似房地产在(　　)方面的差异。

A. 房地产租金以外的收入　　B. 运营费用率

C. 空置率　　D. 可出租面积的比率

5. 某宗房地产的收益期限为8年，未来第一年的有效毛收入为80万元，运营费用为45万元，此后每年的有效毛收入和运营费用在上年基础上分别递增4%和3%，该房地产的报酬率为6%。该房地产的收益价格为(　　)万元。

A. 183.78　　B. 257.55　　C. 873.19　　D. 1 427.16

6. 关于有租约限制房地产估价的说法，错误的是(　　)。

A. 因估价目的不同，评估有租约限制房地产价值时可不考虑租约限制

B. 承租人权益价值可能为负值

C. 出租人权益价值与合同租金及市场租金有关

D. 承租人权益价值等于房地产剩余经济寿命期间合同租金与市场租金差额的现值之和

7. 某人现有资金50万元，欲竞买一个建筑面积为120平方米、收益期为10年的店铺用于出租，其期望的自有资金资本化率为10%。店铺正常月租金为120元/平方米，运营费用为租金收入的35%。银行可提供最高为六成、10年期、年利率8%的抵押货款。该投资者所能接受的最高竞买价格为(　　)万元。

A. 80　　B. 91.82　　C. 125.00　　D. 127.90

8. 待评估建筑物为一砖混结构两层楼房，宅基地面积为300平方米，房屋每层月租金为2 500元，各种费用占租金收入的40%，土地还原利率为8%，建筑物还原利率为10%，评估人员另用市场法求得土地使用权价格为每平方米1 000元，建筑物的年纯收益为( )元。

A. 1 000　　B. 12 000　　C. 4 000　　D. 2 000

9. 如果房地产的售价为5 000万元，其中建筑物价格为3 000万元，地价为2 000万元，该房地产的年客观净收益为450万元，建筑物的资本化率为10%，那么土地的资本化率最接近于( )。

A. 9%　　B. 12.5%　　C. 7.5%　　D. 5%

10. 某建筑物已建成10年，预计尚可使用40年，残值率为4%，则该建筑物的成新率为( )。

A. 75%　　B. 79%　　C. 81%　　D. 84%

11. 判定一宗房地产是否为收益性房地产，关键是看该房地产( )。

A. 目前是否有经济收入　　B. 过去是否带来了经济收益

C. 是否具有产生经济收益的能力　　D. 目前的收入是否大于运营费用

12. 有一宗房地产总价为100万元，综合资本化率为7%，土地资本化率为6%，建筑物资本化率为8%，则该宗房地产的土地价格为( )万元(收益可视为无限年)。

A. 30　　B. 40　　C. 50　　D. 60

13. 采用安全利率加风险调整值法确定资本化率的基本公式为( )。

A. 资本化率＝安全利率＋投资风险补偿－投资带来的优惠

B. 资本化率＝安全利率＋投资风险补偿＋管理负担补偿－投资带来的优惠

C. 资本化率＝安全利率＋投资风险补偿＋管理负担补偿＋通货膨胀补偿－投资带来的优惠

D. 资本化率＝安全利率＋投资风险补偿＋管理负担补偿＋缺乏流动性补偿－投资带来的优惠

14. 有一房地产，未来第一年净收益为20万元，预计此后各年的净收益会在上一年的基础上增加2万元，收益期为无限年，该类房地产资本化率为10%，则该房地产的收益价格为( )万元。

A. 400　　B. 450　　C. 500　　D. 540

15. 某商铺的收益年限为30年，年有效毛收入为6 000元/平方米。假设净收益率为75%，报酬率为10%，则该商铺目前的价值为( )元/平方米。

A. 14 140　　B. 42 421　　C. 56 561　　D. 60 000

16. 某宗房地产32年土地使用权的价格为4 000/平方米，对应的报酬率为7%。现假定报酬率为9%，则该宗房地产40年土地使用权条件下的价格最接近于( )元/平方米。

A. 3 275　　B. 3 287　　C. 3 402　　D. 4 375

17. 资本化率是(　　)的倒数。

A. 毛租金乘数　　B. 潜在毛租金乘数

C. 有效毛收入乘数　　D. 净收益乘数

18. 某宗房地产的土地使用年限为50年,至今已使用8年,预计该宗房地产年有效毛收入为80万元,运营费用率为40%,安全利率假定为6%,风险补偿率为安全利率的40%,该房地产的收益价格为(　　)万元。

A. 368　　B. 552　　C. 561　　D. 920

19. 在估价中选取4个可比实例,甲成交价格为4 800/平方米,建筑面积为100平方米,首次付清24万元,其余半年后支付16万元,一年后支付8万元;乙成交价格为5 000元/平方米,建筑面积为120平方米,首次支付24万元,半年后付清余款36万元;丙成交价格为4 700元/平方米,建筑面积为90平方米,成交时一次付清;丁成交价格为4 760元/平方米,建筑面积为110平方米,成交时支付20万元,一年后付清余款32.36万元。已知折现率为10%,那么这4个可比实例实际单价的高低排序为(　　)。

A. 甲、乙、丙、丁　　B. 乙、丁、甲、丙　　C. 乙、丙、甲、丁　　D. 丙、乙、丁、甲

20. 承租人甲与出租人乙于5年前签订了一套住宅的租赁合同,该套住宅面积为200平方米,租赁期限为8年,年租金固定不变为480元/平方米.现市场上类似住宅的年租金为600元/平方米。若折现率为8%,则承租人甲当前的权益价值为(　　)万元。

A. 6.19　　B. 6.42　　C. 7.20　　D. 9.58

21. 某房地产的报酬率为8%,收益期限为30年的价格为4 000元/平方米。若报酬率为6%,收益期限为50年,则该房地产价格为(　　)元/平方米。

A. 3 000　　B. 4 500　　C. 5 200　　D. 5 600

22. 某宗房地产的收益期限为40年,通过预测,未来3年的年净收益分别为15万元、18万元、23万元,以后稳定在每年25万元直到收益期限结束。该类房地产的报酬率为8%,则该宗房地产的收益价格最接近于(　　)万元。

A. 280　　B. 285　　C. 290　　D. 295

23. 某写字楼年出租净收益为300万元,预计未来3年内仍然维持该水平,3年后该写字楼价格为现在写字楼价格的1.2倍,该类房地产的报酬率为10%,则该宗写字楼现在的价格为(　　)万元。

A. 4 580　　B. 5 580　　C. 6 580　　D. 7 580

24. 某商场建成于2010年10月,收益期限从2010年10月到2050年10月,预计未来正常运行年潜在毛收入为120万元,年平均空置率为20%,年运营费用为50万元。目前该类物业无风险报酬率为5%,风险报酬率为安全利率的60%,则该商场在2015年10

月的价值最接近于(　　)万元。

A. 536　　B. 549　　C. 557　　D. 816

25. 某估价报告中采用收益法评估估价对象价值，估价结果偏高，其原因可能是(　　)。

A. 空置率偏小　　B. 运营费用偏大　　C. 收益期限偏短　　D. 报酬率偏高

26. 已知有一年期国债利率为3.31%，贷款利率为5.43%，投资风险补偿为2.23%，管理负担补偿为1.32%，缺乏流动性补偿为1.42%，所得税抵扣的好处为0.5%，则报酬率为(　　)。

A. 7.78%　　B. 8.28%　　C. 13.21%　　D. 14.21%

27. 现有某待开发项目建筑面积为385平方米，从当前开始开发期为2年。根据市场调查分析，该项目建成时可出售50%，半年和一年后分别售出其余的30%和20%，出售的平均单价为28 507元/平方米，若折现率为15%，则该项目开发完成后的总价值的当前现值为(　　)万元。

A. 766　　B. 791　　C. 913　　D. 1 046

28. 某期房预计两年后竣工交付使用，目前与其类似的现房价格为4 500元/平方米，出租的年末净收益为500元/平方米。假设年折现率为8%，风险补偿估计为现房价格的3%，则该期房目前的价格为(　　)元/平方米。

A. 3 473　　B. 4 365　　C. 4 500　　D. 4 635

29. 根据房地产市场租金与租约租金差额的现值之和求出的价值是(　　)。

A. 有租约限制下的价值　　B. 共有房地产的价值

C. 无租约限制下的价值　　D. 承租人权益的价值

30. 某宗房地产是于3年前通过出让方式取得，当时获得的土地使用期限为50年并约定不可续期，判定其未来每年的净收益基本稳定。预计该宗房地产在正常情况下未来4年的净收益分别为31万元、29万元、30.5万元、29.5万元，报酬率为8%。用未来数据资本化公式法计算该宗房地产的收益价格为(　　)万元。

A. 358.85　　B. 360.49　　C. 362.93　　D. 365.29

四、多项选择题

1. 以下关于土地使用权出让最高年限叙述正确的有(　　)。

A. 居住用地60年　　B. 工业用地40年

C. 教科文卫用地50年　　D. 娱乐用地40年

E. 商业用地50年

2. 构成取得房产收入所必须支付的必要费用包括(　　)。

A. 土地出让金　　B. 房产税

C. 折旧费　　D. 租金损失准备费

3. 不适宜用收益法进行估价的房地产有(　　)。

A. 小吃店铺　　B. 政府机关　　C. 学校　　D. 寺庙

E. 写字楼

4. 收益性房地产包括(　　)。

A. 未出租的餐馆　　B. 旅店　　C. 加油站　　D. 农地

E. 未开发的土地

5. 收益乘数有(　　)。

A. 毛租金乘数　　B. 利润乘数　　C. 净收益乘数　　D. 销售收入乘数

E. 潜在毛收入乘数

6. 从估价角度出发,收益性房地产的运营费用不包含(　　)等。

A. 房地产改扩建费用　　B. 抵押贷款还本付息额

C. 房屋设备折旧费　　D. 所得税

E. 房屋装修折旧费

7. 收益性房地产的价值主要取决于(　　)。

A. 已经获得净收益的大小　　B. 未来获得净收益的风险

C. 未来获得净收益的大小　　D. 目前总收益的大小

E. 未来获得净收益期限的长短

8. 根据净收益求取的不同,收益法可分为(　　)。

A. 直接资本化法　　B. 投资法　　C. 收益乘数法　　D. 利润法

E. 现金流量折现法

9. 可用于报酬资本化法中转换为价值的收入或收益有(　　)。

A. 潜在毛租金收入　　B. 有效毛收入

C. 净运营收益　　D. 税前现金流量

E. 税后现金流量

10. 就收益性而言,为合理选用或确定其净收益并客观评估其价值,往往要求估价师对其净收益同时给出(　　)。

A. 较乐观的估计值　　B. 较保守的估计值

C. 过高的估计值　　D. 过低的估计值

E. 可能的估计值

11. 根据房地产获取收益的方式不同,收益法中的净收益测算包括(　　)。

A. 直接资本化法　　B. 基于租赁收入测算

C. 收益乘数法　　D. 基于营业收入测算

D. 现金流量折现法

12. 对于同一房地产，关于开发利润率大小的说法，错误的有（　　）。

A. 销售利润率小于投资利润率

B. 投资利润率小于成本利润率

C. 成本利润率小于直接成本利润率

D. 直接成本利润率小于销售利润率

E. 年利润率小于总利润率

13. 收益法估价中求取净收益时，通常不作为运营费用扣除的有（　　）。

A. 电梯折旧费　　B. 租赁保证金利息

C. 房地产税　　D. 企业（个人）所得税

E. 房屋保险费

14. 关于资本化率应用及内涵的说法，正确的有（　　）。

A. 资本化率应用在直接资本化法中

B. 资本化率是有效毛收入乘数的倒数

C. 资本化率是通过折现方式将房地产收益转换为价值的比率

D. 资本化率能明确表示房地产的获利能力

E. 资本化率通常用未来第一年的净收益除以价格来计算

15. 关于收益法中求取房地产未来净收益估计值的说法，正确的有（　　）。

A. 评估投资价值可选用较乐观的估计值

B. 评估抵押价值应选用较保守的估计值

C. 评估期房市场价格应选用最高的估计值

D. 评估买卖价格应选用最可能的估计值

E. 评估保险价值应选用最低的估计值

五、简答题

1. 简述收益法土地收益额的选择与估算过程。

2. 建筑物残余估价法的基本思路是什么？

3. 运用收益法进行房地产评估时，应如何确定被评估房地产的纯收益？

4. 如何确定折现率？

六、计算与分析题

1. 某市某区有三层砖混结构的办公楼一幢，土地总面积为360平方米。房屋建筑面积为510平方米，月租金收入为2.7万元（整幢出租），订约日期为2015年1月。假设建筑物还原利率为10%，耐用年限为60年，土地还原利率为8%。试评估本例房屋基地在2017年1月的非有限期土地价格，以及有限期为50年的土地价格。

已知以下条件：该评估房地产的年租金应为780元/平方米；房产税按租金收入的12%计算，管理费以年租金的3%计算；修缮费以房屋现值的1.5%计算；该房屋为砖混结构一等，重置价格为800元/平方米，已经过10年；保险费以房屋现值的3‰计算；租金损失准备金为半月租金收入；土地使用税为每年每平方米2元。

2. 待估对象的基本情况为：写字楼一幢，占地面积500平方米，建筑面积为2 000平方米，月租金60 000元，设定建筑物还原利率为10%，尚可使用年限为50年，土地还原利率为8%，房产税、土地使用费、修缮费等各种客观费用总计为18万元，建筑物价格依成本法求得为150万元，试运用收益现值法估算该写字楼所占基地的公平市场价值。

3. 待估建筑物为砖混结构单层住宅，宅基地300平方米，建筑面积200平方米，月租金3 000元，土地还原利率为7%，建筑物还原利率为8%，评估时建筑物的剩余使用年限为25年，取得租金收入的年总费用为7 600元，评估人员另用市场比较法求得土地使用价格为每平方米1 000元，试用建筑物估价残余法估测建筑物的价值。

4. 一座房屋预计耐用年限为10年，在今后5年每年各收净租金100万元、100万元、110万元、120万元和130万元，第6年起，租金为168万元，折现率为10%，试评估房产价格。

5. 某商业用房地产，按照国家的规定其土地使用权最高使用年限为40年。现该房屋拟出租，出租期为10年，按租赁双方合同规定，前5年租金是以第一年租金8万元为基础，每年比上年递增2%，后5年按每年15万元固定不变。假定资本化率为10%，则该房地产10年租期内的收益现值为多少？

6. 房地产的总使用面积为1万平方米，月租金为7元/平方米。预计年房租损失费为年预期租金总收入的5%，房产税为年预期租金总收入的12%，管理费、修缮费为年预期租金总收入的6%，房屋财产保险费为0.3万元/年。预计该房地产尚可以使用10年，折现率为12%。

要求：(1) 求该房地产的年租金总收入。

(2) 求该房地产的年出租费用。

(3) 求该房地产的年纯收益。

(4) 计算该房地产的评估值。

7. 某两层建筑物，宅基地面积为200平方米，建筑面积为240平方米，月租金为4 800元，取得租金的年总费用为12 000元，土地还原利率为10%，建筑物还原利率为12%。评估时，建筑物的剩余使用寿命为25年，评估人员运用成本逼近法求得土地成本为每平方米1 000元，土地所有权收益为土地成本的10%。试用建筑物估价残余法求单位平方米建筑物的价格。

CHAPTER 6 第6章 成本法

6.1 成本法的基本原理

成本法是从待评估资产在评估基准日的复原重置成本(reproduction cost new,也称为重建成本)或更新重置成本(replcement cost new,也称为重置成本)中扣减其各项价值损耗,来确定资产价值的方法。

复原重置成本是指在评估基准日,用与估价对象同样的生产材料、生产及设计标准、工艺质量,重新生产一个与估价对象全新状况同样的资产即复制品的成本。更新重置成本是指在评估基准日,运用现代生产材料、生产及设计标准、工艺质量,重新生产一个与估价对象具有同等功能效用的全新资产的成本。成本估价结果接近复原重置成本还是接近更新重置成本,受成本估价方法的影响。总概括性的成本估价方法倾向于更新重置成本;注重估价对象的不同特征的详细成本估价方法(适于特殊用途资产)倾向于复原重置成本。更新重置成本通常小于复原重置成本,这是因为后者包括过时的设计及生产工艺、原材料的附加成本。在没有出现同类资产的生产材料、技术标准、生产工艺及资产功能的明显变化时,一般估价复原重置成本。

一项资产随着时间的变化,会产生自然形态的损耗、功能的落后或衰退、利用的充分程度降低等情况,从而导致其价值的降低。进行资产评估时,必须充分考虑这些使得资产价值下降的因素对价值产生的不利影响,并从重建成本或重置成本中予以扣减。损耗的价值大体可分为以下三类。

(1) 实体性贬值。是指资产投入使用后,由于使用磨损和自然力的作用,其物理性能不断下降而引起的价值减少。

(2) 功能性贬值。是指由于新技术的推广和应用,待评估资产与社会上普遍使用的资产相比,在技术上明显落后、性能降低,因而价值也相应减少。

(3) 经济性贬值。是指由于资产以外的外部环境因素的变化,如新政策或法规的发布和实施、战争、政治动荡、市场萧条等情况,限制了资产的充分有效利用,使得资产价值下降。例如,一栋住宅会因其附近的一座污染性化工厂的建成和生产运营而降低价值;一辆微型轿车会因当地政府限制其行走线路政策的出台而降低价值。这里需要特别注意的是,资产的价值损耗不同于会计上规定的折旧。这里的价值损耗是通过实地勘察确定的,反映资产价值的实际损失额,而会计上的折旧是对某类资产的价值损耗从会计处理上所作的统一规定,不一定能够准确反映资产价值变化的实际状况。不过在资产的估价中,也常用"折旧"一词来表达与"损耗"或"贬值"相同的意思。

成本法的计算公式为

$$评估价值 = 重置成本 - 实体性贬值 - 功能性贬值 - 经济性贬值$$

或

$$评估价值 = 重置成本 \times 成新率$$

房地产作为资产的一类,成本法(cost approach)也是房地产估价的基本方法之一,其也称累积法(summation approach)或承包商法(contractors method)等。成本法是依据开发或建造待估房地产或类似房地产所需要的各项必要正常费用(包括正常的利润、利息和税费)而估价待估对象价格的方法。用成本法估价求取的价格称为积算价格。其理论基础是:一宗改良地块(improved parcel)的价格为土地价格和改良物残余价值之和。即

$$房地产市场价格=土地价格+改良物残余价值$$

改良物残余价值可分成重置成本(replacement cost mew)(即建一同等功能建筑物的成本)和折旧(depreciation)两部分。公式可写为

$$房地产市场价格=土地价格+(改良物重置成本-折旧)$$

成本法要求对土地价格、折旧及建筑改良物在估价时点的现时成本进行估价。从现时成本中减去折旧得到改良物的评估价格,然后将土地价格加到改良物价格中就得到房地产价格。

替代原则在成本法中体现为:一个房地产买主所付出的价格,绝不会高于他购买一块空地,并在没有造成严重损失的延误工期的情况下,建筑一具有同等功能的替代建筑物的总代价。价格的确定遵循合理利润最大化原则,以便包括直接成本和间接成本。市场竞争将利润率限制在合理水平,这样,当市场处于均衡状态时,新建筑物价格就等于建筑成本(包括相当于资本投资机会成本的合理利润)。

6.2 成本法的适用范围

在我国,由于土地所有权归国家和集体所有,用地者只能购买其使用权,故本书只讲土地使用权价格的估价。就土地使用权估价而言,成本法一般适用于新开发土地的估价,特别适用于土地市场不发育、土地成交实例不多,或无收益等无法利用市场法和收益法等方法进行的估价。如学校、公园、教堂等用地的估价。但由于土地的价格大部分取决于它的效用,并非仅仅取决于它所花费的成本。也就是说,由于土地成本的增加并不一定会增加它的使用价值,所以成本法在土地估价中的应用范围受到一定的限制。有学者认为,成本法确定的土地价格是建设用地的不完全价格,其基本作用就是为国家的土地出让价格

规定一个最低界限,具有一定的参考价值,也具有难以弥补的缺陷[①];也有学者认为,成本法不适用于估算地价[②]。

就建筑物估价而言,成本法最适用于折旧较少和建筑成本易于估价的新建筑物估价,它也适用于折旧额能够准确估计的旧建筑物估价,以及市场交易数据资料缺乏的房地产类型估价。比如,工业房地产以及特殊用途房地产,就较适宜用此方法。房地产承保价值(房屋保险价值)也适宜用成本法评估。成本法还可用来验证其他估价方法的估价结果。

6.3 成本法的操作步骤

成本法操作步骤如下:①搜集有关估价对象的邻近环境、宗地特征、建筑改良物成本、税费、开发利润等资料;②估算土地价格;③估算建筑改良物在全新状态下的重置成本或重建成本;④估算建筑改良物的折旧;⑤估算附属改良物的重置成本及折旧;⑥求出房地产价格。

6.4 土地使用权价格的估算

6.4.1 土地使用权价格的成本构成

用成本法估价地价必须分析地价中的成本因素。土地作为一种稀缺的自然物,即使未经开放,由于土地所有权的垄断,使用土地也必须支付地租。同时,由于开发土地投入的资本及利息也构成地租的一部分,再加上一定的利润、应缴纳的税金和土地所有权收益均构成土地价格的组成部分,而土地在使用过程中不存在实体性贬值和功能性贬值,经济性贬值也极少考虑,故用成本法估价土地使用权价格的基本公式为

土地价格=土地取得费+土地开发费+税费+利息+利润+土地增值收益

6.4.2 各项指标的估算

1. 计算土地取得费

土地取得费是为取得土地而向原土地使用者支付的费用,分为三种情况:

(1) 国家征收集体土地而支付给农村集体经济组织的费用包括土地补偿费、地上附着物和青苗补偿费及安置补助费等。

一般认为,土地补偿费中包含一定的级差地租。地上附着物和青苗补偿费是对被征

---

① 周诚. 土地经济问题[M]. 广州:华南理工大学出版社,1997.

② 戚名琛. 成本法不适用于评估地价缘由简析[J]. 中国房地产,2000(12).

地单位已投入土地而未收回资金的补偿,类似于地租中所包含的投资补偿部分。安置补助费是为保证被征地农业人口在失去其生产资料后的生活水平不致降低而设立的,因而也可以看成具有从被征土地未来产生的增值收益中提取部分作为补偿的含义。

关于征地费用各项标准,《中华人民共和国土地管理法》中有明确规定：征收耕地的补偿费用包括土地补偿费、安置补助费及地上附着物和青苗的补偿费。征收耕地的土地补偿费,为该耕地被征收前三年平均产值的6～10倍；征收耕地的安置补助费,按照需要安置的农业人口数计算。需要安置的农业人口数,按照被征收的耕地数量除以征地前被征收单位平均每人占有耕地的数量计算。每一个需要安置的农业人口的安置补偿费标准,为该耕地被征收前三年平均年产值的4～6倍。但是,每公顷被征收耕地的安置补助费,最高不得超过被征收前三年平均年产值的15倍。征收其他土地的土地补偿费和安置补助费标准,由各省、自治区、直辖市参照征收耕地的土地补偿费和安置补助费标准规定。被征收土地上的附着物和青苗的补偿标准,由省、自治区、直辖市规定。征收城市郊区的菜地,用地单位应当按照国家有关规定缴纳新菜地开发建设基金。若按照以上规定支付土地补偿费和安置补助费,尚不能使需要安置的农民保持原有生活水平的,经省、自治区、直辖市人民政府批准,可以增加安置补助费。但是,土地补偿费和安置补助费标准的总和不得超过土地被征收前三年平均年产值的30倍。在特殊情况下,国务院根据社会经济发展水平,可以提高被征收耕地的土地补偿费和安置补助费标准。

土地征收是国家依法为公益事业而采取的强制性行政手段,不是土地买卖活动,征地费用自然也不是土地购买价格。征地费用可能远高于农地价格,这与农地转为建设用地而使价格上涨有关。

(2) 征收国有土地使用权时,土地取得费即为征收补偿安置费用,主要包括被征收土地使用权、地上青苗、建筑物及构筑物的补偿费用及涉及人员的安置补助费。各项费用应按有关规定,依据待估宗地所在区域政府规定的相关标准,以应当支付的区域客观费用确定。

(3) 通过市场交易获得土地时,土地取得费即是估价期日土地的客观市场购置价格。

2. 计算土地开发费用

一般来说,土地开发费用涉及基础设施配套费、公共事业建设配套费和小区开发配套费。

1) 基础设施配套费

基础设施配套常常被概括为“三通一平”“五通一平”和“七通一平”。作为工业用地,“三通一平”只是最基本的条件,还不能立即上工业项目,只有搞好“七通一平”,项目才能正常运行。因此,作为基础设施配套费一般应以“七通一平”为标准计算。

2）公共事业建设配套费

这主要指邮电、图书馆、学校、公园、绿地等设施的费用。这与项目大小、用地规模有关，各地情况不一，视实际情况而定。

3）小区开发配套费

同公共事业建设配套费类似，各地根据用地情况确定合理的项目标准。

3. 计算投资利息

投资利息就是资金的时间价值。在土地估价中，投资者贷款需要向银行偿还贷款利息，利息应计入成本；投资者利用自有资金投入，也可以看作损失了利息，从这种意义上讲，也属于投资机会成本，也应计入成本。

在用成本法估价土地价格时，投资包括土地取得费和土地开发费两部分。由于两部分资金的投入时间和占用时间不同，土地取得费在土地开发动工前即要全部付清，在开发完成销售后方能收回，因此，计息期应为整个开发期和销售期。土地开发费在开发过程中逐步投入，销售后收回。若土地开发费是均匀投入，则计息期为开发期的一半。

4. 计算投资利润

投资的目的是获取相应的利润，作为投资的回报，对土地投资，当然也要获取相应的利润。该利润计算的关键是确定利润率或投资回报率。利润率计算的基数可以是土地取得费和土地开发费，也可以是开发后土地的地价。计算时，要注意所用利润率的内涵。

5. 计算税费

税费是指在土地取得和土地开发过程中所必须支付的有关税收和费用。在估价过程中，税费项目和标准的确定，应依据国家和地方的有关规定，应有明确的法律和文件依据。

6. 土地增值收益的确定

土地增值收益主要是由于土地的用途改变或土地功能变化而引起的。由于农地转变为建设用地，新用途的土地收益将远远高于原用途土地，这样必然会带来土地增值收益。由于这种增值是土地所有权人允许改变土地用途带来的，应归整个社会拥有。如果土地的性能发生变化，提高了土地的经济价值，也能使土地收益能力增加。这个增加的收益，是由土地性能改变带来的，同样应归土地所有者所有。

根据计算公式，前四项之和为成本价格，成本价格乘以土地增值收益率即为土地所有权收益。目前，土地增值收益率通常为10％～25％。

7. 计算、修正和确定估价结果

根据上述各步的计算结果，采用下列公式计算土地价格：

土地价格＝土地取得费＋土地开发费＋税费＋利息＋利润＋土地增值收益

6.4.3 应用举例

例 6.1 待估对象为一新开发土地，因无收益记录和市场参照物，只得用成本法进行估价。有关数据资料如下：土地取得费（含拆迁补偿、安置费和耕地占用税等）为 8 万元/亩，土地开发费为 1.5 亿元/平方公里，当地银行一年期贷款利率 9%，2 年期贷款利率 10%，土地开发周期为 2 年，第一年投资占总投资的 3/4，利润率为 10%，当地土地出让增值收益率为 10%，试估算该地产的公平市场价值。

(1) 计算土地取得费：

土地取得费＝8 万元/亩＝120（元/平方米）

(2) 计算土地开发费：

土地开发费＝1.5 亿元/平方公里＝150（元/平方米）

(3) 计算投资利息：

土地取得费的计息期为 2 年，土地开发费为分段均匀投入，则土地取得费利息＝$120\times10\%\times2=24$（元/平方米）

土地开发费利息＝$150\times\frac{3}{4}\times10\%\times1.5+150\times\frac{1}{4}\times9\%\times0.5=19$（元/平方米）

(4) 计算开发利润：

开发利润＝[(1)＋(2)]×10%＝(120＋150)×10%＝27（元/平方米）

(5) 计算土地价格：

$$\begin{aligned}\text{土地价格} &= [(1)+(2)+(3)+(4)]\times(1+10\%)\\ &= (120+150+24+19+27)\times(1+10\%)\\ &= 374\text{（元 / 平方米）}\end{aligned}$$

则被估价地产的公平市场单价为 374 元/平方米。

6.5 建筑物价格（改良物残余价值）的估算

建筑物估价中的成本法是基于建筑物的再建造费用或投资的角度来考虑的。

通过估算出建筑物在全新状态下的重置成本，再扣减由于各种损耗因素而造成的贬值，最后得出建筑物的估算值。建筑物估价中的成本法主要涉及四个基本要素（当然，对某一具体建筑物在估价过程中并不一定四个要素都能涉及），即建筑物的重置成本、实体性贬值、功能性贬值和经济性贬值。运用成本法估算建筑物的价格,必须清楚建筑物的价格组成或重置成本构成,这样才能有的放矢地进行估算。

6.5.1 建筑物价格的构成(重置成本构成)

由于建筑物不可能脱离土地而独立存在,它总是建筑在土地之上。因此,这里所列的建筑物价格构成包括土地部分。当然,这并不妨碍估价人员从中找出属于纯建筑物部分的价格构成。这里之所以将含有土地在内的建筑物价格构成一并列出,目的之一是让估价人员在房地产估价时注意关于土地部分不要重复计算,当然也不可漏评。

建筑物重置价格是指采用估价时点的建筑材料和建筑技术,按估价时点的价格水平,重新建造与估价对象具有同等功能效用的全新状态的建筑物的正常价格。建筑物价格构成项目及主要内容如下。

1. 土地取得费

土地取得费属于地价的组成部分,具体是指企业以受让方式取得土地使用权所支付的价款(出让金和有关费用),或企业以划拨方式取得土地使用权所支付的征地拆迁费用及各种补偿费用。

2. 开发成本

开发成本是指在取得的房地产开发用地上进行基础设施建设、房屋建设所必要的直接费用、税金等。主要包括勘察设计和前期工程费、建筑安装工程费、基础设施建设费、公共配套设施建设费、其他工程费、开发期间税费。

1) 勘察设计和前期工程费

勘察设计和前期工程费包括各种房地产开发前期费用,如设计费、规划费、可研费、水文和地质勘察费用、管理费等。

2) 建筑安装工程费

建筑安装工程费包括建造商品房所发生的土建工程费用、安装工程费用、装饰装修工程费用等。

3) 基础设施建设费

基础设施建设费包括城市规划要求配套的道路、给排水(给水、雨水、污水、中水)、电力、电信、燃气、热力、有线电视等设施的建设费用。

4) 公共设施配套建设费

公共设施配套建设费包括城市规划要求的教育、医疗卫生、文化体育、社区服务、市政公用等非营业性设施的建设费用。

5) 其他工程费

包括工程监理费、竣工验收费等。

6）开发期间税费

开发期间税费包括有关税收和地方政府或其有关部门收取的费用，如绿化建设费、人防工程费等。

3. 管理费用

管理费用是指房地产开发商为组织和管理房地产开发经营活动所必要的支出，包括房地产开发商的人员工资及福利费、办公费、差旅费等。

4. 投资利息

投资利息是指房地产开发完成或者实现销售之前发生的所有必要费用应计算的利息。

5. 开发利润

开发利润是典型的房地产开发商进行特定的房地产开发所希望获得的利润（平均利润）。

6. 销售税费

销售税费包括营业税及附加、房地产买卖手续费、销售成本。

6.5.2　建筑物重置成本的测算

测算建筑物重置成本有许多方法，这里就较常用的方法概要地作介绍。

1. 重编预算法

此法是按工程预算的编制方法，对待估建筑成本构成项目重新估算其重置成本。具体地说，就是根据待估建筑物工程竣工图纸，或者按估价要求绘制工程图，按照编制工程预算方法，计算工程直接费用，再按现行标准计算间接成本，二者相加后计算出建筑物重置成本。此法的数学表达式如下：

$$\begin{matrix}\text{建筑物}\\\text{重置成本}\end{matrix}=\sum\left[\left(\begin{matrix}\text{实际}\\\text{工作量}\end{matrix}\times\begin{matrix}\text{现行单价}\\\text{或定额}\end{matrix}\right)\times\left(1+\begin{matrix}\text{工程}\\\text{费率}\end{matrix}\right)+(-)\begin{matrix}\text{材料}\\\text{差价}\end{matrix}\right]+\begin{matrix}\text{按现行标准计算}\\\text{的各项间接成本}\end{matrix}$$

就建筑物投入价值的角度来说，用这种方法估算其重置成本，准确性相对比较高。但是，此法所需的技术经济资料较多，而且费时，工作量大。因此，此法的适用范围：①能够测算更新重置成本的建筑物。因为此法是以采用新设计、新技术、新材料、新工艺为基础的测算，估价思路及所用经济技术参数符合估价更新重置成本的要求。②构造比较简单的建筑物，如道路、围墙、设备基础、非标构架等建筑物估价。估算这些建筑物，重编预算法的工作量不会太大。

2. 预决算调整法

此法是以待估建筑物决算中的工程量为基础，按现行工程预算价格、费率将其调整为按现价计算的建筑工程造价，再加上间接成本，估算出建筑物重置成本。运用这种方法不需要对工程量进行重新计算，它是以建筑物原工程量是合理的为假设前提，所以只需对建筑物预算价格及费率用估价基准日时的标准取代建筑物购建时的标准，计算出调整后的工程决算造价，再加上按估价基准日现行标准计算的间接成本即可。

这种方法相对于重编预算法效率更高一些，但是，此法要求委托方必须能够提供比较完整的建筑物工程预决算资料。这种方法主要适用于：①不宜采用价格指数调整法，以及因缺乏参照物而无法运用类比法的建筑物估价；②用途结构大致相同相似，且数量较多的建筑物估价。这样可以通过选择若干有代表性的典型建筑物按此法估价得出其重置成本，然后以估测出的典型建筑物的重置成本与该建筑物原决算价格比较求出一个调整系数推算其他相同相似建筑物重置成本。当然，也可以采用预决算调整法测算出的典型建筑物的重置成本，通过典型建筑物与其他相同、相似建筑物进行类比分析，在典型建筑物重置成本的基础上，调整差异，推算出其他建筑物的重置成本。

预决算调整法的基本步骤如下：①取得完整的工程竣工决算、竣工图及竣工验收文件等资料，根据分项分部工程项目按基准日的工程预算价格、材料市场价格、间接费率等计算出建筑物的工程造价；②根据国家和地方规定的税费标准和实际情况计算出间接成本；③将估算出的建筑物工程造价加上间接成本，作为建筑物的重置成本。

3. 价格指数调整法

价格指数调整法又称为物价指数法，是通过对资产的原始（历史）成本进行物价指数调整而得到其重置成本的方法。就房地产这种资产类型而言，是指根据待估建筑物的账面成本，运用工程造价价格指数或其他相关价格指数调整推算出建筑物重置成本的一种方法。这里的资产原始成本应当能够代表资产购建时的资产市场价值，或者其代表的价值类型与所要估价的价值类型相同。计算公式为

资产重置成本 ＝资产原始成本 ×（估价基准日的同类资产定基物价指数 / 资产购建时的同类资产定基物价指数）

或

资产重置成本＝资产原始成本×（1＋物价变动指数）

或

资产重置成本＝资产原始成本×环比价格指数 $a_1 \cdot a_2 \cdot a_3 \cdots a_n$

由于物价指数法估算的重置成本是建立在不同时期的某一种或某类资产的物价变动水平上，仅考虑了价格变动因素，因而用该方法确定的是资产的复原重置成本。

价格指数法由于方法本身的缘故，在推算待估建筑物重置成本的准确性方面略显不足。因此，应尽量控制此法的使用范围。大型、价高的建筑物一般不宜采用此法。此法一般仅限于单位价值小、结构简单，以及运用其他方法有困难的建筑物的重置成本估算。另外，待估建筑物账面成本不清、不实的，也不宜采用此法。价格指数法能否运用好，除了委托方要提供可靠的待估建筑物账面成本外，关键在于价格指数的选择和价格变动指数的计算。对于价格指数的选择，可参考建筑业产值价格指数，该指数基本上能反映建筑产品价格变化的趋势。而价格变动指数的计算则要注意所选择的价格指数在所选期间每年公布的是定基价格指数，还是环比价格指数。不同性质的价格指数，在计算价格变动指数时方法有所不同。

(1) 对于定基价格指数，在计算价格变动指数时应按下列公式计算：

$$价格变动指数 = \frac{评估时点价格指数}{建筑物购建时价格指数} \times 100\%$$

(2) 对于环比价格指数，在计算价格变动指数时应按下列公式计算：

$$X = (1 + a_1)(1 + a_2)(1 + a_3)\cdots(1 + a_n) \times 100\%$$

式中，X 为价格变动指数；a 为从建筑物竣工年度后第 1 年至估价基准日年度的各年环比价格指数。

例 6.2 某项待估价房地产购建于 2005 年 10 月，账面原始价值为 15 万元，现估价其 2009 年 10 月 3 日的价值。调查得知，该类房地产在 2005 年和 2009 年的定基物价指数分别为 120%、160%，1996—1999 年的环比价格指数分别为 110%、105%、120%、96%，物价变动(上涨)指数约为 33%。则该资产的重置成本为

$$15 \times (160/120) = 20(万元)$$

或

$$15 \times 110\% \times 105\% \times 120\% \times 96\% = 20(万元)$$

例 6.3 某企业一简易仓库，账面价值为 200 000 元，建筑面积为 1 000 平方米，竣工于 2000 年年底。要求估算 2005 年年底该仓库的重置成本。

经查询，企业所在地区建筑业产值价格环比价格变动指数分别为 2001 年 11.7%、2002 年 17%、2003 年 30.5%、2004 年 6.9%、2005 年 4.8%。

(1) 计算价格变动指数：

$$X=(1+11.7\%)(1+17\%)(1+30.5\%)(1+6.9\%)(1+4.8\%)\times 100\%=191\%$$

(2) 估算仓库重置成本：

$$重置成本=200\,000\times 191\%=382\,000(元)$$

6.5.3 建筑物实体性贬值的测算

建筑物实体性贬值的测算方法主要采用使用年限法和打分法。

1. 使用年限法

使用年限法是指首先利用建筑物的实际已使用年限占建筑物耐用年限的比率作为建筑物有形损耗率,或以估测出的建筑物尚可使用年限占建筑物耐用年限的比率作为建筑物的成新率,然后根据建筑物有形损耗率或成新率测算建筑物实体性贬值的方法。计算公式为

$$\text{建筑物有形损耗率}=\frac{\text{建筑物实际已使用年限}}{\left(\begin{array}{c}\text{建筑物实际}\\\text{已使用年限}\end{array}+\begin{array}{c}\text{建筑物尚可}\\\text{使用年限}\end{array}\right)}\times 100\%$$

$$\text{建筑物成新率}=\frac{\text{建筑物尚可使用年限}}{\left(\begin{array}{c}\text{建筑物实际}\\\text{已使用年限}\end{array}+\begin{array}{c}\text{建筑物尚可}\\\text{使用年限}\end{array}\right)}\times 100\%$$

$$\begin{aligned}\text{建筑物实体性贬值}&=\text{建筑物重置成本}\times\text{建筑物有形损耗率}\\&=\text{建筑物重置成本}\times(1-\text{建筑物成新率})\end{aligned}$$

运用使用年限法的关键在于,测定一个较为合理的建筑物尚可使用年限。这就要求估价人员,根据建筑设计规范对于不同建筑物的设计年限规定,结合国家以前曾制定过的固定资产折旧年限等数据,根据待评建筑物的实际状态和维修保养状况,估算待评建筑物的尚可使用年限。

2. 打分法

打分法是指估价人员借助于建筑物成新率的评分标准,包括建筑物整体成新率评分标准,以及按不同构成部分的评分标准进行对照打分,得出或汇总得出建筑物的成新率。

建筑物成新率评分标准可参考和借鉴原城乡建设环境保护部于1984年11月8日颁发的《房屋完损等级评定标准》。根据上述标准,按房屋的结构、装修、设备等组成部分的完好程度,划分为五个等级。

(1) 完好房,指成新率在80%以上的房屋。房屋的结构、装修、设备齐全完好,成色新,使用良好。

(2) 基本完好房,指成新率为60%~79%的房屋。房屋的结构、装修、设备基本完好,成色略旧,并有少量或微量损坏,基本能正常使用。

(3) 一般损坏房,指成新率为40%~59%的房屋。房屋的结构、装修、设备有部分损坏或变形、老化,需进行中、大修理。

(4) 严重损坏房,指成新率在39%以下的房屋。房屋的结构、装修、设备有明显的损坏和变形,并且不齐全,需进行大修或翻建。

(5) 危房。房屋的结构构件已处于危险状态,随时有倒塌的可能。

从理论上讲,按房屋的结构、装修、设备等方面的完损程度综合确定建筑物的成新率,

比单一按建筑物使用年限测算成新率更合理一些。但采用打分法的关键问题，一是打分标准是否科学、合理。以《房屋完损等级评定标准》看，它是以房屋的经济寿命为根据设计的房屋正常使用年限及其成新率。这要比房屋建筑物的自然寿命或技术寿命短。因此，它所反映的房屋损失率是有一定误差的。估价人员在参照该标准进行建筑物有形损耗率或成新率估价时应注意使用。二是估价人员对打分标准掌握和运用的水平。打分标准是固定的，而待估建筑物情况却是多样性的。在一般情况下，估价人员及估价机构都要在统一打分标准的基础上，根据实际情况，制定不同类型建筑物成新率评分修正系数，作为按统一打分标准评分后的进一步调整和修正。

房屋建筑物完损等级评定一般也是按房屋的结构、装修和设备三个部分分别规定标准，并具体规定评定的部位内容。《房屋完损等级评定标准》正是这样规定的，详见表6-1、表6-2。不同类型房屋成新率的评分修正系数表详见表6-3(仅供参考)。

表6-1　房屋耐用年限和残值率表

房屋结构及等级	耐用年限/年	残值率/%
钢筋混凝土结构	60～80	0
砖混结构1～2等	40～60	2
砖木结构1～3等	30～50	3、4、6
简易结构	10～15	3

表6-2　评定部位内容、完损等级和成新率

部位内容			完损等级	成新率/%
结构	装修	设备		
地基基础	门窗	水卫	完好房	80～100
承重构件	外抹灰	电照	基本完好房	60～79
非承重构件	内抹灰	暖气	一般损坏房	40～59
屋面	顶棚	特种设备	严重损坏房	40以下
楼地面	细木装修		危险房	残值

表6-3　不同结构类型房屋成新率评分修正系数表

	钢筋混凝土结构			混合结构			砖木结构			其他结构		
	结构部分 G	装修部分 S	设备部分 B	结构部分 G	装修部分 S	设备部分 B	结构部分 G	装修部分 S	设备部分 B	结构部分 G	装修部分 S	设备部分 B
单层	0.85	0.05	0.1	0.7	0.2	0.1	0.8	0.15	0.05	0.87	0.1	0.03
第二层至第三层	0.8	0.1	0.1	0.6	0.2	0.2	0.7	0.2	0.1			
第四层至第六层	0.75	0.12	0.13	0.55	0.15	0.3						
第七层以上	0.8	0.1	0.1									

用打分法估测建筑物的成新率可参照下列数学式进行：

$$成新率=(结构部分合计得分\times G+装修部分合计得分\times S+设备部分合计得分\times B)\div 100\times 100\%$$

式中，G为结构部分的评分修正系数；S为装修部分的评分修正系数；B为设备部分的评分修正系数。

例6.4 某钢筋混凝土5层框架楼房，经评估人员现场打分，结构部分得分为80分，装修部分得分为70分，设备部分得分为60分。再经查表5-3列示的修正系数$G=0.75$，$S=0.12$，$B=0.13$，则该楼房的成新率为

$$成新率=(80\times 0.75+70\times 0.12+60\times 0.13)\div 100\times 100\%=76.2\%$$

6.5.4 建筑物功能性贬值的测算

建筑物功能性贬值是指由于建筑物用途、使用强度、设计、结构、装修、设备配备等不合理而造成的建筑物功能不足或浪费形成的价值损失。

建筑物用途与使用强度不合理是相对于其所占用土地的最佳使用而言的。如果出现了建筑物用途及使用强度与其占用土地的最佳使用不一致的情况，土地的最佳效用没有发挥出来，土地的价值就没有得到充分实现。但是，在房地产估价中，土地使用权的估价通常是按其最佳用途进行的，对土地与建筑物用途不协调所造成的价值损失一般以建筑物的功能性贬值体现。有时当建筑物的用途、使用强度等与其占用的土地的最佳使用严重冲突的时候，甚至可能出现建筑物的功能性贬值超过了它的剩余的价值。例如，繁华商业区内的低矮非商业用建筑物的功能性贬值可能就会很大，以至于出现建筑物部分的价值为负值，即建筑物不仅没有价值，反而由于拆迁还要扣减土地使用权的一部分价值。关于建筑物用途及使用强度与其占用土地最佳使用不一致、不协调形成的功能性贬值的量，从理论上讲，相当于建筑物所占用土地的现实用途与其最佳使用之间的价值差。当然，在具体测算建筑物由于用途、使用强度而形成的功能性贬值时，还要考虑建筑物是连同土地一并估价，即房地合一估价，还是房地分估合一，再来分析判定其功能性贬值。

建筑物的设计及结构上的缺陷，将导致建筑物不能充分发挥其应有的功能和最大限度地发挥其效用。不合理的设计及结构可能出现建筑物面积较大而有效使用面积却与建筑面积不成比例，从而影响建筑物的有效利用。建筑物有效使用面积与其建筑面积的比例，低于正常建筑物有效使用面积与其建筑面积的比例部分所形成的价值损失，是建筑物功能性贬值的表现。

建筑物的装修、设备与其总体功能的不协调，也会造成建筑物的功能性贬值。尤其是建筑物豪华装修和设备超标准安装使用，在建筑物使用价值增加不明显的情况下，往往造

成建筑物局部功能浪费，其部分价值无法实现。

无论是哪种原因形成的建筑物功能性贬值，在测算过程中都要与建筑物重置成本测算以及成新率测算一并统筹考虑，以免重复考虑和漏评现象的出现。

对因功能过时而出现的功能性贬值，可以通过超额投资成本的估算进行，即将超额投资成本视同为功能性贬值的一部分。该部分功能性贬值的计算公式为

功能性贬值=复原重置成本－更新重置成本

例 6.5　待估价资产为一栋层高为 4 米的住宅，其复原重置成本为 1 600 元/建筑平方米，而在估价基准日建造具有相同效用的层高为 3 米的住宅，更新重置成本为 1 500 元/建筑平方米，就此可以断定其功能性贬值为 100 元/建筑平方米。当然，如果估价某资产时所用的重置成本为更新重置成本，则不必考虑因功能过时而造成的功能性贬值。

6.5.5　建筑物经济性贬值的测算

建筑物经济性贬值是指由于外界条件的变化而影响了建筑物效用的发挥，导致其价值贬损。从现象上看，建筑物出现经济性贬值，一般都伴随着利用率下降，如商业用房的空房率增加，出租面积减少，工业用房大量闲置等。当建筑物使用正常时，不考虑经济性贬值。从建筑物出现经济性贬值所造成的后果看，最终都会导致建筑物的收益下降。所以，在测算建筑物经济性贬值时，可参照下列公式进行：

$$\text{经济性贬值} = \text{建筑物年收益净损失额} / \text{正常资产收益率}$$

或

$$\text{经济性贬值} = \sum_{i=1}^{n} R_i (1+r)^{-i}$$

式中，R_i 为第 i 年的建筑物年收益净损失额；r 为折现率；n 为预计建筑物收益损失持续的时间，通常以年为单位。

6.5.6　应用举例

例 6.6　(1) 估价对象概况。估价对象为某学校教学楼，坐落在市中心，占地面积为 800 平方米，建筑总面积为 2 400 平方米，建筑物建于 1993 年 7 月，为钢筋混凝土结构。

(2) 估价要求。要求估价该宗房地产 2010 年 7 月的市场价格。

(3) 估价过程如下：

一是采用房地分估合一的估价思路。由于估价对象是学校教学楼，无直接收益，也很少有买卖实例，建筑物部分拟采用成本法进行估价。

二是估测土地资产的市场价格。土地部分的估价可采用市场比较法、成本法等方法进行，具体估价过程略。估价结果假定每平方米 1 280 元，土地总价格为 1 024 000 元。

三是估算建筑物的重置成本。按预决算调整法对待估对象的建筑造价(不包括土地

价格)进行测算,得到该建筑物每平方米重置成本为 1 100 元(含合理利润、税费等),建筑物重置成本总额为 2 640 000 元。

四是估算建筑物成新率。估价人员经现场勘察,并查阅了国家有关部门对钢筋混凝土结构建筑物耐用年限的有关指导性规定和标准,认为该教学楼尚可使用 60 年。采用使用年限法计算建筑物的成新率。

成新率= 尚可使用年限 /(实际已使用年限 + 尚可使用年限)

= 60 ÷ (17 + 60)

= 0.78

估该建筑物的成新率为 78%。

五是估算建筑物的功能性贬值和经济性贬值。由于待估对象为教学楼,待产权变动后要用于商业用途,而且待估房地产中的土地价格也是按商业用途寻找参照交易实例,采用市场比较法估价得出的。待估建筑物的内部格局在某些方面不适宜直接用于商业用途,需作内部格局的重新布置和装修,估计建筑物内部格局重新布置和装修的费用约为 200 元/平方米,总费用为 480 000 元。

该建筑物不存在经济性贬值。

六是计算建筑物评估值。

建筑物评估值= 重置成本 × 成新率 − 功能性贬值

= 2 640 000 × 78% − 480 000

= 1 579 200(元)

七是计算房地产评估值。

该教学楼评估值= 土地价格评估值 + 建筑物评估值

= 1 024 000 + 1 579 200

= 2 603 200(元)

一、名词解释

1. 复原重置成本　2. 更新重置成本　3. 实体性贬值　4. 功能性贬值
5. 经济性贬值　6. 成本法　7. 定基物价指数　8. 环比物价指数
9. 资产利用率　10. 实际使用年限　11. 成新率

二、判断题

1. 就土地使用权评估而言,成本法一般适用于新开发土地的估价。

2. 不动产的成本法评估中,土地取得费和土地开发费的计息期应为整个开发期和销售期。

3. 利润率的计价基数可以是土地取得费和土地开发费，也可以是开发后土地的地价。

4. 可修复的损耗是经过修理后可恢复其原有功能的损耗；反之，则为不可修复的损耗。

5. 成本法是根据估价对象房地产在建造时的购建价格，然后扣除折旧，以此来估算估价对象客观合理的价格或价值的方法。

6. 某房产年折旧率为1.6%，有效经过年数为12年，按直线法折旧该房产应属完好房。

7. 当用成本法求得的价值大大高于用市场法或收益法求得的价值时，说明房地产市场不景气。

8. 根据《城市房地产管理法》，各类房屋的重置价格应当定期确定并公布。

9. 建筑物重置价格是指采用与估价对象建筑物相同的建筑材料、建筑构配件、建筑设备和建筑技术及工艺等，在估价时点的财税制度和市场价格体系下，重新建造与估价对象建筑物相同的全新建筑物的必要支出和应得利润。

10. 就建筑物的重新购建价格而言，一般情况下，重建价值高于重置价格。

11. 在运用成本法估价时，房地产价格直接取决于其花费的成本，成本增加则房地产价格相应提高。

12. 如果建筑物的有效年龄小于实际年龄，就相当于建筑物比其实际竣工之日晚建成，此时建筑物的经济寿命可视为从这个晚建成之日开始到建筑物对房地产价值不再有贡献为止的时间。

13. 住宅小区内的营业性用房与其设施的建设费用不能计入本小区内商品住宅的价格中。

14. 某房地产由于空间布局欠佳而引起的折旧属于外部折旧。

15. 建筑物重新构建价格是全新状况的建筑物的建安工程费、专业费用、管理费用、投资利息及开发利润之和。

三、单项选择题

1. 运用成本法评估房地产抵押价值时，按谨慎原则要求，在估计房地产价格构成项目的金额可能会在一定区间波动时，应采用(　　)的估计值。

A. 正常　　B. 较低　　C. 平均　　D. 较高

2. 在成本法估价中，关于合理确定开发用地取得途径的说法，正确的是(　　)。

A. 开发用地取得途径应为估价对象的原始取得途径

B. 开发用地取得途径应为估价时点、估价对象所占区域类似土地的主要取得途径

C. 开发用地取得途径应为估价时点收集的取得成本最高的土地取得途径

D. 开发用地取得途径应为估价委托人提供的土地取得途径

3. 李某购买的商品房交付后，经检测室内空气质量不符合国家标准。预计李某治理空气污染的费用为5 000元，并延迟入住3个月。当地类似商品房的月有效毛租金为3 000元，运营费用占有效毛租金的15%。若月报酬率为0.5%，则室内空气质量不符合国家标准给李某造成的损失为(　　)元。

A. 5 000　　B. 12 574　　C. 12 650　　D. 13 911

4. 某8年前建成交付使用的建筑物，建筑面积为120平方米，单位建筑面积的重置价格为800元/平方米，建筑物残值率为6%，年折旧率2.2%，则该建筑物的现值是(　　)元。

A. 76 880　　B. 79 104　　C. 77 952　　D. 81 562

5. 某写字楼由于市场不景气和周边新增居住房地产较多，造成不便于上午办公和需求减少，估计未来期限内每年平均空置率由现在的15%上升到25%，每月可出租面积租金为70元/平方米，又知该写字楼可出租面积为10 000平方米，运营费用率为40%。假若该写字楼可出租剩余年限为30年，投资报酬率为8%，其他条件保持不变，则该写字楼将产生(　　)万元的贬值。

A. 548.19　　B. 558.15　　C. 567.39　　D. 675.40

6. 某估价对象为一旧厂房改造的超级市场，建设期为2年，该厂房建成5年后补办了土地使用权出让手续，土地使用期限为40年，土地使用权出让合同约定土地使用期限届满不可续期。建筑物经济寿命为50年。假设残值率为零，采用直线法计算建筑物折旧时年折旧率为(　　)。

A. 2.00%　　B. 2.13%　　C. 2.22%　　D. 2.50%

7. 某地区各项基础设施开发的正常使用费用分摊到每平方米土地上，分别为道路20元、燃气18元、供水14元、排水16元、热力12元、供电25元、通信8元、场地平整15元，则该地区“五通一平”的正常费用为(　　)元/平方米。

A. 98　　B. 102　　C. 108　　D. 116

8. 某房地产的土地面积为500平方米，土地价格为2 000元/平方米；建筑面积为1 000平方米，成本法估算的建筑物重置价将为1 800元/平方米；市场上同类房地产的正常房地价格为2 500元/平方米，则该房地产中建筑物的实际价值比重置价格低(　　)元/平方米。

A. 200　　B. 300　　C. 700　　D. 1 000

9. 在成本法估价中，关于合理确定开发用地取得途径的说法，正确的是(　　)。

A. 开发用地取得途径应为估价对象的原始取得途径

B. 开发用地取得途径应为估价时点、估价对象所占区域类似土地的主要取得途径

C. 开发用地取得途径应为估价时点收集的取得成本最高的土地取得途径

D. 开发用地取得途径应为估价委托人提供的土地取得途径

10. 某写字楼因停车位数量不能满足需要，租金明显低于市场租金，由此造成的该写字楼折旧属于（　　）。

A. 外部折旧　　B. 功能落后折旧

C. 功能缺乏折旧　　D. 使用磨损折旧

11. 关于成本法估价中土地取得费用、建设成本、管理费用、销售费用估算的说法，正确的是（　　）。

A. 应按它们在过去实际发生时点的实际水平来估算

B. 应按它们在过去实际发生时点的正常水平来估算

C. 应按它们在未来预计发生时点的正常水平来估算

D. 应按它们在价值时点的正常水平来估算

12. 某房地产重新开发建设的直接成本、管理费用、投资利息分别为 4 000 万元、180 万元和 350 万元，销售费用、销售税费分别为销售价格的 3.5%、6%，投资利润率为 20%。该房地产的重置价值为（　　）万元。

A. 5 890　　B. 5 976　　C. 6 053　　D. 6 135

13. 造成建筑物经济性贬值的核心原因是（　　）。

A. 利用率下降　　B. 部分闲置

C. 实际收益率下降　　D. 客观收益下降

14. 某建筑物建成于 2000 年 1 月，为砖混结构一等，耐用年限为 50 年，残值率为 2%。该建筑物 2011 年 1 月的重置成本为 500 万元，则 2011 年 1 月的评估值接近于（　　）万元。

A. 400　　B. 392　　C. 402　　D. 390

15. 某宗地取得费用为每平方米 100 元，开发费用为每平方米 300 元，当地银行一年期贷款利率为 9%，二年期贷款利率为 10%，三年期贷款利率为 11%，开发周期为 3 年，第一年投资占总投资的 1/2，第二、第三年投资各占总投资的 1/4，问该土地每平方米应负担利息为（　　）元。

A. 51.75　　B. 30.75　　C. 89　　D. 71.25

16. “五通一平”一般是指某区域或某地块具备了道路、（　　）等设施或条件及场地平整。

A. 给水、排水、电力、通信　　B. 给水、排水、燃气、热力

C. 排水、电力、通信、燃气　　D. 排水、电力、通信、热力

17. 下列关于建筑物寿命和经过年数的说法中，正确的是（　　）。

A. 建筑物的经济寿命短于自然寿命，有效经过年数也短于实际经过年数

B. 建筑物的经济寿命长于自然寿命，有效经过年数也可能长于实际经过年数

C. 建筑物的经济寿命与自然寿命相等，有效经过年数与实际经过年数相等

D. 建筑物的经济寿命短于自然寿命,有效经过年数可能短于也可能长于实际经过年数

18. 某建筑物的建筑面积为2 000平方米,占地面积为3 000平方米,现在重新获得该土地的价格为800元/平方米,建筑物重置价格为900元/平方米,而市场上该类房地产正常交易价格为1 800元/平方米。则该建筑物的成新率为(　　)。

A. 44%　　B. 50%　　C. 67%　　D. 94%

19. 某建筑物实际经过年数为10年,经估价人员现场观察该建筑物剩余经济寿命为46年。该建筑物经济寿命为50年,残值率为2%,则用直线法计算该建筑物的成新率为(　　)。

A. 80%　　B. 82%　　C. 83%　　D. 92%

20. 某综合办公楼建设期为3年,有效经过年数为10年,现补办了土地使用权出让手续,土地使用权出让年限为50年,建筑物剩余经济寿命为35年,则该建筑物折旧的经济寿命应为(　　)年。

A. 35　　B. 45　　C. 48　　D. 50

21. 下列关于比准价格、积算价格和收益价格关系的表述中正确的是(　　)。

A. 在房地产市场比较成熟且处于正常状态时,积算价格低于收益价格

B. 在房地产市场存在泡沫时,收益价格大大高于积算价格

C. 在房地产市场不景气时,积算价格(未扣除经济折旧)大大高于比准价格或收益价格

D. 比准价格倾向于成交价格,积算价格倾向于最低买价,收益价格倾向于最高卖价

22. 某仓库房地产,建筑面积为800平方米,容积率为0.8,对应的土地单价为850元/平方米,现拟变更为商业用地,容积率为2.0,并已取得规划、国土等管理部门的许可。假定改为商业用地后楼面地价为2 000元/平方米,则理论上应补地价的数额为(　　)万元。

A. 93.75　　B. 115　　C. 293.75　　D. 315

23. 下列各类房地产中,特别适用于成本法估价的是(　　)。

A. 某标准厂房　　B. 某酒厂厂房　　C. 某待出让土地　　D. 某写字楼

24. 某企业开发某土地,土地重新取得成本为1 000元/平方米,正常开发成本为1 500元/平方米,管理费用为前两项的5%,投资利息占直接成本的5%,销售费用为100元/平方米,直接成本利润率为6%,则开发后的地价为(　　)元/平方米。

A. 1 840　　B. 2 840　　C. 2 966　　D. 3 000

25. 某宗房地产建筑物建成于2001年10月1日,经济寿命为60年。后于2006年10月1日补办了土地使用权出让手续,土地使用权出让年限为50年(从补办之日算起)。2016年10月1日对该房地产进行评估。经计算,该房地产的土地重新购建价格为2 000

万元，建筑物重新购建价格为3 000万元，残值率为0。则在估价时点(2016年10月1日)该房地产的评估价值为(　　)万元。

A. 4 091　　B. 4 182　　C. 4 250　　D. 5 000

26. 某房地产的重建价格为2 000万元，已知在建造期间中央空调系统因功率大较正常情况多投入150万元，投入使用后每年多耗电费0.8万元。假定该空调系统使用寿命为15年，估价对象房地产的报酬率为12%，则该房地产扣除该项功能折旧后的价值为(　　)万元。

A. 1 838.00　　B. 1 844.55　　C. 1 845.87　　D. 1 850.00

27. 某房地产开发用地，其土地面积为10 000平方米，土地使用条件与规划限制所规定的容积率为1.2，楼面地价为1 500元/平方米。后经规划调整，容积率提高到1.6，楼面地价不变，则该房地产开发用地因容积率提高需补地价(　　)万元。

A. 375　　B. 450　　C. 500　　D. 600

28. 某8年前建成交付使用的建筑物，建筑面积为120平方米，单位建筑面积的重置价格为600元/平方米，年折旧额为1 440元，则用直线法计算该建筑物的成新率是(　　)。

A. 16%　　B. 42%　　C. 58%　　D. 84%

29. 某10年前建成的小型办公楼建筑面积为1 500平方米，层高4.1米，土地剩余使用年限为30年，不可续期。目前市场上具有相同功能的该类办公楼的正常层高为3.6米，建筑物重建价格为2 000元/平方米。假定层高每增加0.1米，建造费用每平方米相应增加10元。由于层高过高，该办公楼每年要多耗费2.5万元能源费用。以重建价格为基础估算该建筑物的价值，则应扣除的功能折旧为(　　)万元。(建筑物报酬率为10%)

A. 11.80　　B. 16.07　　C. 23.57　　D. 31.07

30. 对于收益性房地产来说，建筑物的经济寿命是(　　)。

A. 建筑物竣工之日起到不能保证其安全使用之日的时间

B. 在正常市场和运营状态下净收益大于零的持续时间

C. 由建筑结构、工程质量、用途与维护状况等决定的时间

D. 剩余经济寿命与实际年龄之和的时间

四、多项选择题

1. 用重编预算法计算的重置成本通常与待估建筑物的历史成本有较大的差异，主要原因有(　　)。

A. 技术进步出现新材料代替旧材料

B. 设计或结构改进，项目工程量发生变化

C. 材料价格和费用项目、取费标准发生变化

D. 原决算资料不详细

2. 成本估价中,征收集体土地时土地征收补偿费用的内容包括(   )。

A. 土地补偿费与安置补助费

B. 地上附着物和青苗的补偿费

C. 征地管理费

D. 安排被征地农民的社会保障费

E. 场地平整费

3. 属于基础设施配套中"三通一平"的项目包括(   )和平整地面。

A. 通水　B. 通邮　C. 通气　D. 通信

E. 通电

4. 成本法中,在计算投资利息时,应计息项目包括(   )。

A. 土地取得成本　B. 开发成本　C. 管理费用　D. 销售费用

E. 销售税费

5. 判断建筑物是否存在经济性贬值的指标主要有(   )。

A. 使用用途不合理　B. 利用率下降　C. 使用强度不够　D. 设计不合理

E. 收益水平下降

6. 建筑物重置成本中的前期费用包括(   )。

A. 招投标费　B. 设计费　C. 土地出让金　D. 场地平整费

7. 引起建筑物功能性贬值的因素主要有(   )。

A. 政策变化　B. 使用强度不够　C. 市场不景气　D. 用途不合理

8. 建筑物评估的重编预算法的特点是(   )。

A. 效率高　B. 准确性高

C. 工作量大　D. 适用于大型建筑物

9. 重编预算法比较适合于(   )的评估。

A. 建筑物复原重置成本　B. 建筑物更新重置成本

C. 结构简单的建筑物　D. 结构复杂的建筑物

E. 较新的建筑物

10. 引起建筑物功能性贬值的因素主要有(   )。

A. 宏观调控　B. 建筑物的使用强度不够

C. 市场不景气　D. 建筑物的用途不合理

E. 建筑物的设计不合理

11. 建筑物应在(   )方面符合政府规定。

A. 建筑结构　B. 建筑用途　C. 容积率　D. 覆盖率

E. 外形设计

12. 房屋建筑物完损等级评定一般是按房屋的(   )。

A. 基础　B. 结构　C. 装修　D. 设备

13. 下列表述中，正确的有(　　)。

A. 开发经营期可分为开发期和经营期

B. 开发期又可称为建设期，对于在土地上进行房屋建设的情况来说，又可分为前期和建造期

C. 开发期的终点是预计待开发房地产开发完成的日期，起点与开发经营期起点相同

D. 经营期可具体分为销售期和出租期

E. 在有租赁的情况下，租售期通常到开发完成的日期

14. 成本法特别适用于那些既没有收益又很少发生交易的房地产估价，这类房地产主要包括(　　)等。

A. 图书馆　　B. 钢铁厂　　C. 空置的写字楼　　D. 单纯的建筑物

E. 加油站

15. 在运用成本法时最主要的有(　　)。

A. 区分计划成本和实际成本　　B. 区分实际成本和客观成本

C. 结合实际成本来确定评估价值　　D. 结合实际开发利润来确定评估价值

E. 结合市场供求分析来确定评估价值

五、简答题

1. 简述成本法评估程序。

2. 简述预决算调整法适用的前提和范围。

3. 哪些因素会导致建筑物功能性贬值?

4. 功能性贬值的估算应按照什么样的步骤进行?

5. 试述测算建筑物重置成本的方法。

六、计算与分析题

1. 待估建筑物账面原值100万元，竣工于2010年年底。假定2010年的价格指数为100%，2011—2015年的价格指数每年比上年增长的幅度分别是11.7%、17%、30.5%、6.9%和4.8%，试求2015年年底待估建筑物的重置成本。

2. 某综合楼为6层砖混结构综合用房。该工程于2014年竣工并投入使用。该工程建筑面积8 534平方米，层高2.85米。按调整后工程量，现行工程预算价格、费率计算出的定额直接费(建安工程)为4 151 497.07元，综合间接费率27%，远征费率1.7%，劳保基金5%，施工利润6%，材料差价47 812.39元。税金率3.22%，定额管理费0.18%。前期费用率和其他费用率为5.77%，资金成本按工程投资两年均匀投入考虑，年利率按5.94%，采用现场勘察法对建筑物成新率打分，得出结构部分为83分、装修部分为82分、设备部分为83分。试用预算调整法求其评估值。

3. 某混合结构单层厂房经评估人员现场勘察后打分情况为结构部分(G)61分、装修部分(S)55分、设备部分(B)56分。已知成新率修正系数为$G=0.7$、$S=0.2$、$B=0.1$；该厂房耐用年限50年，实际已使用22年。求该厂房综合成新率。

CHAPTER 7 第7章 剩余法

7.1 剩余法的基本原理

剩余法(hypothetical development method or residual method)又称假设开发法、倒算法或预期开发法,主要适用于地产价格的评估。其基本思路为：剩余法是将待估地产的预期开发价值,扣除正常投入费用、正常税金及合理利润后,依据该剩余值测算待估地产价格的方法。剩余法在评估待开发土地价值时运用得较为广泛。

运用该方法评估地价时,首先估算开发完成后房地产正常交易的价格,然后扣除建筑物建造费用及与建筑物建造、买卖有关的专业费、利息、利润、税收等费用,以价格余额来确定待估土地价格。具体来说,作为一个房地产开发商,他购买这块土地进行开发的目的是将其出售赚取利润。开发商买地,进行地价投入,必须有收益,而且这个收益越高越好。因此,开发商就会根据规划部门对该地块的限制条件,如用途、容积率、绿地覆盖度、最高层数、朝向等,以及有关法律、法规的限制,来确定该块土地的最佳使用状况。然后根据目前的房地产市场状况,预测建筑完成后房地产售价,以及为完成这一开发所需花费的建筑费、设计费、相关税费、各类预付资本的利息和开发商应得的正常利润。这样开发商就知道了他可能为取得这块土地所支付的最高价格是多少。也就是说,这个最高价等于开发完成后的房地产价值扣除开发成本和相应利息、利润等之后的余额。

7.2 剩余法的适用范围

剩余法主要适用于下列地产的估价：

第一,待开发土地的估价。用开发完成后的房地产价值减去建造费、专业费等。

第二,将生地开发成熟地的土地估价。用开发完成后的熟地价减去土地开发费用,就得到生地地价。

第三,待拆迁改造的再开发地产的估价。这时的建筑费还应包括拆迁费用。

7.3 剩余法的计算公式

剩余法的计算公式表现形式较多,但根据剩余法的基本思路,其基本公式是

$$V = A - (B + C + D + E)$$

式中,V 为购置土地的价格；A 为开发完成后的房地产价值；B 为整个开发项目的开发成本；C 为投资利息；D 为开发商合理利润；E 为正常税费。

实际估价工作中,常用的一个具体计算公式为

土地价格＝房屋的预期售价－建筑总成本－利润－税收－利息

在香港,剩余法的计算公式为

地价＝楼价－建筑费用－专业费用－利息－发展商利润

或

地价＝总开发价值－开发费用－开发者的收益－取得土地所需费用

其中,开发费用包含拆迁费和对现有承租者的补偿、基建费、业务费、财务费、应急费、代理及法律事务费用等。

目前,现实估价中剩余法的一个较具体的计算公式为

地价＝预期楼价－建筑费－专业费用－利息－税费－利润

其中,

利息＝(地价＋建筑费用＋专业费用)×利息率

利润＝(地价＋建筑费用＋专业费用)×利润率

7.4　剩余法的操作步骤

根据剩余法估价的基本思路,剩余法估价的程序为：调查房地产基本情况,确定待估房地产的最佳开发利用方式,预测房地产开发完成后的收益,测算开发总投资,确定开发利润,估算待估房地产价格。

7.4.1　调查待估对象的基本情况

(1) 调查土地的限制条件,如土地政策的限制,城市规划、土地利用规划的制约等。

(2) 调查土地位置,掌握土地所在城市的性质及其在城市中的具体座落,以及周围土地条件和利用现状。

(3) 调查土地面积大小和土地形状、地质状况、地形地貌、基础设施状况和生活设施状况及公用设施状况等。

(4) 调查房地产利用要求,掌握城市规划对此宗地的规划用途、容积率、覆盖率、建筑物高度限制等。

(5) 调查此地块的权利状况,包括弄清权利性质、使用年限、能否续期,是否已设定抵押权等。这些权利状况对确定开发完成后的房地产价值、售价及租金水平有着非常密切的关系。

7.4.2 确定待估房地产最佳的开发利用方式

根据调查的土地状况和房地产市场条件等，在城市规划及法律、法规等限制所允许的范围内，确定地块的最佳利用方式，包括确定用途、建筑容积率、土地覆盖率、建筑高度、建筑装修档次等。在选择最佳的开发利用方式中，最重要的是选择最佳的土地用途。土地用途的选择，要与房地产市场的需求相结合，并且要有一定的预测。最佳的开发利用方式在开发完成后销售时能获得最高的收益。

7.4.3 预测房地产售价

根据所开发房地产的类型，对开发完成后的房地产总价，可通过以下两个途径确定：

(1) 对于出售的房地产，如居住用商品房、工业厂房等，可采用市场比较法确定开发完成后的房地产总价。

(2) 对于出租的房地产，如写字楼和商业楼宇等，其开发完成后房地产总价的确定，首先采用市场比较法，确定所开发房地产出租的纯收益；再采用收益还原法将出租纯收益转化为房地产总价。具体确定时需要估计以下几个要点：单位建筑面积月租金或年租金；房地产出租费用水平；房地产还原利率；可出租的净面积。其中，租金水平可依据类似房地产的情况而确定。

例 7.1 根据当前房地产市场的租金水平，与所开发房地产类似的房地产未来月租金纯收益为每建筑平方米 300 元，该类房地产的还原率为 8%，总建筑面积为 5 000 平方米，出租率为 80%。则所开发房地产的总价可确定为

$$300 \times 12 \times 5\,000 \times 80\% \times \frac{1}{8\%} = 18\,000(\text{万元})$$

7.4.4 估算各项成本费用

(1) 估算开发建筑成本费用。开发建筑成本费用(包括直接工程费、间接工程费、建筑承包商利润及由发包商负担的建筑附带费用等)可采用比较法来测算，既可通过当地同类建筑物当前平均的或一般建造费用来测算，也可通过建筑工程概预算的方法来估算。

(2) 估算专业费用。专业费用包括建筑设计费、工程概预算费用等，一般采用建造费用的一定比例估算。

(3) 确定开发建设工期，估算预付资本利息。开发建设工期是指从取得土地使用权直到房地产全部销售或出租完毕的这一段时期。根据等量资本要获取等量利润的原理，利息应为开发全部预付资本的融资成本，不仅是建造工程费用的利息，还应包括土地资本的利息。房地产开发的预付资本包括地价款、开发建造费、专业费和不可预见费等，即使

这些费用是自有资金,也要计算利息。这些费用在房地产开发建设过程中投入的时间是不同的。在确定利息额时,必须根据地价款、开发费用、专业费用等的投入额、各自在开发过程中所占用的时间长短和当时的贷款利率高低进行计算。例如,预付地价款的利息额应以全部预付的价款按整个开发建设工期计算,开发费、专业费假设在建造期内均匀投入,则利息以全部开发费和专业费为基数,按建造期的一半计算。若有分年度投入数据,则可进一步细化。如建造期为两年,第一年投入部分计息期为一年半,第二年投入部分计息期为半年等。开发费、专业费在建筑竣工后的空置期及销售期内应按全额全期计息。

(4) 估算税金。税款主要指建成后房地产销售的营业税、印花税等,应根据当前政府的税收政策估算,一般以建成后房地产总价的一定比例计算。

(5) 估算开发完成后的房地产租售费用。租售费用主要指用于建成后房地产销售或出租的中介代理费、市场营销广告费用、买卖手续费等,一般以房地产总价或租金的一定比例计算。

7.4.5 确定开发商的合理利润

开发商的合理利润一般以房地产总价或预付总资本的一定比例计算。投资回报利润的计算基数一般为地价、开发建设费、专业费三项,销售利润的计算基数一般为房地产售价。

7.4.6 估算待估房地产价格

根据前述现实估价中剩余法计算公式估算待估房地产价格。

7.5 应用举例

例 7.2

1. 估价对象概况

本估价对象房地产为一块"七通一平"的待建空地。

土地总面积为 10 000 平方米,且土地形状规则。

允许用途为商业、居住。

允许建筑容积率为 7。

允许建筑覆盖率为 50%。

土地使用权年限为 50 年。

出售时间为 2013 年 10 月。

2. 估价要求

需要评估出该块土地在2013年10月出售时的价格。

3. 估价过程

1）选择估价方法

该块土地为待建筑土地，适宜于用剩余法进行估价。

2）选择最佳开发利用方式

通过调查研究得知，这块土地最佳的开发利用方式如下：

用途为商业居住混合；

建筑容积率为7；

建筑覆盖率为50%；

建筑总面积为70 000平方米；

建筑物层数为14层；

各层建筑面积均为5 000平方米；

地上1～2层为商店，建筑面积为10 000平方米；

地上3～14层为住宅，建筑面积为60 000平方米。

3）预计建设期

预计共需三年时间才能完全建成并投入使用，即2016年10月完成。

4）预计出售楼价

估计建造完成后，其中的商业楼层即可全部售出；住宅楼层的30%在建造完成后即可售出，50%半年后才能售出，其余20%一年后才能售出。预计商业楼层出售时的平均售价为每建筑平方米4 500元，住宅楼层出售时的平均售价为每建筑平方米2 500元。

5）估计开发费及开发商利润

估计总建筑费为5 000万元；

专业费用为建筑费的8%；

年利息率为15%；

销售费用为楼价的3%；

税费为楼价的6%，即建成出售时所需由卖方承担的那部分营业税、印花税、交易手续费等，其他类型的税费已考虑在建筑费之中；

投资利润率为25%。

在未来三年的建设期内，开发费用的投入情况如下：第一年需投入20%的建筑费及相应的专业费用；第二年需投入50%的建筑费及相应的专业费用；第三年投入余下的

30%的建筑费及相应的专业费用。

6）求取地价

采用的计算公式如下：

地价＝楼价－建筑费－专业费－利息－销售费用－税费－开发商利润

本题可用静态和动态两种方式试算地价。

A. 采用静态方式计算地价。

(1) 楼价＝4 500×10 000＋2 500×60 000

＝19 500(万元)

(2) 建筑费＝5 000(万元)

(3) 专业费＝建筑费×8%

＝5 000×8%

＝400(万元)

(4) 利息＝(总地价＋建筑费＋专业费)×利息率×计息期

＝地价×15%×3

＋5 000(1＋8%)×20%×15%×2.5

＋5 000(1＋8%)×50%×15%×1.5

＋5 000(1＋8%)×30%×15%×0.5

＝地价×0.45＋1 134(万元)

(5) 销售费用＝楼价×3%

＝19 500×3%

＝585(万元)

(6) 税费＝楼价×6%

＝19 500×6%

＝1 170(万元)

(7) 利润＝(地价＋建筑费＋专业费)×利润率

＝地价×25%＋(5 000＋400)×25%

＝地价×0.25＋1 350(万元)

将上述(1)～(7)代入剩余法公式中，即

$$地价 = 19\,500 - 5\,000 - 400 - (地价 \times 0.45 + 1\,134) - 585 - 1\,170 - (地价 \times 0.25 + 1\,350)$$

$$地价 = \frac{19\,500 - 5\,000 - 400 - 1\,134 - 585 - 1\,170 - 1\,350}{1 + 0.45 + 0.25} = 5\,800(万元)$$

B. 采用动态方式计算地价。

计算的基准时间定为该块土地的出售时间，即 2016 年 10 月，折现率选取为 15%。

(1) $楼价=\frac{4\,500\times10\,000}{(1+15\%)^3}+\frac{2\,500\times6\,000}{(1+15\%)^3}\times\left[\frac{30\%}{(1+15\%)^0}+\frac{50\%}{(1+15\%)^{0.5}}+\frac{20\%}{(1+15\%)^1}\right]$

$=12\,230$(万元)

(2) $建筑费=\frac{5\,000\times20\%}{(1+15\%)^{0.5}}+\frac{5\,000\times50\%}{(1+15\%)^{1.5}}+\frac{5\,000\times30\%}{(1+15\%)^{2.5}}$

$=4\,017$(万元)

(3) 专业费＝建筑费×8%

＝4 017×8%

＝321(万元)

(4) 利息＝(地价＋建筑费＋专业费)×利息率×计息期

由于地价、建筑费、专业费在动态方式中均已考虑了时间因素，实际上均已含利息，故在此不再单独计算利息。

(5) 销售费用＝楼价×3%

＝12 230×3%

＝367(万元)

(6) 税费＝楼价×6%

＝12 230×6%

＝734(万元)

(7) 利润＝(地价＋建筑费＋专业费用)×利润率

＝地价×25%＋(4 017＋321)×25%

＝地价×0.25＋1 085(万元)

将上述(1)～(7)代入剩余法公式中，即

$$地价 = 12\,230 - 4\,017 - 321 - 367 - 734 - (总地价 \times 0.25 + 1\,085)$$

$$地价 = \frac{12\,330 - 4\,017 - 321 - 367 - 734 - 1\,085}{1 + 0.25}$$

$$= 4\,565(万元)$$

4. 估价结果

上述采用静态方式和动态方式计算出的地价有较大的差异，由于一般认为动态方式更为精确，故估价结果以动态方式计算的结果为主，但同时兼顾静态方式计算的结果，并参考估价经验，将总地价定为 4 800 万元。对于待建筑土地的估价，通常要给出三种价格

形式，即总地价、单位地价和楼面地价。这样，该块土地 2016 年 10 月出售时的购买价格最终评估结果如下：

总地价＝4 800(万元)

单位地价＝4 800(元/平方米)

楼面地价＝685.7(元/平方米)

>>>

一、名词解释

1. 假设开发法　　2. 生地　　3. 毛地　　4. 熟地

二、判断题

1. 采用假设开发法的传统方法估价时，利息的计价基数为售楼价、建筑费和专业费。

2. 假设开发法中开发商的合理利润一般以房地产总价或预付总资本的一定比例计算。

3. 假设开发估价必须考虑资金的时间价值，一般采用计算利息的传统方式和现金流量折现法。由于存在众多未知因素和偶然因素易使预测偏高实际，因此，在实际估价中应尽量采用计算利息的传统方法。

4. 假设开发法用于投资分析与用于估价的不同之处是：在选取有关参数和测算有关数值时，投资分析是站在一般投资者的立场上，而估价是站在某个特定投资者的立场上。

5. 对于有城市规划条件要求，但其城市规划设计条件尚未正式明确的地块，通常不适合采用假设开发法估价。

6. 在假设开发法估价中，估价结果的可靠程度主要取决于是否能准确预测开发完成后的房地产价值以及需支出的成本、费用和税金等，而与判断房地产的开发利用方式无关。

7. 在假设开发法的现金流量折现法中，待开发房地产取得税费、后续开发成本、管理费用、销售费用、销售税费等，主要是根据估价对象的相应生产水平估计出的。

8. 一般来说，运用假设开发法估价时，同一估价对象在自己开发前提下评估出的价值大于在自愿转让前提下评估出的价值，在被迫转让前提下评估出的价值小于在自愿转让前提下评估出的价值。

9. 在国有建设用地使用权招标出让中，投标人运用假设开发法测算的投标报价本质上是投资价值而不是市场价值。

10. 在假设开发法中，折现率是在采用现金流量折现法时需要确定的一个重要参数，它与报酬资本化法中的报酬率的性质和求取方法相同。

三、单项选择题

1. 假设开发法属于一种（　　）。

A. 加和法　　B. 积算法　　C. 类比法　　D. 倒算法

2. 某房地产开发商开发一幢建筑面积10 000平方米的写字楼，开发完成后销售均价为3 000元/平方米，已知取得土地时楼面地价为1 000元/平方米，开发成本和管理费用为1 200元/平方米，开发成本和管理费用在开发期内均匀投入，开发完成后即开始销售，销售费用为销售价格的2%，销售税费为销售价格的5.5%，开发期为1.5年，年利率为10%。该幢写字楼的销售利润率为（　　）。

A. 7.90%　　B. 11.08%　　C. 11.83%　　D. 13.73%

3. 某宗2 000平方米空地的预计最佳利用方式，是开发一建筑面积为4 000平方米的商业建筑。预期该商业房地产建成后的售价为3 000元/平方米，估计该建筑物的建筑费用为1 400元/平方米，专业费用为建筑费用的6%，利息利润为地价、建筑费用及专业费用之和的15%，销售费用及有关税费为售价的10%，该土地的价值接近于（　　）元/平方米。

A. 1 728　　B. 1 900　　C. 1 500　　D. 1 000元

4. 在采用假设开发中的传统方法进行房地产估价时，一般不计息的项目是（　　）。

A. 未知、需要求取的待开发房地产的价值

B. 投资者购买待开发房地产应负担的税费

C. 销售费用和销售税费

D. 开发成本和管理费用

5. 运用假设开发法评估某待开发房地产的价值时，若采用现金流量折现法计算，则该待开发房地产开发经营期的起点应是（　　）。

A. 待开发房地产开发建设开始时的具体日期

B. 待开发房地产建设发包日期

C. 取得待开发房地产的日期

D. 房地产开发完成并投入使用的日期

6. 下列关于假设开发法的表述中，不正确的是（　　）。

A. 假设开发法在形式上是评估新开发完成的房地产价格的成本法的倒算法

B. 运用假设开发法可测算开发房地产项目的土地最高价格、预期利润和最高费用

C. 假设开发法适用的对象包括待开发的土地、在建工程和不得改变现状的旧房

D. 假设开发法通常测算的是一次性的价格剩余

7. 运用假设开发法中的现金流量折现法估价时，无须做的是（　　）。

A. 估算后续开发经营期

B. 估算后续开发的各项支出、收入

C. 估算后续开发各项支出、收入在何时发生

D. 估算开发期中的利息和利润

8. 采用假设开发法评估某待开发房地产的价值，适用的估价前提是"被迫转让前提"。该估价是因(　　)的需要。

A. 房地产作价入股　　B. 法院强制拍卖

C. 房地产税收　　D. 房地产征收补偿

9. 某成片荒地面积为1平方公里，进行"七通一平"的开发后分块有偿转让，开发成本及管理费用、销售费用等为3亿元，年贷款利率为7.2%，开发经营期为1年。上述费用均匀投入，可转让土地面积比率为65%，则该地块的应计成本是(　　)元/平方米。

A. 310.61　　B. 321.60　　C. 477.87　　D. 494.77

10. 某写字楼的建筑面积为4 000平方米，剩余经济寿命为32年，由于没有电梯，出租率仅为80%，月租金为30元/平方米。当地有电梯的类似写字楼的平均出租率为90%，月租金为40元/平方米，报酬率为6%。如果修复没有电梯这一功能缺陷，则该写字楼升值了(　　)万元。

A. 67.60　　B. 811.24　　C. 1 622.48　　D. 2 433.72

11. 在假设开发法的现金流量折现中，估价对象开发完成后的价值对应的时间一般是(　　)。

A. 取得待开发房地产的时间　　B. 开发期间的某个时间

C. 开发完成后的时间　　D. 开发完成之后的某个时间

12. 关于假设开发法的说法，错误的是(　　)。

A. 运用假设开发法估计，开发完成后的价值可以采取收益法求取

B. 测算投资利息和开发利润只有在传统方法中才需要

C. 假设开发法中测算的"扣除项目"金额本质上应是预测的扣除项目在未来发生时的值

D. 在预测开发完成后的价值时，应将估价作业时的类似房地产市场价格作为开发完成后的价值

13. 某房产开发项目建筑面积3 850平方米，建设期2年，根据市场调查分析，该项目建成时可售出50%，半年和一年后分别售出30%和20%，出售时平均单价为2 850元/平方米，折现率为15%，开发完成后的房地产于建设初期的价值为(　　)万元。

A. 572.21　　B. 765.85　　C. 791.24　　D. 912.62

14. 运用假设开发法评估时，开发完成后的价值不适用(　　)求取。

A. 市场法　　B. 成本法　　C. 收益法　　D. 长期趋势法

15. 在假设开发法的传统方法中，一般不计利息的项目为(　　)。

A. 待开发房地产价值　　B. 管理费用

C. 销售税费　　　　　　　　　　　　　　D. 购买待开发房地产应负担的税费

16. 关于假设开发法中静态分析法和动态分析法的说法，错误的是(　　)。

A. 静态分析法中应根据价值时点的房地产市场状况测算后续建设成本

B. 动态分析法中要进行现金流量预测

C. 静态分析法中投资利息和开发利润都不显现出来，而是隐含在折现过程中

D. 动态分析法中要考虑各项收入、支出发生的时间点

17. 假设开发法中，同一估价对象在业主自行开发、自愿转让开发、被迫转让开发三种估价前提下的评估值由大到小的顺序通常是(　　)。

A. 业主自行开发、自愿转让开发、被迫转让开发

B. 自愿转让开发、业主自行开发、被迫转让开发

C. 被迫转让开发、自愿转让开发、业主自行开发

D. 自愿转让开发、被迫转让开发、业主自行开发

18. 利用收益法或假设开发法评估房地产的投资价值，采用的报酬率或折现率应是(　　)。

A. 典型投资者所要求的社会一般报酬率

B. 典型投资者所要求的社会最高报酬率

C. 特定投资者所要求的最低报酬率

D. 特定投资者所要求的最高报酬率

19. 关于假设开发法估价中调查房地产开发用地状况的说法，错误的是(　　)。

A. 弄清规划条件主要是为了选取最佳开发利用方式

B. 弄清土地权益状况主要是为了预测开发完成后的房地产市场价格、租金等

C. 弄清土地区位主要是为了确定房地产已投入成本的合理性

D. 弄清土地实物状况主要是为了预测后续开发的必要支出

20. 运用假设开发法中的静态分析法估价，采用直接成本利润率计算后续开发的应得利润时，计算基数不包括(　　)。

A. 待开发房地产价值　　　　　　　　　　B. 后续的建设成本

C. 后续的管理费用　　　　　　　　　　　D. 开发房地产取得税费

四、多项选择题

1. 计算建筑期利息需考虑的参数是(　　)。

A. 实际工期　　　　　　　　　　　　　　B. 平均投入资金额

C. 贷款利率　　　　　　　　　　　　　　D. 额定工期

2. 假设开发法中的投资利润是以(　　)为计算基础的。

A. 专业费用　　　　B. 投资利息　　　　C. 售楼价　　　　D. 地价

E. 建筑费用

3. 运用剩余法评估待拆迁改造的再开发地产时,其开发建筑成本费用包括(　　)。

A. 建筑承包商利润　　B. 建筑设计费
C. 拆迁费用　　D. 青苗补偿费
E. 劳动安置费用

4. 运用假设开发法评估地产,其中全部预付资本主要包括(　　)。

A. 专业费用　　B. 各种税费　　C. 建筑费用　　D. 资金成本
E. 地价

5. 假设开发法中,按传统方法需要计算利息的项目有(　　)。

A. 待开发房地产的价值　　B. 开发成本和管理费用
C. 销售税费　　D. 待开发房地产取得税费
E. 开发利润

6. 预期原理是(　　)等估价方法的理论依据。

A. 市场比较法　　B. 收益法　　C. 成本法　　D. 假设开发法
E. 路线价法

7. 在实际估价中,运用假设开发法估价结果的可能性关键取决于(　　)。

A. 房地产具有开发或者再开发的潜力
B. 将预期原则作为理论依据
C. 正确判断了房地产的最佳开发方式
D. 正确量化了已经获得的收益和风险
E. 正确预测了未来开发完成后的房地产价值

8. 假设开发法中,选择最佳的开发利用方式最重要的是要选择最佳用途,而最佳用途的选择要考虑土地位置的(　　)。

A. 可及性　　B. 保值增值性
C. 现实社会需要程度　　D. 未来发展趋势
E. 固定性

9. 假设开发法中开发完成后的房地产在出租、营业或自用的情况下,开发经营期为(　　)。

A. 开发期+经营期　　B. 开发期+运营期
C. 开发期+经营期-前期-建造期　　D. 开发期+运营期-前期-建造期
E. 前期+建造期+经营期

10. 假设开发法中求取在建工程价值的扣除项目有(　　)。

A. 土地取得成本　　B. 续建管理费用
C. 续建投资利息　　D. 续建完成后房地产销售费用
E. 取得在建工程的税费

11. 某房地产开发企业拟在2012年10月18日取得一宗房地产开发用地，预计该用地取得后2年建成商品房，前期勘察设计约需6个月。建成前半年开始销售，销售期为1年。下列选项中，正确的有(　　)。

A. 利用假设开发法测算土地总价，估价时点为2012年10月18日

B. 利用假设开发法测算土地总价，估价时点为2013年4月18日

C. 开发经营期为2012年10月18日至2014年10月18日

D. 建设期为2012年10月18日至2014年10月18日

E. 销售期为2014年4月18日至2015年4月18日

12. 假设开发法评估待开发土地价值时，选取最佳的开发利用方式包括选取最佳的(　　)。

A. 区位　　B. 用途　　C. 档次　　D. 周围环境

E. 建筑规模

13. 关于假设开发法中开发完成后的价值的说法，正确的有(　　)。

A. 静态分析法中开发完成后的价值是开发完成后的房地产状况在价值时点的房地产市场状况下的价值

B. 动态分析法中对适宜预售的房地产，开发完成后的价值是开发完成后的房地产状况在预售时的房地产市场状况下的价值

C. 评估酒店等在建工程的价值时，预测开发完成后的价值可以包含家具、设备及特许经营权的价值

D. 可用成本法根据当前的客观成本及应得利润测算开发完成后的价值

E. 被迫转让开发前提下开发完成后的价值要低于自愿转让开发前提下开发完成后的价值

14. 在假设开发法估价中，为确定估价对象的最佳开发利用方式，应确定的主要内容有(　　)。

A. 用途　　B. 区位　　C. 建筑规模　　D. 建筑档次

E. 房地产开发出让

15. 关于假设开发法的动态分析中预测开发完成后的房地产价值的说法，正确的有(　　)。

A. 通常是未来开发完成后的房地产状况所对应的价值

B. 通常是未来开发完成后的房地产在价值时点房地产市场状况下的价值

C. 通常是未来开发完成之时房地产市场状况下的价值

D. 不宜将类似房地产的市场价格直接“平移”过来作为预算结果

E. 不能采用成本法求取开发完成后的房地产价值

五、简答题

1. 简述假设开发法的步骤。

2. 简述假设开发法的适用范围。

六、计算与分析题

1. 待估宗地为待开发建设的“七通一平”空地，面积2 000平方米，允许用途为住宅建设，允许容积率为6，覆盖率为≤50%，土地使用权年限为70年。要求按假设开发法估测该宗地公平市场价值。有关数据如下：

预计建设期为2年，第一年投入60%的总建设费，第二年投入40%的总建设费，总建设费预计为1 000万元。专业费用为总建设费用的6%，利息率为10%，利润率为20%，售楼费用及税金等综合费率为售楼价的5%。假设住宅楼建成后即可全部售出，楼价预计为3 000元/平方米，折现率10%。

2. 有一宗已“七通一平”的待开发建设的空地，土地面积为3 200平方米，建筑容积率为2.5，拟开发建设为公寓。土地使用权年期为50年。据市场调查和项目可行性分析，该项目建设开发周期为3年，取得土地使用权后即可动工，建成后即可对外出租，出租率估计为90%，每建筑平方米的年租金预计为300元，年出租费用为年租金的25%。建筑费预计每建筑平方米1 000元，专业费为建筑费的10%，建筑费和专业费在建设期内均匀投入。假设当地银行贷款利率为7%，不动产综合还原利率为8%，开发商要求的总利润为所开发不动产总价的15%。

试评估该宗土地的地价。计算结果以元为单位，取整。

CHAPTER 8 第8章 长期趋势法

8.1 长期趋势法的基本原理

8.1.1 长期趋势法的概念

长期趋势法是运用预测科学的有关理论和方法，特别是时间序列分析和回归分析，对房地产的未来价格做出推测、判断的方法。①

8.1.2 长期趋势法的理论依据

房地产价格通常有上下波动，在短期内难以看出其变动规律和发展趋势，但从长期来看，会显现出一定的变动规律和发展趋势。因此，当需要评估(通常是预测)某宗(或某类)房地产的价格时，可以搜集该宗(或该类)房地产过去较长时期的价格资料，并按照时间的先后顺序将其编排成时间序列，从而找出该宗(或该类)房地产的价格随时间变化而变动的过程、方向、程度和趋势，然后进行外延或类推，这样就可以做出对该宗(或该类)房地产的价格在估价时点(通常为未来)比较肯定的推测和科学的判断，即评估出该宗(或该类)房地产的价格。

8.1.3 长期趋势法适用的对象和条件

长期趋势法是根据房地产价格在长期内形成的规律做出判断，借助历史统计资料和现实调查资料来推测未来，通过对这些资料的统计、分析得出一定的变动规律，并假定其过去形成的趋势在未来继续存在。所以，长期趋势法适用的对象是价格无明显季节波动的房地产，适用的条件是拥有估价对象或类似房地产的较长时期的历史价格资料，而且所拥有的历史价格资料要真实。拥有越长时期、越真实的历史价格资料，做出的推测、判断就越准确、越可信，因为长期趋势可以消除房地产价格的短期上下波动和意外变动等不规则变动。

---

① 中国房地产估价师与房地产经纪人学会. 房地产估价理论与方法，2006.

8.1.4 长期趋势法的操作步骤

长期趋势法估价一般分为下列四个步骤进行：

(1) 搜集估价对象或类似房地产的历史价格资料，并进行检查、鉴别，以保证其真实、可靠。

(2) 整理上述搜集到的历史价格资料，将其化为同一标准(如为单价或楼面地价，方法与市场法中建立价格可比基础的方法相同)，并按照时间的先后顺序将它们编排成时间序列，画出时间序列图。

(3) 观察、分析这个时间序列，根据其特征选择适当、具体的长期趋势法，找出估价对象的价格随时间变化而出现的变动规律，得出一定的模式(或数学模型)。

(4) 以此模式去推测、判断估价对象在估价时点的价格。

具体的长期趋势法主要有数学曲线拟合法、平均增减量法、平均发展速度法、移动平均法和指数修匀法。以下分节进行介绍。

8.2 数学曲线拟合法

数学曲线拟合法主要应用的是"最小平方法"(又称最小二乘法)，是依据动态数列的观察值和趋势值的离差平方和为最小值 $\sum(Y-\hat{Y})^2=\min$ 的基本要求，拟合一种趋势模型，然后利用多元函数求极值的方法，推导出标准联立方程组，并求其参数，进而测定各期的趋势值，形成一条较为理想的趋势线。根据所形成的趋势线的形状可分为直线趋势法、指数曲线趋势法和二次抛物线趋势法。住宅和工业类房地产的价格随时间呈直线线性趋势者较多，而商业和综合类房地产的价格随时间呈曲线线性趋势者居多。

8.2.1 直线趋势模型

如果动态数列的逐期增长量大致相等，或散点图观察现象的变动近似一条直线，就可以对现象的变动趋势拟合成直线趋势模型。在这种条件下，如果以 Y 表示各期的房地产价格，X 表示时间，则 X 为自变量，Y 为因变量，Y 依 X 而变。所以，房地产价格与时间的关系可用下列方程式来描述：

$$\hat{Y}=a+bX$$

上式中，a、b 为未知参数。如果确定了它们的值，直线的位置也就确定了。建立一个函数：$Q=\sum(Y-\hat{Y})^2=\sum(Y-a-bX)^2$，函数要求 Q 为最小值，则当 Q 的一阶导数为零时，出现极值。

$$\frac{\partial Q}{\partial a} = 0$$

$$\frac{\partial Q}{\partial b} = 0$$

即

$$\sum 2(Y - a - bX)^{-1} = 0$$

$$\sum 2(Y - a - bX)^{-X} = 0$$

经过整理得出下列求解待定系数 a、b 的标准方程：

$$\sum Y = Na + b\sum X$$

$$\sum XY = a\sum X + b\sum X^2$$

求出

$$b = \frac{\begin{vmatrix} N & \sum Y \\ \sum X & \sum XY \end{vmatrix}}{\begin{vmatrix} N & \sum X \\ \sum X & \sum X^2 \end{vmatrix}} = \frac{N\sum XY - \sum X \sum Y}{N\sum X^2 - \left(\sum X\right)^2}$$

$$a = \frac{\sum Y}{N} - b\,\frac{\sum X}{N} = \overline{Y} - b\overline{X}$$

用简便方法计算。为了简化计算过程，a、b 两参数还可以采用简捷法计算$\left(\text{假设让} \sum X = 0\right)$，则公式变成

$$b = \frac{\sum XY}{\sum X^2}$$

$$a = \frac{\sum Y}{N}$$

由于直线趋势模型以时间为序号，因而可以设任一时间为原点，把动态数列的原点移至数列中间时，$\sum X = 0$。上式中，N 为时间序列的项数；$\sum X$、$\sum X^2$、$\sum Y$、$\sum XY$ 的数值可以分别从时间序列的实际值中求得。当时间序列的项数为奇数时，设中间项的 $X=0$，中间项之前的项依次设为 -1，-2，-3，…中间项之后的项依次设为 1，2，3，…当时间序列的项数为偶数时，以中间两项相对称，前者依次设为 -1，-3，-5，…后者依次设为 1，3，5，…

例 8.1　某类房地产 2003—2011 年的价格如表 8-1 中第 2 列所示，试预测该类房地产 2012 年和 2013 年的价格。

表 8-1　某类房地产 1997—2005 年的价格　　元/平方米

年份	房地产价格 Y	X	XY	X^2	趋势值($a+bX$)
2003	2 200	1	2 200	1	1 982.22
2004	2 400	2	4 800	4	2 367.22
2005	2 700	3	8 100	9	2 752.22
2006	3 000	4	12 000	16	3 137.22
2007	3 400	5	17 000	25	3 522.22
2008	3 800	6	22 800	36	3 907.22
2009	4 200	7	29 400	49	4 292.22
2010	4 700	8	37 600	64	4 677.22
2011	5 300	9	47 700	81	5 062.22
总计	31 700	45	181 600	285	

(1) 用一般方法计算。

解：

$$b=\frac{N\sum XY-\sum X\sum Y}{N\sum X^2-\left(\sum X\right)^2}=\frac{9\times 181\,600-45\times 31\,700}{9\times 285-45^2}=385$$

$$a=\frac{\sum Y}{N}-b\frac{\sum X}{N}=\frac{31\,700}{9}-385\times\frac{45}{9}=1\,597.22$$

因此，描述该类房地产价格变动长期趋势线的方程为

$$Y=a+bX=1\,597.22+385X$$

根据该方程计算的 2003—2011 年该类房地产价格的趋势值见表 8-1 第 6 列。

预测该类房地产 2012 年的价格为

$$Y=1\,597.22+385X=1\,597.22+385\times 10=5\,447.22(\text{元}/\text{平方米})$$

预测该类房地产 2013 年的价格为

$$Y=1\,597.22+385X=1\,597.22+385\times 11=5\,832.22(\text{元}/\text{平方米})$$

(2) 用简便方法计算。

令 $\sum X=0$。因为 $N=9$，因此设中间项的 $X=0$。

表 8-2 某类房地产 2003—2011 年的价格 元/平方米

年份	房地产价格 Y	X	XY	X^2	趋势值$(a+bX)$
2003	2 200	−4	−8 800	16	1 982.22
2004	2 400	−3	−7 200	9	2 367.22
2005	2 700	−2	−5 400	4	2 752.22
2006	3 000	−1	−3 000	1	3 137.22
2007	3 400	0	0	0	3 522.22
2008	3 800	1	3 800	1	3 907.22
2009	4 200	2	8 400	4	4 292.22
2010	4 700	3	14 100	9	4 677.22
2011	5 300	4	21 200	16	5 062.22
总计	31 700	0	23 100	60	

$$a=\frac{\sum Y}{N}=\frac{31\,700}{9}=3\,522.22$$

$$b=\frac{\sum XY}{\sum X^2}=\frac{23\,100}{60}=385$$

因此，描述该类房地产价格变动长期趋势线的方程为

$$Y=a+bX=3\,522.22+385X$$

根据该方程计算的 2003—2011 年该类房地产价格的趋势值见表 8-2 第 6 列。

预测该类房地产 2012 年的价格为

$$Y=3\,522.22+385X=3\,522.22+385\times 5=5\,447.22(\text{元}/\text{平方米})$$

预测该类房地产 2013 年的价格为

$$Y=3\,522.22+385X=3\,522.22+385\times 6=5\,832.22(\text{元}/\text{平方米})$$

8.2.2 曲线趋势模型

(1) 如果动态数列的发展变化大体表现为二次曲线，就可以将现象的变化趋势拟合为二次曲线模型：$Q=\sum(Y-a-bX-cX)^2$。求极值得出 a、b、c 的标准方程：

$$\sum Y=Na+b\sum X^2+c\sum X^2$$

$$\sum XY=N\sum X+b\sum X^2+c\sum X^3$$

$$\sum X^2Y=a\sum X^2+b\sum X^3+c\sum X^4$$

用简捷方法的标准联立方程组为

$$\sum Y = Na + c\sum X^2$$
$$\sum XY = b\sum X^2$$
$$\sum X^2 Y = a\sum X^2 + c\sum X^4$$

解方程组求出 a、b、c，带入$\hat{Y}=a+bX+cX^2$。

（2）指数曲线模型。如果动态数列中各期的环比发展速度（或环比增长速度）大体相等，说明现象的发展大体表现为指数曲线，则可以将现象的变动趋势拟合为指数曲线模型。$\hat{Y}=ab^X$，$\lg\hat{Y}=\lg a+X\lg b$。设 $A=\lg a$，$B=\lg b$，根据最小平方法原理，推导出标准方程$\hat{Y}=A+BX$。用直线法求出 A、B，然后带入 $A=\lg a$，$B=\lg b$，求出 a、b，建立趋势线进行预测。

8.3　平均增减量法

平均增减量法适用于变量时间序列的逐期增减量大致相同的情况。此时，未来变量的预测可以通过即期值与平均增减量乘于期数差的和来计算。

平均增减量法的基本公式为

$$V_i = P_0 + d \times i$$
$$d = \frac{\sum (P_n - P_{n-1})}{n} = \frac{P_n - P_0}{n}$$

式中，V_i 为第 i 期（可为年、半年、季、月等，下同）房地产价格的趋势值；i 为时期序数，$i=1,2,\cdots,n$；P_0 为基期房地产价格的实际值；d 为逐期增减量的平均数；P_i 为第 i 期房地产价格的实际值。

例 8.2　需要预测某宗房地产 2012 年、2013 年的价格，已知该类房地产 2007—2011 年的价格及其逐年上涨额如表 8-3 中第 2 列和第 3 列所示。

表 8-3　某类房地产 2007—2011 年的价格　　元/平方米

年份	房地产价格的实际值	逐年上涨额	房地产价格的趋势值
2007	681		
2008	713	32	714.5
2009	746	33	748.0
2010	781	35	781.0
2011	815	34	815.0

解：从表 8-3 中可知，该类房地产 2007—2011 年价格的逐年上涨额大致相同。据此，就可以计算 4 年的逐年上涨额的平均数，并用该逐年上涨额的平均数推算出各年的趋势值。

本例房地产价格逐年上涨额的平均数为

$$d = (32 + 33 + 35 + 34)/4 = 33.5(\text{元} / \text{平方米})$$

据此预测该宗房地产 2012 年的价格为

$$V_5 = 681 + 33.5 \times 5 = 848.5(\text{元} / \text{平方米})$$

如果利用上述资料预测该宗房地产 2013 年的价格，则为

$$V_6 = 681 + 33.5 \times 6 = 882.0(\text{元} / \text{平方米})$$

例 8.2 运用逐年上涨额的平均数计算趋势值，基本接近于实际值。但需要注意的是，如果逐期上涨额时起时伏，很不均匀，也就是说，时间序列的变动幅度较大，那么计算出的趋势值与实际值的偏离也随之增大。这意味着运用这种方法评估出的房地产价格的正确性随之降低。

运用平均增减量法进行估价的条件是，房地产价格的变动过程是持续上升或下降的，且各期上升或下降的数额大致接近，否则就不适宜采用这种方法。

由于越接近估价时点的增减量对估价更为重要，因此，对过去各期的增减量如果能用不同的权数予以加权后再计算其平均增减量，则更能使评估价值接近或符合实际。至于在估价时究竟应采用哪种权数予以加权，一般需要根据房地产价格的变动过程和趋势，以及估价人员的经验来判断确定。对于例 8.2 中 4 年的逐年上涨额，可选用表 8.4 中各种不同的权数予以加权。表 8.4 中的权数是根据一般惯例进行假设的。

表 8-4 权数的种类

年份	第一种权数	第二种权数	第三种权数
2008	0.1	0.1	0.1
2009	0.2	0.2	0.1
2010	0.3	0.2	0.2
2011	0.4	0.5	0.6

例 8.2 如果采用表 8-4 中的第二种权数进行加权，则 4 年的逐年上涨额的加权平均数为

$$d = 32 \times 0.1 + 33 \times 0.2 + 35 \times 0.2 + 34 \times 0.5 = 33.8(\text{元} / \text{平方米})$$

用这个逐年上涨额的加权平均数预测房地产 2012 年的价格为

$$V_6 = 681 + 33.8 \times 5 = 850.0(\text{元} / \text{平方米})$$

8.4　平均发展速度法

平均发展速度法适用的条件是：变量的变动过程是持续上升或下降的，并且各期上升或下降的幅度大致接近。这时，未来变量的预测可以通过即期值与平均发展速度的期数差次乘幂的乘积来计算。

计算公式如下：

$$V_i = P_0 \times t^{i-1}$$

$$t = \sqrt[n]{\frac{P_1}{P_0} \times \frac{P_2}{P_1} \times \cdots \times \frac{P_i}{P_{i-1}} \times \cdots \times \frac{P_n}{P_{n-1}}} = \sqrt[n]{\frac{P_n}{P_0}}$$

式中，t 为平均发展速度。

例 8.3　需要预测某宗房地产 2012 年、2013 年的价格，已知该类房地产 2007—2011 年的价格及其逐年上涨速度如表 8-5 中第 2 列和第 3 列所示。

表 8-5　某类房地产 2007—2011 年的价格

年份	房地产价格的实际值/(元/平方米)	逐年上涨速度/%	房地产价格的趋势值/(元/平方米)
2007	560	—	—
2008	675	120.5	678
2009	820	121.5	820
2010	985	120.1	992
2011	1 200	121.8	1 200

从表 8-5 中可知，该类房地产 2007—2011 年价格的逐年上涨速度大致相同，据此可以计算 4 年的平均上涨速度，并用平均上涨速度推算出各年的趋势值。

本例房地产价格的平均发展速度为

$$t = \sqrt[4]{\frac{1\,200}{560}} = 1.21$$

即平均每年上涨 21%。据此预测该宗房地产 2012 年的价格为

$$V_6 = 560 \times 1.21^5 = 1\,452\text{（元 / 平方米）}$$

如果利用上述资料预测该宗房地产 2013 年的价格，则为

$$V_7 = 560 \times 1.21^6 = 1\,758\text{（元 / 平方米）}$$

与平均增减量法类似，由于越接近估价时点的发展速度对估价越重要，因此，对过去各期的发展速度如果能用不同的权数予以加权后再计算其平均发展速度，则更能使评估价值接近或符合实际。至于在估价时究竟应采用哪种权数予以加权，一般需要根据房地产价格的变动过程和趋势，以及估价人员的经验来判断确定。

8.5 移动平均法

移动平均法是对原有价格按照时间序列进行修匀，即采用逐项递移的方法分别计算一系列移动的时序价格平均数，形成一个新的派生平均价格的时间序列，借以消除价格短期波动的影响，显现出价格变动的基本发展趋势。在运用移动平均法时，一般应按照房地产价格变化的周期长度进行移动平均。在实际运用中，移动平均法有简单移动平均法和加权移动平均法之分。

8.5.1 简单移动平均法

例 8.4 某类房地产 2012 年各月的价格如表 8-6 中第 2 列所示。由于各月的价格受某些不确定因素的影响，时高时低，变动较大，如果不予以分析，不易显现其发展趋势。如果把每几个月的价格加起来计算其移动平均数，建立一个移动平均数时间序列，就可以从平滑的发展趋势中明显地看出其发展变动的方向和程度，进而可以预测未来的价格。

表 8-6 某类房地产 2012 年各月的价格 元/平方米

月份	房地产价格的实际值	每 5 个月的移动平均数	移动平均数的逐月上涨额
1	670		
2	680		
3	690	684	
4	680	694	10
5	700	704	10
6	720	714	10
7	730	726	12
8	740	738	12
9	740	750	12
10	760	762	12
11	780		
12	790		

在计算移动平均数时，每次应采用几个月来计算，需要根据时间序列的序数和变动周期来决定。如果序数多、变动周期长，则可以采用每 6 个月甚至每 12 个月来计算；反之，则可以采用每 2 个月或每 5 个月来计算。对本例房地产 2012 年的价格，采用每 5 个月的实际值计算其移动平均数。计算方法是：把 1—5 月的价格加起来除以 5，得 684 元/平方米；把 2—6 月的价格加起来除以 5，得 694 元/平方米；把 3—7 月的价格加起来除以 5，得 704 元/平方米。依此类推，见表 8-6 中第 3 列。再根据每 5 个月的移动平均数计算其逐月的上涨额，见表 8-6 中第 4 列。

假如需要预测该类房地产 2013 年 1 月的价格，则计算方法如下：由于最后一个移动平均数 762 与 2013 年 1 月相差 3 个月，所以预测该类房地产 2013 年 1 月的价格为

$$762 + 12 \times 3 = 798 \text{（元 / 平方米）}$$

8.5.2　加权移动平均法

加权移动平均法是将估价时点前每若干时期的房地产价格的实际值经过加权之后，再采用类似简单移动平均法的方法进行趋势估计。加权移动平均法是依据各期的重要性，给予不同的权数用以计算 K 期移动平均数。当我们要预测某一期的数值时，通常最近一期的影响最大，而前几期的影响较小。因此，最近一期的权数应与其他前期的权数不同。

8.6　指数修匀法

指数修匀法是以本期的实际值和本期的预测值为根据，经过修匀之后得出下一时期预测值的一种预测方法。这里仅介绍最简单的一阶加权平均数，公式如下：

$$\begin{aligned} F_{t+1} &= aY_t + (1-a)F_t = F_t + a(Y_t - F_t) \\ &= \text{第 } t \text{ 期预测值} + \text{第 } t \text{ 期预测误差} \end{aligned}$$

式中，F_{t+1} 为 $t+1$ 期的预测值；Y_t 为 t 期的实际观测值；F_t 为 t 期的预测值；a 为平滑指数（$0 \leqslant a \leqslant 1$）。

若时间数列的规则变动（随机变异）较大，则平滑指数 a 应较小，以避免因大的预测误差而影响预测值。

F_1 为第 1 期的预测值，但因无第 1 期以前的数据，故一般以第 1 期的观测值为预测值。

距预测期越近的观测值影响越大，距预测期越远的观测值对预测值影响越小，因 Y_t，Y_{t-1}，…，Y_1 的权数随着 $1-a$ 的指数增加而递减。较小 a 的值产生较平滑的曲线，较大 a 的值产生较不平滑的曲线。

8.7　长期趋势法的应用

因为房地产价格只有在房地产交易中才能体现出来，对某一具体房地产来说，不可能在过去的各历史时间上进行频繁的交易，要想收集某一具体房地产价格的大量时间序列资料是不可能的。我们固然可以用其他独立的评估方法评估出某一房地产在过去各时点上的价格，但评估价格本身带有主观性因素，不能真实反映房地产价格随时间变化的内在规律，会使本方法的应用过于烦琐和缺乏可操作性。再者，某一具体房地产的价格受其个别因素的影响较大，其价格随时间的变化很难出现较规则的变化规律，这也使长期趋势法

的应用显得困难。所以，长期趋势法在房地产评估中的应用，重点不在于对单个房地产价格的评估，而主要是对某类房地产价格在未来时点上的价格预测和推断。此点必须明确，否则会误导或限制本方法的应用。

具体来说，长期趋势法评估房地产价格主要应用于以下几个方面：一是可以预测各类房地产价格未来的变动趋势，为政府合理制定房地产价格政策，引导房地产开发投资方向提供决策参考；二是可以预测各类房地产价格在未来某时点上的平均价格水平，为政府定期颁布各类房地产价格指数提供科学依据；三是可以用于各类房地产价格之间价位水平的比较和发展趋势的比较，便于掌握各类房地产价格的比例关系；四是可以用于房地产估价的市场比较法中对有关比较实例价格进行交易日期的修正；五是可以用于房地产估价的成本估价法中对建造建筑物重置价值的估算；六是可以用于土地基准地价、标定地价和各类房屋重置造价的动态监测和调整；七是可以填补某类房地产价格历史资料的缺乏。[①]

一、名词解释

1. 长期趋势法　　2. 直线趋势模型　　3. 移动平均法
4. 指数修匀法　　5. 平均增减量法

二、判断题

1. 运用平均增减量法进行估价的条件是，房地产价格的变动过程是波动的，且各期上升或下降的数额大致接近。

2. 运用平均发展速度法进行估价的条件是，房地产价格的变动过程是持续上升或下降的，且各期上升或下降的幅度大致接近。

3. 移动平均法是对原有价格按照时间序列进行修匀，即采用逐项递移方法分别计算一系列移动的时序价格平均数，形成一个新的派生平均价格的时间序列，借以消除价格短期波动的影响，显现出价格变动的基本发展趋势。

4. 加权移动平均法是将房地产价格变动前每若干时期的房地产价格的实际值经过加权之后，再采用类似简单移动平均的方法进行趋势估计。

5. 长期趋势法适用对象是价格有明显季节波动的房地产，适用的条件是拥有估价对象或类似房地产较长时期的历史价格资料，而且所拥有的历史价格资料必须真实。

6. 根据市场调查，获知某类房地产 2008—2012 年的价格逐年上涨，分别为 3 500 元/平方米、3 700 元/平方米、3 950 元/平方米、4 250 元/平方米、4 550 元/平方米。运用平均

① 杜葵，钱永峰. 长期趋势法评估房地产价格应注意的两个问题. 基建优化，1999，(20).

发展速度法预测，该类房地产 2013 年的价格高于 4 800 元/平方米。

7. 长期趋势法是运用预测科学的有关理论和方法，根据房地产在未来较长时期内获得收益的变动规律，推测和判断房地产价格的方法。

8. 运用平均发展速度法进行预测的条件是，房地产价格的变动过程是持续上升或持续下降的，并且各期上升或下降的数额大致相同。

9. 运用长期趋势法估价时，若历史价格受短期波动影响较大，可采用加权移动平均法进行趋势分析。

10. 利用加权移动平均法在计算移动平均数时，根据越是近期的数据对预测值影响越小这一特点，对近期的数据给予较小权重。

三、单项选择题

1. 某地区商品住宅价格 2010—2014 年分别为 681 元/平方米、712 元/平方米、744 元/平方米、781 元/平方米和 815 元/平方米。采用平均增减量法预测该地区商品住宅 2016 年的价格为(　　)元/平方米。

A. 849　　B. 865　　C. 882　　D. 915

2. 长期趋势法适用的对象，下列最佳表述为(　　)。

A. 从短期内难以看出房地产价格变动规律和趋势，但从长期看，可以显现出一定的变动规律和发展趋势的房地产

B. 从短期内或长期内都难以看出房地产价格变动规律和趋势，但从长期来看，可以找到一定的时间序列数据，利用这些数据可以推知未来房地产价格变动的房地产

C. 目前没有开发，但未来将会进行开发的房地产，由于目前无类似价格可以比较，但根据未来发展趋势一定要找到类似比较案例的房地产

D. 从短期内通常难以看出房地产价格变动规律和趋势，但从长期看，会显现出一定变动规律和发展趋势。长期趋势法适用于价格无明显季节波动的房地产

3. 某城市某类房地产的当期实际价格水平为 3 600 元/平方米，预测值为每平方米 3 630 元/平方米，修匀常数为 0.65，则下一期房地产的预测值为(　　)元/平方米。

A. 3 610.5　　B. 3 619.5　　C. 3 711.5　　D. 3 719.5

4. 某地区商品住宅价格 2007—2012 年分别为 3 100 元/平方米、3 260 元/平方米、3 440 元/平方米、3 620 元/平方米、3 800 元/平方米、3 980 元/平方米，采用平均发展速度法预测 2013 年住宅价格为(　　)元/平方米。

A. 4 120　　B. 4 149　　C. 4 184　　D. 4 216

5. 某类房地产 2011 年年初至 2015 年年初的价格分别为 2 300 元/平方米、2 450 元/平方米、2 650 元/平方米、2 830 元/平方米和 3 000 元/平方米，其增减量的权重分别为 0.1、0.3、0.2 和 0.4，按平均增减量法估计，以 2011 年初为预测基期，则该类房地产与

2016年年初的价格最接近于(　　)元/平方米。

A. 3 100　　B. 3 195　　C. 3 285　　D. 3 300

6. 当房地产价格的变动过程持续上升或者下降，并且各期上升或下降的数额大致接近时，宜采用(　　)预测房地产的未来价格。

A. 数学曲线拟合法　　B. 平均增减量法

C. 平均发展速度法　　D. 移动平均法

7. 某城市2010年和2015年普通商品房的平均价格分别是3 500元/平方米和4 800元/平方米，采用平均发展速度法预测2018年的价格最接近于(　　)元/平方米。

A. 4 800　　B. 5 124　　C. 5 802　　D. 7 124

8. 利用直线趋势法对某类商品住宅2006—2015年的平均价格进行分析，拟合成一直线趋势方程$Y=3\,522+385X$，其中Y为商品住宅价格，X为时间，$\sum X=0$。经验证该方程拟合度较高，则利用该方程预测该类商品住宅2016年的平均价格为(　　)元/平方米。

A. 5 447　　B. 5 832　　C. 6 987　　D. 7 757

9. 在运用长期趋势法测算房地产未来价格时，当房地产价格的变动过程是持续上升或者下降的，并且各期上升或下降的幅度比率大致接近时，则宜选用(　　)进行测算。

A. 平均增减量法　　B. 平均发展速度法

C. 移动平均法　　D. 指数修匀法

10. 在房地产估价中，长期趋势法运用的假设前提是(　　)。

A. 过去形成的房地产价格变动趋势在未来仍然存在

B. 市场上能找到充分的房地产历史价格资料

C. 房地产市场在过去无明显的季节变动

D. 政府关于房地产市场调控的有关政策不会影响房地产的历史价格

11. 通过市场调研，获得某类房地产2012—2016年的价格分别为3 405元/平方米、3 565元/平方米、3 730元/平方米、3 905元/平方米、4 075元/平方米，则采用平均增减量法预测该类房地产2018年的价格为(　　)元/平方米。

A. 4 075.0　　B. 4 242.5　　C. 4 410.0　　D. 4 577.5

12. 通过市场调查获知，某地区2011—2014年普通商品住宅平均价格水平分别为4 682元/平方米、4 887元/平方米、5 037元/平方米、5 192元/平方米。若采用平均增减量法预测，则该地区普通商品住宅2016年的价格为(　　)元/平方米。

A. 5 362　　B. 5 374　　C. 5 532　　D. 5 702

13. 直线趋势法$y=a+bX$中的常数a、b是由(　　)决定的。

A. 房地产的历史价格资料　　B. 房地产的未来价格资料

C. 房地产的现实价格资料　　D. 房地产的历史、现时和未来价格资料

的总和

14. 某类商品房2011—2015年的售价分别为6 000元/平方米、6 300元/平方米、6 678元/平方米、7 212元/平方米、7 645元/平方米。利用平均增减量法，则该类商品房2016年的价格为(　　)元/平方米。

A. 7 974.00　　B. 8 023.00　　C. 8 056.25　　D. 8 078.00

15. 某类房地产2011—2015年的价格见下表，根据平均发展速度法，预测该类房地产2016年的价格为(　　)元/平方米。

某类房地产2011—2015年的价格　　元/平方米

年份	2011	2012	2013	2014	2015
房地产价格	3 800	5 000	6 400	7 800	9 000

A. 10 300　　B. 10 400　　C. 11 165　　D. 11 265

四、多项选择题

1. 长期趋势法运用预测科学的有关理论和方法，特别是(　　)。

A. 特尔菲法　　B. 时间序列分析　　C. 回归分析　　D. 经验分析

2. 下列关于长期趋势法描述正确的有(　　)。

A. 长期趋势法是根据房地产价格在过去长期内形成的规律作出判断

B. 长期趋势法是借助历史统计资料和现实调查资料来推测未来，通过对这些资料的统计、分析得出一定的变动规律，并假定其过去形成的趋势在未来继续存在

C. 长期趋势法适用的对象是价格无明显季节波动的房地产

D. 长期趋势法的适用条件是拥有估价对象或类似房地产的较长时期的历史价格资料，而且所拥有的历史资料要真实

3. 长期趋势法可以消除房地产价格的(　　)等不规则变动。

A. 短期上下波动　　B. 中期上下波动

C. 长期上下波动　　D. 意外波动

4. 长期趋势法包括(　　)等方法。

A. 数学曲线拟合法　　B. 平均增减量法

C. 平均发展速度法　　D. 年限法

E. 指数修匀法

5. 长期趋势法除了用于推测、判断房地产的未来价格外，还可用于(　　)等。

A. 收益法中预测未来的租金

B. 收益法中对可比实例成交价格进行交易情况调整

C. 填补某些房地产历史价格资料的缺乏

D. 比较分析两类以上房地产价格的潜力

E. 成本法中确定房地产的重新构建价格

6. 运用长期趋势法估价的一般步骤有(　　)。

A. 搜集估价对象或类似房地产的历史价格资料,并进行检查、鉴别

B. 整理搜集到的历史价格资料,画出时间序列图

C. 观察、分析时间序列,得出一定的模式

D. 以此模式去推测、判断估价对象在估价时点的价格

E. 对未来的价格进行分析和预测

7. 长期趋势法除了用于推测、判断房地产的未来价格,还可用于(　　)。

A. 假设开发法中开发完成后的房地产价值的预测

B. 收益法中未来租金、运营费用的预测

C. 成本法中对先前发生费用的正确性的校核

D. 市场比较法中对房地产状况进行调整

E. 某些缺乏的房地产历史价格资料的填补

8. 长期趋势法的作用主要有(　　)。

A. 用于收益法中预测未来的租金、空置率等

B. 用于市场法中对可比实例的成交价格进行市场状况调整

C. 用于成本法计算重置价格

D. 用来比较两类以上房地产价格的发展趋势与潜力

E. 用来填补某些房地产历史价格资料的缺乏

9. 下列房地产估价活动中,适用长期趋势法的有(　　)。

A. 比较某项目在不同档次商品房开发方式下的开发价值

B. 判断某经营性房地产的未来运营费用水平

C. 预测某地区限购政策出台后对房价的影响程度

D. 对可比实例进行市场状况调整

E. 对房地产市场中出现的新型房地产的价格进行评估

10. 某类房地产2007—2011年的价格见下表,关于平均增减量法适用条件及其价格趋势值的说法,正确的有(　　)。

某类房地产2007—2011年的价格　　元/平方米

年份	2007	2008	2009	2010	2011
价格	5 734	6 105	6 489	6 870	7 254

A. 房地产价格的变动过程应是持续上升或持续下降的

B. 各期房地产价格上升或下降的数额应大致相同

C. 2010 年的价格趋势值为 6 900 元/平方米

D. 2011 年的价格趋势值为 7 283 元/平方米

E. 2012 年的价格趋势值为 7 634 元/平方米

五、简答题

1. 试比较数学曲线拟合法、平均增减量法、平均发展速度法、移动平均法、指数修匀法的适用条件。

2. 长期趋势法评估房地产价格的主要应用方面。

六、计算与分析题

1. 某地区某类房地产 2010—2016 年的价格如下表所示。

某类房地产 2010—2016 年价格 元/平方米

年份	2010	2011	2012	2013	2014	2015	2016	2017
价格	1 800	2 000	2 100	2 300	2 500	2 800	3 000	?

根据直线趋势法,试预测该地区该类型房地产 2017 年的价格。

2. 某地区某类房地产 2010—2016 年的价格如下表所示。

某类房地产 2010—2016 年价格 元/平方米

年份	2010	2011	2012	2013	2014	2015	2016	2017
价格	1 800	2 000	2 190	2 410	2 620	2 810	3 000	?

根据平均增减量法进行估计,试测算该地区该类型房地产 2017 年的价格。计算过程中各年加权采用的权重如下表所示。

各年权重

年份	2010	2011	2012	2013	2014	2015	2016
权重		0.02	0.03	0.05	0.1	0.3	0.5

CHAPTER 9 第9章 路线价估价法

9.1 路线价估价法的含义和理论依据

9.1.1 路线价估价法的含义

路线价估价法是根据土地价值随距街道距离增大而递减的原理，在特定街道上设定单价，依此单价配合深度百分率表及其他修正率表，用数学方法来计算临接同一街道的其他宗地地价的一种估价方法。与市场法、收益法等估价方法相比，这种方法能对大量土地迅速估价，是评估大量土地时常用的一种方法。

所谓路线价，是指对面临特定街道而接近距离相等的市街土地设定标准深度，求取的该标准深度的若干宗地的平均单价。路线价估价法，在英、美早已施行，被应用于课税标准价格评定上。在美国，这种估价方法在技术上相当完善。日本在1923年最初采用这种方法，在关东大地震后为复兴城市办理市地重划事业时，用于确定科学的补偿金额标准，以后在课税方面也采用这种方法估价，在技术上也有独到之处。

9.1.2 路线价估价法的理论依据

路线价估价法认为市区各宗土地价值与其临街深度大小关系很大，土地价值随临街深度而递减。一宗地越接近道路，部分价值越高，离开街道越远，价值越低。临接同一街道的宗地根据可及性大小，可划分为不同的地价区段；以不同的路线价区段来表示宗地的不同可及性。在同一路线价区段内的宗地，虽然可及性基本相等，但由于宗地的深度、宽度、形状、面积、位置等仍有差异，可用性相差很大，所以需制定各种修正率，对路线价进行调整。因此，路线价估价法实质上也是市场法的一种。路线价是标准宗地的单位地价，可看做比较实例，对路线价进行的各种修正可视为因素修正。因此，路线价估价法的理论基础也是替代原理。根据上述原理，路线价估价法的关键在于标准宗地的确定、路线价的附设和深度修正率的确定。路线价估价结果的可信度，取决于路线价深度百分率及各种修正率的准确性。路线价估价法是否运用得当，还依赖于较为完整的道路系统和排列整齐的宗地以及完善合理的深度修正率表和其他条件修正率。

9.2　路线价估价法的计算公式

路线价估价法的计算公式有不同的表现形式，下面是常用的一种表达式：

宗地总价 = 路线价 × 深度百分率 × 临街宽度

如果宗地条件特殊，如宗地属街角地、两面临街地、三角形地、梯形地、不规则形地、袋地等，则需依下列公式计算：

宗地总价 = 路线价 × 深度百分率 × 临街宽度 × 其他条件修正率

或

宗地总价 = 路线价 × 深度百分率 × 临街宽度 ± 其他条件修正额

9.3　路线价估价法的适用范围

一般的土地估价方法如收益法、市场法仅适用于对单个宗地进行估价，路线价估价法则适用于同时对大量土地进行估价，特别适宜于土地课税、土地重划、征地拆迁等需要在大范围内对大量土地进行估价的场合。

9.4　路线价估价法的程序

路线价估价法的操作步骤主要包括以下内容：路线价区段的划分、标准深度的确定、路线价的评估、深度百分率表和其他修正率表的制作、土地宗地价格的计算。

9.4.1　路线价区段划分

地价相等、地段相连的地段一般划分为同一路线价区段。路线价区段为带状地段，街道两侧接近性基本相等的地段长度称为路线段长度。路线价区段一般以路线价显著增减的地点为界。原则上街道不同的路段，路线价也不相同。如果街道一侧的繁华状况与对侧有显著差异，同一路段也可划分为两种不同的路线价。繁华街道有时需要附设不同的路线价，住宅区用地区位差异较小，所以住宅区的路线段较长，甚至几个街道路线段都相同。路线价区段划分完毕，对每一路线段求取该路线段内标准宗地的平均地价，附设于该路线段上。

9.4.2　标准宗地和标准深度的确定

路线价是标准宗地的单位价格，路线价的设定必须先确定标准宗地面积。标准宗地是指从城市一定区域中沿主要街道的宗地中选定的深度、宽度和形状标准的宗地。标准深度是指标准宗地的临街深度。临街深度是指宗地离开街道的垂直距离。标准宗地的面积大小随各国而异。美国为使城市土地的面积单位容易计算，把位于街区中间宽 1 英尺、深 100 英尺的细长形地块作为标准宗地。日本运用路线价估价法之初，正是旧东京市时代，依其土地交易行情，普通是以正街深度 5 间的平均单价为衡量标准。因此为了便于计算，日本旧复兴局规定原则上采取宽 1 间、深 5 间作为标准宗地。现在日本的标准宗地则改为宽 3.63 米、深 16.36 米的长方形土地。实际估价中的标准深度，通常是路线价区段内临街各宗土地深度的众数。

9.4.3 路线价的评估

路线价的确定，主要采取两种方法：第一种是由熟练的估价员依买卖实例，用市场法等一般估价方法确定；第二种是采用路线价系数法或称评分方式，将形成土地价格的各种因素分成几个项目加以评分，然后合计，换算成附设于路线价上的点数。

第一种方法是各国通用的方法。根据选定的标准宗地的形状、大小评估标准宗地价格，根据标准宗地价格水平及街道状况、公共设施的接近情况、土地利用状况，划分地价区段，附设路线价。标准宗地价格计算适用宗地地价计算方法，如收益法、市场法等方法，或依市场买卖实例评定其价格。因此，对评价区域调查的买卖实例宗地，进行地价影响因素分析。实例宗地条件如果与标准宗地条件不同，应对不同条件部分进行因素修正，由此求得标准宗地的正常买卖价格。不同地段标准宗地价格应能反映区位差异，互相均衡。

9.4.4 深度百分率表的制作

深度百分率又称深度指数，深度百分率表又称深度指数表。深度百分率是地价随临街深度长短变化的比率。深度百分率表的制作是路线价估价法的难点和关键所在。路线价估价法在美国由来已久，其长久以来根据丰富的实际资料，制定了各种路线价法则，著名的有四三二一法则、苏慕斯法则（克利夫兰法则）、霍夫曼法则等；英国有哈伯法则、爱迪生法则等。

9.4.5 计算宗地价格

依据路线价和深度百分率及其他修正率表，运用路线价估价法计算公式，即可以计算出宗地价格。

9.5 深度百分率表

临接同一街道的土地，路线价虽然相同，但由于宗地的宽度、深度、形状、面积不同，单位面积的价格不同。在影响地价的因素当中，深度对地价影响较大。现在假设有一临街宽度 m 米、深度 n 米的长方形宗地，每平方米平均单价为 A 元，则该宗地的总价格为

mnA 元，如图 9-1 所示。

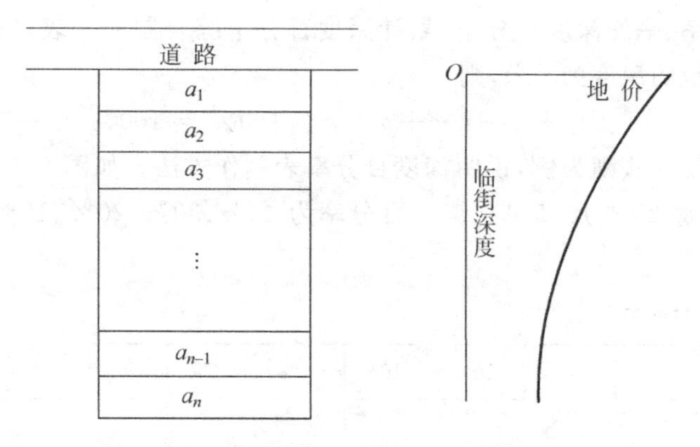

图 9-1　土地价值与地块临街距离关系

对图 9-1 中的宗地，沿道路的平行方向，将深度以某单位（在此设为 1 米）区分成 n 个细片土地，从临街方向起每片土地的单位面积价格依次为 $a_1, a_2, \cdots, a_{n-1}, a_n$。因为地块越接近道路，其利用价值越高。虽然深度同为 1 米之差，但其地价不一样，即 a_1 与 a_2 之差最大，a_2 与 a_3 之差次之，依次缩小，参见图 9-1 中土地价值与地块临街距离关系曲线。由此，土地总价值为

$$mnA = ma_1 + ma_2 + \cdots + ma_{n-1} + ma_n$$

从而

$$A = (a_1 + a_2 + \cdots + a_{n-1} + a_n)/n$$

即土地单位面积价格等于各地块单位面积价格的面积加权平均值。如将各小地块单位面积价格以百分率表示，即为单独深度百分率。

深度百分率的表现形式有三种，分别为单独深度百分率、累计深度百分率和平均深度百分率。单独深度百分率呈递减现象，累计深度百分率呈递增现象，平均深度百分率呈递减现象。

单独深度百分率表现为

$$a_1 > a_2 > a_3 \cdots a_{n-1} > a_n$$

累计深度百分率表现为

$$a_1 < (a_1 + a_2) < (a_1 + a_2 + a_3) < \cdots < (a_1 + a_2 + \cdots + a_n)$$

一般来说，若将标准深度的平均深度百分率设为 100%，平均深度百分率与累计深度百分率之间的关系就表现为

$$平均深度百分率 = 累计深度百分率 \times 标准深度 \div 宗地深度$$

制作深度百分率表，要考虑以下几个方面：①确定标准深度；②确定级距；③确定单独深度百分率；④根据需要采用累计或平均深度百分率。

根据深度百分率表制作要求，以标准宗地的平均深度百分率(平均单价)作为100%，将单独深度百分率、平均深度百分率、累计深度百分率综合制成一表，即得到深度百分率表。如果标准宗地的深度为 s 米，则

$$(a_1+a_2+\cdots+a_s)/S\times100\%=100\%$$

下面以四三二一法则为例，说明深度百分率表制作方法。如图9-2所示，标准深度为100英尺的宗地，每25英尺其单独深度百分率为40%、30%、20%、10%、…、6%，求其深度百分率表。

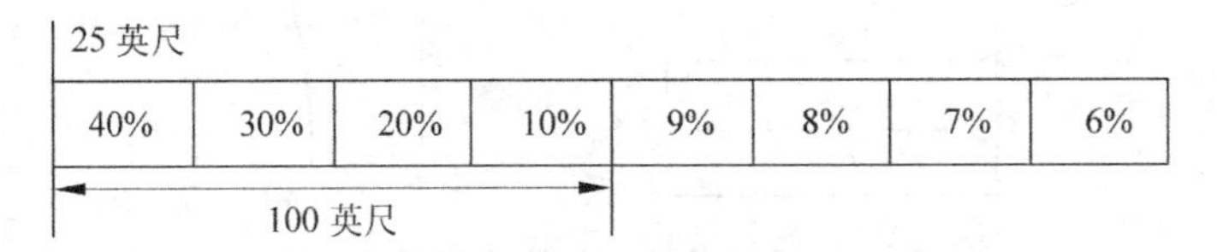

图9-2 四三二一法则深度百分率表计算示意图

累计深度百分率、平均深度百分率计算示例：

50英尺的累计深度百分率等于25英尺的单独深度百分率加上50英尺的单独深度百分率，即

$$40\%+30\%=70\%$$

50英尺平均深度百分率等于25英尺的单独深度百分率加上50英尺的单独深度百分率除以50%，即(40%+30%)×100÷50=140%。

75英尺平均深度百分率为(40%+30%+20%) ×100÷75=120%。

根据同样的计算方法，得到表9-1。

表9-1 深度百分率表制作示例 %

深度(英尺)	25	50	75	100	125	150	175	200
单独深度百分率	40	30	20	10	9	8	7	6
累计深度百分率	40	70	90	100	109	117	124	130
平均深度百分率	160	140	120	100	87.2	78.0	70.9	65.0

9.6 几个路线价法则介绍

欧美很早就将路线价估价法应用于课税上，本节主要介绍欧美著名的几种路线价法则。

9.6.1 四三二一法则

四三二一法则(4—3—2—1rule)是将标准深度100英尺的普通临街地与街道平行区

分为四等分，即由临街面算起，第一个25英尺的价值占路线价的40%，第二个25英尺的价值占路线价的30%，第三个25英尺的价值占20%，第四个25英尺的价值为10%。如果超过100英尺，则需九八七六法则来补充。即超过100英尺的第一个25英尺价值为路线价的9%，第二个25英尺为8%，第三个25英尺为7%，第四个25英尺为6%。

应用四三二一法则估价，简明易记，但因深度划分过分粗略，故会有估价不准确现象。

9.6.2　苏慕斯法则

苏慕斯法则（Somers rule）是由苏慕斯（Willam A. Somers）根据多年实践经验，并经对众多的买卖实例价格调查比较后创立的。苏慕斯经过调查证明，100英尺深的土地价值，前半临街50英尺部分占全宗地总价的72.5%，后半50英尺部分占27.5%。若再深50英尺，则该宗地所增的价值仅为15%，其深度百分率即在这种价值分配原则下所拟定。由于苏慕斯法则在美国俄亥俄州克利夫兰市应用最著名，因此一般将其称为克利夫兰法则（Cleveland rule）。

9.6.3　霍夫曼法则

霍夫曼法则（Hoffman rule）是1866年纽约市法官霍夫曼（Hoffman）所创造的，它是最先被承认对于各种深度的宗地估价的法则。霍夫曼法则认为，深度100英尺的宗地，最初50英尺的价值应占全宗地价值的2/3。在此基础上，则深度100英尺的宗地，最初的25英尺等于37.5%，最初的一半，即50英尺等于67%，75英尺等于87.7%，100英尺等于100%。

在霍夫曼之后，有尼尔（Neil）修正霍夫曼法则，由此创造了所谓的霍夫曼-尼尔法则（Hoffman Neil rule）。

9.6.4　哈柏法则

哈柏法则（Harper rule）创设于英国，是一种算术法则。其理论根据是一宗土地的价值与其深度的平方根成正比，即深度百分率为100英尺的深度平方根的10倍，即深度百分率$=10\times\sqrt{深度}\%$。例如，一宗50英尺深土地价值，即相当于100英尺深土地价值的70%。因为深度百分率$=10\times\sqrt{50}\%$，约等于70%。但标准深度不一定为100英尺，所以经修订的哈柏法则认为

$$深度百分率=\frac{\sqrt{所给深度}}{\sqrt{标准深度}}\times 100\%$$

9.7 应用举例

例 9.1 如图 9-3 所示，现有临街宗地 A、B、C、D、E、F，深度分别为 25 英尺、50 英尺、75 英尺、100 英尺、125 英尺和 150 英尺，宽度分别为 10 英尺、10 英尺、20 英尺、20 英尺、30 英尺和 30 英尺。路线价为 2 000 元/英尺，设标准深度为 100 英尺，试运用四三二一法则，计算各宗土地的价格。

A：$2\,000 \times 0.4 \times 10 = 8\,000$(元)

B：$2\,000 \times 0.7 \times 10 = 14\,000$(元)

C：$2\,000 \times 0.9 \times 20 = 36\,000$(元)

D：$2\,000 \times 1.0 \times 20 = 40\,000$(元)

E：$2\,000 \times (1.0 + 0.09) \times 30 = 65\,400$(元)

F：$2\,000 \times (1.0 + 0.09 + 0.08) \times 30 = 70\,200$(元)

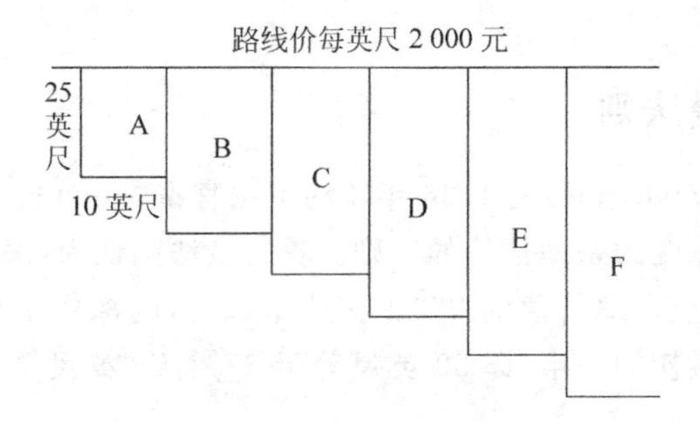

图 9-3 路线价估价法算例

一、名词解释

1. 路线价估价法　　2. 路线价　　3. 四三二一法则

二、判断题

1. 路线价估价法中的单独深度价格修正率随着临街深度的递进而增大。

2. 某城市路线标准深度为 8 米，划分为三等份，从街道方向算起，各等份单独深度价格修正率分别为 50%、30%、20%，则临街 12 米的矩形土地的平均深度价格修正率为 120%。

3. 由于路线价是若干标准临街宗地的平均价格，因此在采用路线价法估价时，一般不做因素修正。

4. 划分路线价区段时，将可及性相当、地块相连的土地划为同一路线价区段。因此，两个路口之间的地段必然是同一个路线价区段。

三、单项选择题

1. 有一宗地深度为15米，若标准深度为10米，按照四三二一法则，该宗地的单独深度百分率为40%、30%、20%、10%、9%、8%，则其平均深度百分率为（　　）。

A. 117%　　B. 78%　　C. 58.5%　　D. 19.5%

2. 路线价估价法的理论基础是（　　）。

A. 替代原理　　B. 预期收益原理

C. 生产费用价值理论　　D. 最佳使用原理

3. 路线价估价法是（　　）的一种。

A. 市场法　　B. 收益法　　C. 成本法　　D. 假设开发法

4. 路线价估价结果的可信度，取决于（　　）。

A. 标准宗地的确定

B. 路线价的附设

C. 路线价深度百分率及各种修正率的准确性

D. 道路系统是否完整

5. 估价对象为一面临街的矩形宗地，临街宽度为20米，临街深度为75米，假设标准宗地临街宽度为25米，临街深度为100米，总价格为400万元。根据四三二一法则，该估价对象的单价为（　　）元/平方米。

A. 1 920　　B. 2 400　　C. 2 560　　D. 3 200

6. 当以单位宽度的标准宗地的总价作为路线价时，临街宗地总价＝路线价×（　　）×临街宽度。

A. 单独深度价格修正率　　B. 累计深度价格修正率

C. 平均深度价格修正率　　D. 混合深度价格修正率

7. 某临街深度为30.48米(即100英尺)、临街宽度为20米的矩形土地，总价为121.92万元。按照四三二一法则，其相邻临街深度15.24米(即50英尺)、临街宽度25米的矩形土地的总价为（　　）万元。

A. 53.34　　B. 85.34　　C. 106.68　　D. 213.36

8. 下列关于路线价估价法的表述中，不正确的是（　　）。

A. 路线价估价法实质是一种市场法，其理论依据与市场法相同，是房地产价格形成的替代原理

B. 路线价估价法适用于城镇街道两侧商业用地的估价

C. 运用路线价估价法的前提条件是街道较规整，两侧临街土地的排列较整齐

D. 路线价估价法是在特定街道上设定标准临街宽度，从中选取若干标准临街用地求其平均价格

9. 一临街矩形地块甲的总价为36万元，临街宽度为20英尺，临街深度为75英尺。现有一相邻矩形地块乙，临街宽度为30英尺，临街深度为125英尺。运用四三二一法则，地块乙的总地价为(　　)万元。

A. 65.4　　B. 81.8　　C. 87.2　　D. 109.0

10. 一前后临街、总深度为50米的矩形宗地，其前街路线价为5 000元/平方米，后街路线价为3 800元/平方米。如果按重叠价值估价法，该宗地的前街影响深度为(　　)米。

A. 22　　B. 28　　C. 38　　D. 50

11. 某块临街深度为50英尺、临街宽度为30英尺的矩形土地甲，总价为40万元。其相邻的矩形土地乙，临街深度为150英尺，临街宽度为15英尺，则运用四三二一法则计算土地乙的总地价为(　　)万元。

A. 23.4　　B. 28.6　　C. 33.4　　D. 46.8

12. 随着临街深度的递增，临街深度价格的修正率递增的是(　　)。

A. 单独深度价格修正率　　B. 累计深度价格修正率

C. 平均深度价格修正率　　D. 加权深度价格修正率

13. 在应用路线价法估价中，设定的标准临街深度宜为路线价区段内各宗临街土地的临街深度的(　　)。

A. 简单算术平均数　　B. 加权算术平均数

C. 众数　　D. 中位数

14. 根据标准临街宗地单价求得一宗临街深度为50米、临街宽度为20米的土地总价为280万元。标准临街深度为100米，假设相同临街深度的矩形宗地以临街宽度20米为基准，每增加临街宽度1米单价增加1%。根据四三二一法则，求取临街深度为75米，临街宽度为25米的矩形宗地单价为(　　)元/平方米。

A. 2 000　　B. 2 100　　C. 2 400　　D. 2 520

15. 下图是一块前后两面临街、总深度为175英尺、临街宽度为30英尺的矩形地块。已知前街路线价为320元/平方英尺，后街路线价为240元/平方英尺，则采用重叠价值估价法计算出的地块总价值为(　　)万元。(采用四三二一法则)

A. 150.8　　B. 160.8　　C. 170.8　　D. 180.8

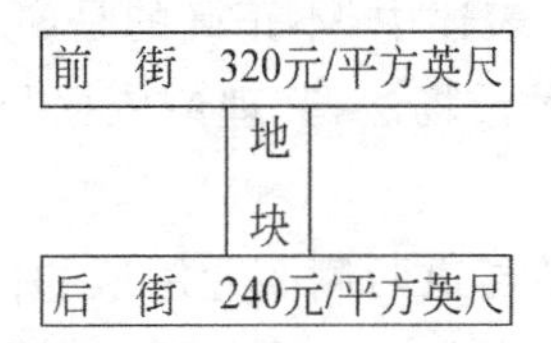

四、多项选择题

1. 应用路线价估价法需要进行(　　)等修正。

A. 临街深度　　B. 土地形状　　C. 交易日期　　D. 交易情况

E. 临街宽度

2. 在划分路线价区段时,应符合的条件包括(　　)。

A. 形状相似　　B. 在同一条街道上只有一个路线价区段

C. 面积接近　　D. 地段相连

E. 可及性相当

3. 确定路线价时,选取标准宗地应符合(　　)等的要求。

A. 一面临街　　B. 两面临街

C. 土地形状为矩形　　D. 土地形状为正方形

E. 容积率为所在区段具有代表性的容积率

4. 甲地块临街深度为100英尺、临街宽度为15英尺,形状为矩形,总价为100万元,相邻的乙地块也为临街宽度15英尺的矩形地块。根据“四三二一法则”及“九八七六法则”,下列关于乙地块价格的表述中,正确的有(　　)。

A. 若乙地块临街深度为25英尺,则其总价为25万元

B. 若乙地块临街深度为50英尺,则其总价为50万元

C. 若乙地块临街深度为75英尺,则其总价为90万元

D. 若乙地块临街深度为100英尺,则其总价为110万元

E. 若乙地块临街深度为150英尺,则其总价为117万元

5. 关于路线价法和基准地价修正法相同之处的说法,正确的有(　　)。

A. 本质上都是比较法

B. 都需要进行市场状况调整

C. 都需要进行交易情况修正

D. 都需要进行土地状况调整

E. 都是批量估价方法

五、简答题

1. 简述路线价估价法的适用范围。

2. 简述路线价估价法的程序。

CHAPTER 10 第10章 在建工程评估

10.1 在建工程及其评估特点

10.1.1 在建工程的概念

在建工程是指在房地产评估时尚未完工或虽然已经完工，但尚未交付使用的建设项目，以及建设项目备用材料、设备等资产。

10.1.2 在建工程评估的特点

在建工程作为一类评估对象具有自身的特点，这些特点在评估过程中应给予充分的重视。

1. 在建工程种类多、情况复杂

在建工程是一类范围很广的资产，以建筑工程为例，它包括建设中的各种房屋建筑物，而且建筑工程又都包含有设备安装内容，范围涉及各个行业，情况比较复杂，具有较强的专业技术性。

2. 在建工程的形象进度以及资产功能差别很大

在建工程涵括了从刚刚投资兴建的工程到已完成建设但尚未交付使用的工程。这些完工程度差异巨大的在建工程，其资产功能的差异也是巨大的。这就造成了在建工程之间可比性较差，评估时不易找到合适的参照物。

3. 在建工程的投资完成额与其实际完成工作量较难一致

由于在建工程的投资方式和会计核算要求，其账面价值往往包括预付材料款和预付设备款，同时也记录在建工程中的应付材料款及应付设备款等。因此，在建工程的投资并不能完全体现在建工程的形象进度。也就是说，在建工程投资与在建工程的实际完工量之间总存在着时差和量差。

4. 在建工程的建设工期长短差别较大

有些在建工程如厂区内的道路、设备基础等，一般工期较短；而有些在建工程如高速公路、港口码头等的建设工期就很长。建设工期长短上的差别，直接与建造期间材料、工费价格变化、设计变化等相联系，对评估估价标准的选择有直接影响。

由于在建工程的上述特点，在建工程评估难以用统一的模式或公式一概而论。比如，对于建设工期较短、工程投资与工程形象进度大体相当、其账面价值基本上能反映评估时点的重置成本的，评估时可以考虑以在建工程的账面值作为评估值。又如，整个建设工程已经完成或接近完成，只是尚未交付使用的在建工程，完全可以考虑按房屋建筑物或其他固定资产的评估思路进行评估。属于停建的在建工程，要查明停建的原因，确因工程的产、供、销及工程技术等原因而停建的，要考虑在建工程的功能性贬值及经济性贬值。对于正常的在建工程，一般应按在建工程的重置成本来估价。事实上，只要在建工程的预期收益率处于社会平均水平，在建工程的重置成本就基本上可以反映其收益价格。如果确实可以证明在建工程的预期收益明显地高于或低于社会平均水平，则要考虑在建工程超额收益或减额收益对在建工程评估值的影响。

10.2 在建工程评估的准备工作

前面已经提到，对于已完成建设工作只是尚未投入使用或转作固定资产的在建工程，完全可以参照房屋建筑物及有关固定资产的评估思路进行评估。这里将着重介绍未完工的在建工程的评估。未完工的在建工程评估的准备工作在很大程度上接近于房屋建筑物的评估。现对在建工程评估的准备工作说明如下：

第一，要求企业提供待估在建工程详细资料。如项目名称、建筑面积、工程结构、工程预算、实际用款和完工程度，以及需要安装的设备名称、规格、型号、数量、合同金额、实际付款额、到货和工程安装情况等。上述资料通常以在建工程评估申报表的形式由委托方填列。

第二，要求提供并查阅企业在建工程批准文件、工程图纸、工程预算书、施工合同、有关账簿及原始记录等。

第三，评估人员到工程现场查实工程进度和工程形象进度。

第四，检查工程质量。包括在建工程的各组成部分是否存在缺陷及待修理的因素，建筑材料质量是否过关，在建工程整体布局是否合理，在建工程工期是否符合计划等。

第五，搜集与该项工程评估所需的有关数据资料。如有关部门规定或制定的当地建筑工程预算定额、建筑工程间接费用标准、地方建筑材料价差指数、建筑工程预备费用及其他费用标准（如在建工程贷款利率）等。

在以上准备工作就绪后，即可根据搜集到的有关数据资料对在建工程进行评估。

10.3 在建工程评估

在建工程的种类较多，情况也很复杂，下面将较为常见的在建工程的评估方法介绍如下。

10.3.1 工程进度法

工程进度法是指以工程预算为依据，按勘察时确定的完工程度评估在建工程价值的一种方法。这种方法主要适用于施工期较短且价格变化较小的在建工程。该方法的数学表达式为

在建建筑工程评估 = 在建建筑工程预算造价×在建建筑工程完工程度

其中，

在建工程完工程度 = $\sum$[各部位完成进度(%)

×各部位占建筑工程预算的比例(%)]

在建建筑完工程度 =设备价值×安装工程价×工程完工程度

例 10.1 某建设项目将要建筑混合结构仓库 1 000 平方米，在建建筑工程总预算造价为 200 000 元，在建设备安装工程预算为 50 000 元。评估时该库房正在建设中。其中，建筑工程中的基础工程已完工，结构工程完成了 30%，设备安装工程尚未进行。评估人员依据一般土建工程各部位占单位预算的比重，即工程造价构成(表 10-1)，对该在建工程进行评估。

表 10-1 工程造价构成 %

部位—名称	建筑结构类型			
	混合结构	现捣框架结构	预制装配构架结构	预制吊装结构
基础工程	13	15	25	15
结构工程	60	60	55	60
安装工程	27	25	20	25

由以上数据得

在建建筑工程完工程度 = 13% + 60% × 30% = 31%

在建建筑工程评估值 = 200 000 × 31% = 62 000(元)

10.3.2 变动因素调整法

对于工期较长、设计变更及价格变化对在建工程影响较大的项目不宜采用工程进度

法，不宜直接用工程预算造价作为评估的基础，而需要对设计变更的价格变化做出相应的调整。变动因素调整法就是采用对在建工程实际完成部分因价格变化和设计变更因素，分别计算各调整数额，经归集加总后与在建工程实际支出相加减，确定在建工程的评估值。其数学表达式为

在建工程评估值 ＝在建工程实际支出

$\pm\sum$(已完工程部分材料、人工费因价格变化造成的增减额)

$\pm\sum$(已完工部分各项间接费用、银行贷款利率变化造成的增减额)

$\pm\sum$(已完工部分设计变更影响造价的金额)

10.3.3　重编预算工程进度法

对于建设工期较长、设计变更较大、价格变化较大、实际工程成本与工程预算差距较大的在建工程，可采用重新编制工程预算，然后再按工程进度法估测在建工程评估值。

在建工程评估是一项比较复杂的工作，评估前应对若干问题进行研究，以便在评估过程中谨慎处理。

(1) 在建工程前景。在建工程项目是否具有效益性、是否具有发展前途，将直接影响评估人员对在建工程的价值判断，以及评估估价标准的选择。

(2) 建设工期状况。目前国内建设项目建设工期拉长的现象比较普遍，导致工程项目造价上升。在建工程评估应以正常的工程建设工期为依据，对超过正常建设工期所引起的贷款利息增加以及其他费用超支等不能作为在建工程评估值的组成内容。

(3) 在建工程贷款利率水平。利率水平基本平稳时，可根据实际贷款利率计算。如果利率水平波动很大，或存在若干种贷款利率，原则上应选择最低的一种贷款利率来计算利息。

(4) 计算贷款利息的投资额，应按统一口径核算。计算资金成本的投资额，应以合理的投资额为基数。就构成而言，合理的投资额主要包括在建工程的前期费用、建筑安装工程费用和其他必须支出的费用。

一、名词解释

1. 在建工程　2. 工程进度法　3. 变动因素调整法　4. 重编预算工程进度法

二、单项选择题

1. 某商品房在建工程已完成工程的正常建设期为1年，实际建设期为1.5年，现该在建工程被人民法院强制拍卖，办理有关变更等交接手续的正常期限为0.5年，通过市场

调查得知类似规模商品房开发项目的正常建设期为3年，在强制拍卖下评估该在建工程的市场价值时，后续建设期应为(　　)。

A. 1　　B. 1.5　　C. 2　　D. 2.5

2. 某在建工程按正常建设进度建设1年后停工，停工0.5年后基坑进水，现人民法院强制拍卖该在建工程，预计拍卖处置正常期限为0.5年，之后处理基坑进水、清淤、协调施工约需0.25年。经市场调查，类似开发项目正常建设期为2.5年，开发完成后的市场价格为5 000元/平方米。折现率为10%，用动态分析法估价时，开发完成后的市场价格的现值为(　　)元/平方米。

A. 3 939.93　　B. 4 034.93　　C. 4 132.23　　D. 4 231.87

3. 某在建工程项目计划建混合结构仓库2 000平方米，总预算为400万元，估价时，建筑工程中的基础工程已完成，结构工程完成50%，设备安装工程尚未进行。另据调查得知，基础工程、结构工程和设备安装工程的造价占整个建筑工程造价的比重分别为15%、60%、25%，则该在建工程在估价时点的完工程度是(　　)。

A. 30%　　B. 45%　　C. 65%　　D. 75%

三、简答题

1. 简述在建工程评估的特点。

2. 简述在建工程评估的准备工作。

四、计算与分析题

1. 某在建工程开工于2015年3月1日，用地面积为2 000平方米，建筑容积率为5.1，用途为公寓。土地使用权年限从2015年3月1日起50年。土地取得费为楼面地价1 000元/平方米，该公寓正常建设期为2年，建造费用为2 500元/建筑平方米，到2015年9月1日已投入预计建设费用的45%。估计该公寓开发项目可按期完成，建成后出租的租金预计为每月80元/建筑平方米，可出租面积为总建筑面积的65%，正常出租率为80%，出租经营费用为收入的30%。购买该在建工程应交纳税费为购买价格的4%。试估算该在建工程2015年9月1日的价格(折现率为10%)。

2. 某在建工程开工于2016年3月1日，用地面积为2 000平方米，建筑容积率为5，用途为公寓。土地使用权年限从2016年3月1日起50年。土地取得费为楼面地价1 000元/平方米，该公寓正常建设期为2年，建造费用为2 500元/建筑平方米，到2016年9月1日已投入预计建设费用的45%。评估基准日相近地区类似70年土地使用权的土地上刚刚建成公寓(建设开发周期为2年)的出售价格为3 500元/建筑平方米，公寓类房地产价格近年来每年上涨2%，预计将继续保持该增长率。购买该在建工程的契税税率为购买价格的4%，市场利息率为10%，利润为楼价的8%。试估算该在建工程2016年9月1日的价值。若按评估价值进行交易，在建工程的原产权人大约盈余或亏损多少(不计利息)？

CHAPTER 11 第11章 高层建筑地价分摊

11.1 高层建筑地价分摊的意义

11.1.1 高层建筑地价分摊的宏观背景

随着我国工业化和城市化的发展，大量的人口及经济活动涌入城市，城市的土地日益稀缺，土地供求矛盾日趋突出。因此，党中央、国务院把“十分珍惜、合理利用土地和切实保护耕地”确定为我国的基本国策，明确写进了1998年第九届全国人大常委会第四次会议修订通过的《中华人民共和国土地管理法》，以立法的形式确认了土地基本国策的法律地位，使其成为我国第一个写进法律的基本国策。

另外，随着科学技术的进步，建筑技术、材料、结构、工艺有了飞速的发展，使人们建立城市土地立体化的空间利用模式、开发土地的立体空间、兴建高层甚至是超高层建筑成为可能。

正是在这样的宏观背景下，城市，尤其是大城市，高层建筑随之兴起，并有不断增高和加速之势，而城市中心的商务区，即CBD地区，更是高层林立。在这些高层建筑中，从建筑结构上看，有的几层，有的几十层，如1998年建成于我国上海的金茂大厦共88层，等等。从用途上看，趋向于综合性，有的高层建筑地下为停车场，地上1～5层为商用楼，再上是餐饮和娱乐设施，有的再上是办公区和住宅，有的楼层甚至分布了几种用途的房屋。如在北京朝阳区的朝外写字中心地下三层为停车场，1～3层为商业用房，4层既有办公用房，又有住宅，5～26层情况也类似。从产权上看，一幢高层建筑往往有多个所有者，有的拥有或者租赁了商场的一部分，有的拥有一套或者几套住宅，等等，而且这些所有者和使用者随着具体情况的变化，也在不断变化中，即常常被新的使用者和所有者所替代。

一幢高层建筑占的土地应为此建筑的所有者所共有。正是由于高层建筑在楼层、用途、产权上的复杂性，对于高层建筑的所有者所拥有的与建筑相对应的土地权利应该予以界定且增加了界定的难度。

11.1.2 高层建筑的概念

我国建设部根据《民用建筑设计通则》规定：10层及10层以上的居住建筑及建筑高

度超过24米的其他建筑均称为高层建筑。

根据消防方面的定义，对于住宅来说，1～3层的住宅是低层住宅，4～6层的住宅是多层住宅，7～9层的住宅是中高层住宅，10～12层的住宅是小高层住宅，13～29层的住宅是高层住宅，30层(100米)以上的住宅是超高层住宅。

11.1.3 高层建筑地价分摊的意义

1. 有助于明确所有人拥有的土地份额及相关的权益和义务

总地价是土地总权益的体现，某部分地价是该部分相对应的权益和义务的体现。承载高层建筑的土地从实物形态上不可分割，但是从价值形态上可以分割。合理分割高层建筑的基地价值有助于明确所有人各自所拥有的与之相对应的土地权益和义务，有助于在房屋发生买卖，在需要补交地价款时，产权清晰，交易规范，从而有助于我国房地产市场建立健康的交易环境。

2. 有助于确定土地价格空间差异，从而确定各楼层的楼价

一幢高层建筑不同的地理位置影响这个房地产项目的价格，一幢高层建筑的不同楼层同样有着各自的价格。当房地产开发商需要给各层房地产定价时，可以先确定此房地产项目所占土地的空间价格差异，从而确定各楼层房地产的价格。

3. 有助于土地税费的征收

对于拥有众多的使用者和所有者的高层建筑所占用的土地，其土地使用税应该由全体使用者共同承担。如果把总的税费平均到每个使用者的头上，显然是不合理的。因为高层建筑中，房屋的用途、面积、楼层都有很大差异，容易造成各土地使用者之间的纠纷。通过高层建筑价格分摊，从而确定土地价格的空间差异。各使用者在缴纳土地使用税时可以以此为依据，有助于土地税费征收工作的顺利进行，实现税赋公平。

11.2 高层建筑地价分摊的方法

11.2.1 面积分摊法

面积分摊法是指将高层建筑的某权益人所拥有的建筑面积占该建筑物总建筑面积的比例，作为该权益人所拥有的土地价值量，或土地份额[①]。

它的基本思路可以分为以下三个步骤。

---

① 刘立，李志超. 房地产估价师实物手册. 机械工业出版社，2005.

1. 计算面积分摊比例

面积分摊比例 = 总地价 / 建筑总面积

2. 计算该部分建筑分摊的地价

分摊地价 = 面积分摊比例 × 该部分的建筑面积

3. 计算该部分建筑分摊的土地份额

占有的土地份额 = 该部分分摊地价 / 总地价 = 该部分的建筑面积 / 总建筑面积

例 11.1　某幢楼房的土地总面积为 1 000 平方米，总建筑面积为 2 000 平方米，某人拥有其中 160 平方米的建筑面积。按照建筑面积分摊法计算该人占有的土地份额及所拥有的土地数量。

解：该人占有的土地份额＝160/2 000＝8%

该人所拥有的土地数量＝1 000×8%＝80 平方米

或者

1 000/2 000＝0.5，即 1 平方米的建筑面积附带 0.5 平方米的土地面积。

这种地价分摊方法曾在中国香港采用过，但后来随着情况的变化出现了一些问题。具体情况如下：中国香港主要采用的是英国法律，根据英国法律，一项财产的共同占有人不得分割财产，只能分配其中占有的份额。但是，法律却没有规定按何种办法来分配这种份额。20 世纪 60 年代以前，最流行的方法是每个单元分配相同的份额。例如，如果某个建筑物有 100 个单位，那么每个单位在土地中拥有的份额就是 1/100。那时这种专断的份额分配办法并不影响业主的实际权益，因为这只是在法律虚幻上产生的对土地的权益。然而在 70 年代初期，当许多为期 75 年的地契在 1973 年就要到期时，政府决定再批出另一个 75 年的租期，并需补地价，这时这种专断的份额分配办法的问题就突出了。从上例来看，如果再批租需缴 100 万美元的地价，那么将这个地价分摊给这些各在土地中拥有 1/100 份额的 100 个业主，最自然的做法是每个业主负担地价的 1/100，即 10 000 美元。但是如果这 100 个单位中有 10 个是处在楼底的商店，而在中国香港，商店的价值占了建筑物价值的大部分，这就引起了对这些商店业主应该负担比他们在土地中拥有的份额要大的地价份额的争论①。

按建筑面积进行分摊的优点是简便、可操作性强，但其缺点也是显而易见的。它认为不论某人拥有的建筑处在任一楼层或某一楼层中的任一单元，只要建筑面积一样，其分摊的地价份额均相等。然而，不同楼层的利用价值是不一样的，尤以商业利用类型的差异最

---

① 柴强. 房地产估价. 首都经济贸易大学出版社，2005.

为明显。而不同楼层利用价值的差异显然不是因建筑物而引起的，因为建筑物的造价可以被认为是相等的。这一差异是由土地产生的，即相同建筑面积不同楼层的土地收益能力或效用是不同的，进而其所产生的收益及其价格是不相同的。它主要适用于各层用途相同且价格差异不大的建筑物，如用途单一的住宅楼、办公楼。

11.2.2 价值分摊法

这种方法的思路是：将某权益人所拥有的部分房地产(土地加建筑物)的价值，即楼价，与整体房地产的价值比，作为该权益人所拥有的部分土地占整个土地权益的份额，通过已知部分和整体房地产的价值量，并求取该权益人所拥有的土地使用权的份额，进而计算该部分的土地价值[①]。

具体方法如下：

某部分占有的地价数额 = 土地总价值 / 房地总价值 × 该部分的房地价值

某部分占有的土地份额 = 该部分享有的地价数额 / 土地总价

= 该部分的房地价值 / 房地总价值

例 11.2 某幢大厦的房地总价值为 10 000 万元，甲公司拥有其中的商业部分，此部分的房地价值为 2 000 万元；乙公司拥有其中的写字楼部分，此部分的房地价值为 1 000 万元。试按照房地产价值分摊法计算甲、乙公司占有的土地份额。

解：

甲公司占有的土地份额＝2 000/10 000＝20％

乙公司占有的土地份额＝1 000/10 000＝10％

房地产价值分摊法反映了由于各楼层的楼价不同，其分摊的地价也相应不同，这是符合土地权益原则和要求的。但进一步分析，可以发现该方法分摊的结果使建筑物各层或同层各部分建筑的单位造价相差甚远，从而引起了理论上一个悖论。例如，一幢大楼都是住宅，而且这些住宅都是同质的，即装修、套型、面积都相同，但由于楼层不同，售价肯定不同。各层之间的价格差异不是建筑造价不同造成的，只能归因于土地，是各层占据的土地立体空间位置的不同，从而其可及性、空间等不同所造成的。这种方法主要适用于各部分房地产价值(单价)有差异但差异不是很大的建筑物。

11.2.3 土地价值分摊法

这种方法的思路是基于假设开发法的估价思路，即地价等于楼价减建筑费、利息、利润等，所分摊的地价等于占有部分的房地产价格减建筑物价格与房地产总价值减建筑物总价值之比[②]。

---

① 周寅康．房地产估价．东南大学出版社，2006．

② 刘立，李志超．房地产估价师实物手册．机械工业出版社，2005．

计算方法如下：

某部分占有的土地份额 =(该部分的房地产价值 − 该部分的建筑物价值)/(房地总价值 − 建筑物总价值)

某部分享有的地价数额 = 该部分占有的土地份额 × 土地总价值 = 该部分的房地价值 − 该部分的建筑物价值

例 11.3　某幢大厦的房地总价值为 10 000 万元，其中建筑物总价值为 4 000 万元。某人拥有该大厦的某一部分，该部分的房地价值为 200 万元，该部分的建筑物价值为 80 万元。试按土地价值分摊方法计算该人占有的土地份额。

解：该人占有的土地份额为(200−80)/(10 000−4 000)=2%

按土地价值进行分摊的另一种更适用的公式如下：

$$\text{某部分占有的土地份额}=\frac{\text{该部分的房地价值}-\dfrac{\text{房地总价值}-\text{土地总价值}}{\text{总建筑面积}}\times\text{该部分的建筑面积}}{\text{土地总价值}}$$

$$\text{某部分享有的地价数额}=\text{该部分占有的土地份额}\times\text{土地总价值}$$

$$=\text{该部分的房地价值}-\frac{\text{房地总价值}-\text{土地总价值}}{\text{总建筑面积}}\times\text{该部分的建筑面积}$$

例 11.4　某幢大厦的总建筑面积为 20 000 平方米，该房地总价值为 12 000 万元，其中土地总价值为 5 000 万元。某人拥有该大厦的某一部分，该部分的建筑面积为 400 平方米，房地价值为 260 万元。试按土地价值分摊方法计算该人占有的土地份额。

解：该人占有的土地份额为

$$\frac{260-\dfrac{12\,000-5\,000}{20\,000}\times 400}{5\,000}=2.4\%$$

这种方法也是比较简单的，只要知道建筑物占土地总价值的比率，以及建筑物各部分的房地价值，就可以进行了。而在现实中，这也是容易得到的。当然，它也有一些不足之处，主要体现在以下几个方面：第一，实际建筑物的价值在楼盘全部卖出以前是很难得到准确价值的，建筑物中有部分面积数年不能清盘是十分普遍的现象，因此我们所用的建筑物的总价值一般是估算出来的；第二，未来的房地价值是不断变动的，土地价值也是不断变动的，从理论上看，将要求地价分摊不断地进行，但这在实际中不可行，因为进行分摊所需要的费用可能很高；第三，土地占有份额一旦确定下来之后也不宜经常变动。

上述讨论的分摊方法不仅适用于多层建筑物、高层建筑物的地价分摊，而且适用于同一层或平房的不同部分分别为不同人所有、房地价值不相等时的地价分摊。例如，在繁华地段，沿街部分的房屋比里面的房屋价值高，在这同一房屋分别为两人或两人以上占用的情况下，就需要进行地价分摊，确定各自的土地占有份额。

习题

一、名词解释

1. 面积分摊法　　2. 土地价值分摊法　　3. 价值分摊法

二、判断题

1. 有一幢总楼层为4层的房地产,每层建筑面积相等,已知第二层的房地价为第一层的1.35倍,第三层的房地价为第四层的1.45倍,第四层的房地价为第二层的91%,按房地价分摊法计算出的第三层房地产占用的土地份额为33.24%。

2. 位于同一住宅楼不同楼层的两套住宅,面积、户型、装修等条件均相同,采用成本法估价时,由于其分摊的成本相同,所以估价结果也相同。

3. 按照建筑面积分摊高层建筑地价的方法主要适用于各层用途相同且价格差异不大的建筑物。

4. 夫妻共有一套房改房,房改售房价格10万元,现时市场价值50万元。现二人因离婚分割财产委托估价,该房改房的评估价格应为两者的平均值30万元。

5. 某幢大厦总建筑面积为5 000平方米,房地总价值为3 000万元,其中土地价值为1 200万元。某人拥有该大厦的某部分,建筑面积为200平方米,房地价值为150万元,按土地价值分摊该人占有的土地份额为6.5%。

三、单项选择题

1. 某宗房地产的总建筑面积为6 000平方米,房地总价值为2 400万元,其中土地价值为800万元。某人购买了其中的300平方米,该部分的房地价值为126万元。假如按土地价值进行分摊,则此人应占有的土地份额为(　　)。

A. 5.00%　　B. 5.25%　　C. 5.42%　　D. 5.75%

2. 某宗房地产总价值为5 000万元,其总地价为2 000万元,总建筑面积为10 000平方米,甲拥有该大厦的某一部分,该部分的房地价值为90万元,该部分的建筑面积为200平方米,按土地价值进行分摊,则甲占有的土地份额为(　　)。

A. 1%　　B. 1.5%　　C. 2%　　D. 2.5%

3. 某高层楼房占用土地面积为800平方米,总建筑面积为2 000平方米,某人拥有其中120平方米的建筑面积。那么如果按建筑面积进行分摊计算,该所有人拥有的土地数量为(　　)平方米。

A. 40　　B. 45　　C. 48　　D. 50

4. 某大厦的房地总价值为5 000万元,甲公司拥有其中的商业部分,此部分的房地价值为1 000万元;乙公司拥有其中的写字楼部分,此部分的房地价值为500万元。按房地价值分摊方法计算甲、乙两公司占有的土地份额为(　　)。

A. 20% B. 10% C. 30% D. 40%

5. 某高层楼房占用的土地总面积为 900 平方米，房地产总价值为 3 000 万元。甲公司拥有其中的写字楼部分，此部分的房地产价值为 2 000 万元；乙公司拥有该房地产的商铺和地下超市部分，此部分的房地产价值为 1 000 万元。那么，如果按房地产价值分摊方法计算，甲公司拥有的土地数量为（ ）平方米。

A. 700 B. 600 C. 500 D. 200

6. 某高层住宅大楼，房地总价值为 8 000 万元，其中建筑物价值占 40%。某人拥有其中的一套住宅，房地价值为 150 万元，该部分的建筑物价值为 50 万元，则按价值分摊法此人占有的土地份额为（ ）。

A. 1.9% B. 2.1% C. 2.3% D. 2.5%

7. 若较为精确地应用假设开发法，应考虑（ ）。

A. 通货膨胀影响 B. 投资利息因素

C. 资金时间价值 D. 投资风险补偿

8. 某大厦的总建筑面积为 10 000 平方米，房地总价值为 6 000 万元，其中土地总价值为 2 500 万元。某人拥有该大厦的某一部分，该部分的房地价值为 180 万元，建筑面积为 240 平方米。如果按照土地价值进行分摊，则该人占有的土地份额为（ ）。

A. 2.4% B. 3.0% C. 3.8% D. 7.2%

9. 某幢大厦的总建筑面积为 10 000 平方米，房地总价值为 7 000 万元，其中土地总价值为 3 000 万元。王某拥有该大厦其中一部分，该部分的建筑面积为 250 平方米，房地产价值为 150 万元。若按照土地价值进行分摊，则王某占有的土地份额为（ ）。

A. 1.67% B. 2.33% C. 2.75% D. 3.33%

10. 某居民楼总建筑面积为 5 000 平方米，房地总价值为 1 000 万元，其中土地总价值为 500 万元。某人拥有该居民楼的一套单元式住宅，建筑面积为 150 平方米，房地总价值为 35 万元。若按照土地价值进行分摊，则该人占有的土地份额为（ ）。

A. 3% B. 3.5% C. 7% D. 4%

四、多项选择题

1. 高层建筑地价分摊的方法有（ ）。

A. 按建筑物价值进行分摊 B. 按房地价值进行分摊

C. 按土地价值进行分摊 D. 按建筑面积进行分摊

E. 按楼面地价进行分摊

2. 某建筑物共三层，总建筑面积为 600 平方米，每层建筑面积相等，房地总价为 600 万元，土地价值 480 万元，其中一层房地价是二层的 1.5 倍，二层房地价是三层的 1.2 倍，则关于土地份额的计算，以下正确的为（ ）。

A. 按建筑面积分摊，二层占有的土地份额为 33.3%

B. 按房地价值分摊，二层占有的土地份额为 30.0%

C. 按土地价值分摊，二层占有的土地份额为 35.0%

D. 按房地价值分摊，一层占有的土地份额为 45.0%

E. 按土地价值分摊，一层占有的土地份额为 47.9%

3. 某三层楼房，每层建筑面积相等，房地总价值为 200 万元，其中一层价值是二层价值的 2 倍，三层价值是二层价值的 0.7 倍。若建筑物总价值为 120 万元，下列关于土地份额分摊的表述中正确的有（　　）。

A. 按建筑面积分摊二层占有的土地份额为 33.33%

B. 按房地价值分摊二层占有的土地份额为 17.57%

C. 按房地价值分摊二层占有的土地份额为 27.03%

D. 按土地价值分摊二层占有的土地份额为 17.57%

E. 按土地价值分摊二层占有的土地份额为 27.03%

4. 某建筑物共 3 层，总建筑面积为 600 平方米，每层建筑面积相等，房地总价值为 600 万元，土地价值为 200 万元。其中一层房地价值是二层的 0.85 倍，二层房地价值是三层的 1.2 倍。关于土地份额的计算，正确的有（　　）。

A. 按建筑面积分摊，一层占有的土地份额为 33.3%

B. 一层按房地产价值分摊的土地份额低于按土地价值分摊的土地份额

C. 按土地价值分摊，二层占有的土地份额为 37.3%

D. 按土地价值分摊，二层占有的土地份额为 45.2%

E. 按土地价值分摊，三层占有的土地份额为 31.7%

5. 从理论上讲，可按（　　）分摊高层建筑地价。

A. 建筑物价值　　B. 房地产价值　　C. 土地价谊　　D. 建筑面积

E. 楼层

五、简答题

1. 简述高层建筑的概念。

2. 简述高层建筑地价分摊的意义。

3. 简述土地价值分摊法的缺点。

CHAPTER 12 第12章 房地产估价流程和房地产估价报告

12.1 房地产估价流程

12.1.1 房地产估价流程的介绍

房地产估价流程是指一个房地产估价项目运作全过程中的各项项目工作，按照其相互联系排列出的先后进行次序。一般房地产估价流程有狭义和广义之分。狭义的房地产估价流程注重估价工作本身，开始于获取估价业务，结束于出具估价报告。广义的房地产估价流程是在狭义的房地产估价流程的基础上，加上了受理估价委托之前的获取估价业务和出具估价报告之后的估价资料的归档①。从广义的房地产估价流程来看，一个房地产估价项目运作全过程和工作步骤如下：

(1) 获取估价业务；
(2) 受理估价委托；
(3) 拟定估价作业方案；
(4) 搜集估价所需资料；
(5) 实地查勘估价对象；
(6) 选定估价方法测算；
(7) 确定估价结果；
(8) 撰写估价报告；
(9) 审核估价报告；
(10) 出具估价报告；
(11) 估价资料存档。

房地产估价应当按照以上步骤进行，不得随意省略其中的工作步骤。在实际估价中，各个工作步骤之间不是完全割裂的，相互之间可以有一些交叉，有时甚至需要一定反复。

12.1.2 获取估价业务

从事房地产估价，首先要有房地产估价业务。房地产估价业务的来源归纳起来主要

---

① 刘立，李志超．房地产估价师实物手册[M]．机械工业出版社，2005.

有下面三类。

1. 被动接受

被动接受就是坐等估价需求者找上门来寻求估价服务。估价需求者可能是企业、其他组织或个人,也可能是政府或某个政府部门;可能是该房地产的所有者、使用者,也可能不是。例如,估价需求者可能是房地产所有者或使用者的代理人;房地产的欲购买者也可能要求对其欲购买的房地产进行估价;一方以提供房地产的方式与另一方合作(如作价入股、合资、合作开发经营房地产或从事其他经营活动),另一方也可能委托估价机构对该房地产进行估价,以其为与对方讨价还价提供价值参考依据;房地产所有者或使用者将其房地产抵押贷款,受理该抵押贷款的银行也可能委托其信任的估价机构对该房地产进行估价;政府为征收房地产税,也可能委托估价机构对课税对象的房地产进行估价;法院要处理涉案的房地产,如拍卖、抵押、定罪量刑等,也可能委托估价机构对房地产进行估价;城市房屋拆迁,拆迁人(往往不是房地产所有者、使用者)委托估价机构对被拆迁房屋进行估价等。

2. 主动争取

主动争取是出门去力争为估价需求者提供估价服务。这在估价业务社会化、市场化后,特别是在估价机构多、竞争激烈的情况下,是估价业务最主要的来源。但值得指出的是,争取估价业务应当通过提升估价机构的品牌和社会公信力,提高服务质量和进行恰当的宣传、广告等途径,而不应当采取不正当的竞争手段,如迎合委托人对估价结果的不合理要求,恶意压低估价服务收费,给予回扣或利诱,诋毁竞争对手,发放虚假、夸大的宣传、广告等。另如前所述,估价需求者不一定是房地产的所有者、使用者,因此在争取估价业务时可拓宽思路。

3. 自有自估

自有自估是对自己拥有或拟取得的房地产,自己提出估价要求,并自己进行估价。这是对估价能力者而言的,但这种估价不属于专业估价行为,其估价结果或估价报告对外也不具有法律效力,仅供自己掌握,以做到心中有数。例如,企业在清产核资时对自己拥有的房地产进行估价,房地产开发商为其参加政府举行的土地使用权招标、拍卖、挂牌出让活动拟报的购买价格进行评估。

特别需要指出的是,在获取估价业务时,估价机构和估价人员在与估价需求者接触中,根据所了解的估价业务的基本情况,如果感到自己的专业能力或相关经验所限而难以评估出客观、合理的价格或价值时,就不应当承接该项估价业务。如果与估价需求者或相关当事人有利害关系而可能影响到独立、客观、公正的估价时,应当回避该项估价业务。

例如，城市房屋拆迁估价，《城市房屋拆迁估价指导意见》第 8 条规定：“估价机构和估价人员与拆迁当事人有利害关系或者身为拆迁当事人的，应当回避。”

在上述不应当承接或者应当回避估价业务的情况下，估价人员和估价机构可以向估价需求者介绍其他合适的估价机构和估价人员承接该项业务。如果是估价机构的专业能力或相关经验所限的，必要时，经征求估价需求者同意，也可以与其他合适的估价机构联合承接该项业务。

12.1.3　受理估价业务

1. 明确估价的基本事项

在实际进行房地产评估过程中，会涉及许多方面的问题，需要处理的事项也较多。有些事项直接关系到估价作业的全过程，对估价额也有较大的影响，这些事项被称作估价的基本事项，必须预先明确。一般来说，估价的基本事项包括估价对象、估价目的、估价时点及评估前提四个方面。

1）明确估价对象

(1) 评估实体的确定。即要明确评估对象是什么、范围如何。若是土地，是生地(无开发成本)、新开发地(有开发成本)还是其上附有影响地价的附属建筑物。若是房地合一的估价对象，其建筑物是依然保存，还是将被拆除。若是单纯的房产估价，则要明确建筑物的含义，如为写字楼是否包括其中配备的设备，如为酒楼是否包括其中的家具等。

(2) 评估对象权利状态的确定。首先要明确所评估的是何种物权，是所有权还是使用权或抵押权等。在我国，评估时要注意评估对象是否是通过有偿出让方式获得的土地使用权，土地使用权的批租年限、已使用年限、剩余使用年限是否受到限制、是否完整等。如评估对象是否已设定了租赁权、抵押权、典当权和地役权等？其年限如何？完全产权、已设定有某种他项权利的不完全产权、房屋的部分墙体的归属等都必须明确。

2）明确估价目的

估价目的可具体分为买卖、交换、租赁、入股、抵押、典当、保险、课税、征用、拆迁补偿、投资决策、清产核资、区域规划、分析等。不同的评估目的对于估价方法的选择和估价结果是有一定影响的，因此，必须明确评估目的。

明确了评估目的，也就相应地确定了所要评估的价格类型，如买卖价格、租赁价格、入股价格、抵押价格、征用价格、课税价格等。各种价格在评估时都有相应的注意事项，如抵押价格评估与买卖价格评估就有较大的差异。由于抵押价格评估要考虑抵押贷款清偿的安全性，因此其数额应等于评估对象的预期价格(抵押期限)减去处置税费等。征用价格和课税价格评估一般是按照国家的有关规定进行，如有些国家及地区规定，土地的课税价格用路线价法评估；保险价格的评估仅指建筑物及其家具、设备的价值等。

3）明确估价时点

房地产价格受多种因素的影响，是不断变化的。对于同一宗房地产来说，在不同的时点上，其价格可能有较大的差别。我们通常所说的某宗房地产的价格都是指该房地产在某个特定时点上的时价，我们所要评估的也正是这种时价。非时价的评估不仅是毫无意义的行为，而且是无法进行的。因此，必须明确估价时点。估价时点一般以年、月、日来表示，其详略程度一般是由房地产市场的稳定程度及评估的价格种类决定。从理论上讲，估价的难易程度与估价时点的具体程度有关。估价时点越具体，要求的估价精度就越高，估价的难度也就越大。

4）明确评估前提

由于特殊情况的需要，以及评估对象与其他事物之间所存在的关系，在评估上还要明确评估的前提条件，主要包括以下四种：①独立估价。独立估价发生在估价对象为土地与建筑物合一的"房地产"上，根据某种需要或特定条件，有时单独就该房地产的土地部分进行评估，并且不考虑建筑物的存在，这种情形称为独立估价。简单地说，就是将土地当成空地，视为无建筑物存在的情形下进行评估。在地上建筑物预定拆迁的条件下，往往进行建筑物拆迁的独立估价。②部分估价。部分估价是指估价对象房地产是由土地及建筑物构成的综合体，在该土地与建筑物为一整体的既定条件下，仅就其中的土地或建筑物进行价格评估。它与独立估价的区别是，独立估价不考虑地上建筑物存在对地价的影响，而部分估价则考虑地上建筑物存在对地价的实际影响，或土地对建筑物价格的实际影响。由房地产价格的均衡法则、适合法则等可以判定，土地或建筑物的部分估价额将受到既定状态的影响而发生变化。③合并估价或分割估价。以房地产的合并或分割为前提所进行的评估，称为合并或分割估价。例如，以购买邻地并与自有土地合并使用为前提，对邻地进行买卖价格评估即为合并估价；又如，为使土地的一部分分割出售成为可能，而评估其剩余部分的价格，即为分割估价。无论是合并估价还是分割估价，其估价结果都将与正常评估存在一定差异，其评估出的价格称为"限定价格"，即在市场受限定的条件下所形成的价格，该价格仅对特定的交易主体具有经济合理性。④变更估价。变更估价是以改变房地产的利用状态为前提所进行的评估，也可称为变更利用状态估价，它主要包括如下三种情形：一是以房地产改变原来的用途为前提所进行的估价。如学生宿舍将改造为宾馆，政府机关办公楼将改造成供出租的写字楼等。二是以房地产重新进行装修改造为前提所进行的估价。三是以拆除建筑物为前提对土地进行的估价。对于上述需要确定的种种估价事项，一般都是由委托人提出的，或根据委托人的意向由估价人员整理出来的。

2. 签订估价合同

估价合同签订前，双方应说明收费标准和付款形式。如经审查分析，不能接受此项业务委托，应尽快通知委托人并说明理由。估价者决定接受委托后，可通知委托人填写正式的估价委托书并办理有关手续，签订委托合同。合同必须对估价的各种具体要求、委托人提供的有关证件与资料、估价费用、估价时点、估价完成日期等做出明确规定。签订合同后，估价者应按合同的时效和质量要求，编制估价计划，安排估价人员，做好必要的准备工作。

12.1.4 拟定估价作业方案

明确了估价的基本事项，就可以基本把握住整个估价任务。为了保证估价工作高效、有秩序地展开，应预先拟订出合理的作业计划。

1. 拟采用的估价技术路线和估价方法

房地产估价技术路线就是估价人员模拟房地产价格形成过程、揭示房地产价格内涵时的思路。因此，房地产估价技术路线体现的正是估价对象房地产的价格形成过程，反映的是估价对象房地产的价格内涵。

以《房地产估价规范》(以下简称《规范》)第6.4.4条为例：以划拨方式取得的土地使用权连同地上建筑物抵押的，评估其抵押价值时应扣除预计处分所得价款中相当于应缴纳的土地使用权出让金的款额，可采用下列方式之一处理：

(1) 首先求取设想为出让土地使用权下的房地产的价值，然后预计由划拨土地使用权转变为出让土地使用权应缴纳的土地使用权出让金等款额，两者相减为抵押价值。此时土地使用权年限设定为相应用途的法定最高年限，从估价时点起计。

(2) 用成本法估价，价格构成中不应包括土地使用权出让金等由划拨土地使用权转变为出让土地使用权应缴纳的款额。

这里给出的处理土地使用权出让金问题的两种方法，就是两种估价技术路线。

2. 拟调查搜集的资料及其来源渠道

资料的收集与整理是估价者在计划指导下充分占有和利用信息资源的阶段，也是为准确估价寻找依据、为现场查勘做准备的阶段。资料收集的深度和广度很大程度上取决于计划阶段初选的估价方法，一般应围绕估价方法所赖以计算的资料数据进行收集。如对供出租用的写字楼拟选用收益还原法来评估其价格，则需收集可供出租的面积、出租率或空置率、租金水平、分摊折旧、负担利息、运营管理费、税收等方面的资料。如某块土地拟选用假设开发法来评估其价格，则需收集规定用途、容积率、覆盖率、建筑高度等方面的资料。

资料收集除了来源于评估委托人提供的必要资料和实地查勘所得资料外，估价人员还可以从估价机构建立的资料存储系统中提取有关资料，或到政府有关主管部门去查询，或向其他当事人、咨询公司询问。

3. 预计所需的时间、人力

根据估价对象的目的、时点及初选的估价方法可判断委托任务的轻重、易难和缓急程度，从而确定估价所需的作业时间和投入多少人力参加此项评估任务。评估人员的选定和工作安排以及评估人员各自分工负责的工作范围明确以后，有利于参与人员协同动作、相互配合，提高工作效率。

4. 拟定作业步骤和作业进度

估价作业的时间性和实务性都很强，必须注意时效。整个估价工作的时间可以从接受委托之日起到交付估价报告止。一般委托人对估价完成的日期都有较高的要求，并在签订委托合同时将其作为重要条款写进合同。能否在约定时间内圆满地完成估价任务，不仅关系到估价方的经济利益，而且对估价方的信誉有着举足轻重的影响。因此，要通过估价作业计划，把估价作业的流程按程序规定好相应的时间进度和时限，使操作的每个步骤既科学、有序，又省时、省力。

5. 收集估价所需材料

主要包括以下四个方面的材料。

1）房地产价格的一般影响因素资料

房地产价格的一般影响因素，基本上属于宏观的社会因素，它们并不直接决定某宗房地产的价格，但对整个房地产市场的价格走势具有决定意义，对某类房地产的价格有时能产生特别大的影响，所有这些，最终也都会体现在个别房地产上。因此，必须广泛收集并深入分析这方面的有关资料。

从总体来看，一般影响因素对房地产价格的作用是错综复杂的，而分析它们对估价对象的价格究竟产生何种影响更是一个难度很大、非常复杂的问题。一般来说，没有固定的数学公式可套用，主要依靠估价人员长期积累的丰富经验进行综合分析判定。尤其是在房地产市场起伏较大、变幻莫测时，对于这些因素的分析更要依赖于经验，有时甚至体现为估价师的眼力。但是，当房地产市场走势比较稳定、价格变动比较平稳时，这些一般影响因素对房地产价格的综合作用还是能够体现出规律性的，房地产价格将出现平稳的变动趋势，这时可运用统计规律和预测方法来确定房地产价格的平均增减量、平均增长速度或价格变化模型。对这些数据加以具体分析，即可确定一般因素对评估对象价格变化的作用影响。

在分析过程中，应善于根据具体情况确定对评估对象或某类物业的价格变化有较大影响的关键因素，从而既可简化分析的难度，又可提高分析的精确性。

2）区域市场资料

由于房地产市场的区域性，区域市场的资料对评估对象价格的影响更大。区域市场资料主要包括一般影响因素在区域市场上的体现,包括该地区经济、社会、城市建设(基础设施与公益设施的建设)、城市规划的发展变化,也包括该地区的市场特征及交易情况等。

3) 实例资料

主要包括市场交易实例资料、开发建造实例资料和房地产运用收益实例资料(如出租房地产的有关资料)。在评估过程中,无论是否直接运用这些资料,都应尽量收集,以供参考。对于搜集到的实例资料,应整理成表格形式,以便于利用。

4) 评估对象的情况

该资料的收集是在实地勘察时完成的,一般是按固定的表格填写。各类资料的来源渠道主要是:①委托者提供;②实地勘察;③政府有关部门提供;④相关当事人提供;⑤咨询公司提供。

另外,必须指出,运用不同的估价方法,收集资料的侧重点是有较大差异的。

12.1.5 实地查勘估价对象

估价人员必须到估价对象现场,亲身感受估价对象的位置、周围环境及景观的优劣,查勘估价对象的外观、建筑结构、装修、设备等状况,并对事先收集的有关估价对象的坐落、四至、面积、产权等资料进行核实,同时搜集补充估价所需的其他资料,以及对估价对象及其周围环境或临路状况进行拍照等。

需要说明的是,房地产的用途可以分为四大类,即商业、办公、居住和工业,估价对象的用途不同,实地踏勘时的侧重点就不同。

各用途的现场勘察因素可以分别列举如下。

1) 商业用途

商业繁华度、交通便捷度、区域土地利用方向、临街宽度和深度、临街道路状况、宗地形状及可利用程度、公用服务设施状况、基础设施状况、自然和人文环境状况等。

2) 综合用途

办公集聚程度、交通便捷度、区域土地利用方向、临街宽度和深度、临街道路状况、宗地形状及可利用程度、公共服务设施、基础设施状况、自然和人文环境状况等。

3) 居住用途

居住社区成熟度、交通便捷度、区域土地利用方向、临路状况、宗地形状及可利用程度、公用服务设施状况、基础设施状况、自然和人文环境状况、与区域中心的接近程度等。

4) 工业用途

产业集聚程度、交通便捷度、区域土地利用方向、临路状况、宗地形状及可利用程度、公用服务设施状况、基础设施状况、环境状况等。

其中,相同的因素对不同用途的影响程度也有所不同,从上面也可以看出对不同用途估价对象环境条件调查的主要侧重点。

12.1.6 选定估价方法测算

1. 对材料进行分析

在获取完备的资料后，应对项目进行综合分析，从而为选择估价方法进行计算奠定基础。这一阶段的作业包括两项。

1）资料综合分析

资料综合分析的目的是确定房地产估算的基本数据，基本数据准确与否对估算的最终结果有直接影响。如果资料综合分析不能如实地反映房屋建筑的各类技术数据，甚至发生失误，则会影响价格评估的正确性，致使当事人蒙受不应有的损失，也会影响估价者的声誉。

资料综合分析的重点是：①检查资料是否为估价所必需的资料，即注意该资料是否与委估房地产的种类、委托估价的目的与条件相符；②房屋产权的归属是决定评估房屋价格的重要因素，一定要准确。

2）价格形成分析

房地产价格的形成，一方面是基于它的实体因素，另一方面是基于它的影响因素。房地产价格的实体因素可以通过确认来把握，而影响因素则要通过有经验的评估人员加以分析，以便把握各因素对价格的影响程度。房地产价格的诸多影响因素可以划分为区域因素和个别因素两大方面。

2. 选定估价方法

在选择评估方法时，主要依据如下两方面情况：第一，各种估价方法的适用范围；第二，估价对象的特征及其评估目的和评估前提等。

房地产估价方法主要有市场比较法、收益法、成本法、假设开发法、基准地价修正法，估价人员应熟知并正确运用这些估价方法。

(1) 对同一估价对象宜选用两种以上的估价方法进行估价。

(2) 根据已明确的估价目的，若估价对象适宜采用多种估价方法进行估价，应同时采用多种估价方法进行估价，不得随意取舍。若必须取舍，应在估价报告中予以说明并陈述理由。

(3) 有条件选用市场比较法进行估价的，应以市场比较法为主要方法。

(4) 收益性房地产的估价，应选用收益法作为其中的一种估价方法。

(5) 具有投资开发或再开发潜力的房地产的估价，应选用假设开发法作为其中的一种估价方法。

(6) 在无市场依据或市场依据不充分而不宜采用市场比较法、收益法、假设开发法进行估价的情况下，可采用成本法作为主要的估价方法。

由于每种估价方法本身的局限性(每种估价方法的适用对象和适用条件不同),同时也由于估价中所采用的各种数据资料具有一定的不确定性,在运用各种估价方法进行估价时,都不可避免地需要进行估算和判定。因此,采用任何一种估价方法都难以确保真正准确地反映估价对象的客观、合理价格或价值。

由于每种估价方法的估算判定的角度不同,所依据的估价数据和资料不同,因此,数据资料的不确定性对各种估价方法的估算判定过程的影响程度是不一样的,对同一估价对象应同时选用两种以上的估价方法进行估价,有助于各种估价方法之间的互相补充,消除数据资料的不确定性对估价结果准确性的影响。

12.1.7　确定估价结果

对不同估价方法估算出的结果,应进行比较分析。当这些结果差异较大时,应寻找并排除出现差异的原因。如果计算结果差异较大是由于采用了不适宜的估价方法所造成的,可淘汰不适宜的估价方法估算出的结果。

对不同估价方法估算出的结果应做下列检查:

(1) 计算过程是否有误。

(2) 基础数据是否准确。

(3) 参数选择是否合理。

(4) 是否符合估价原则。

(5) 公式选用是否恰当。

(6) 选用的估价方法是否适宜估价对象和估价目的。

在确认所选用的估价方法估算出的结果无误之后,应根据具体情况计算求出一个综合结果。求出一个综合结果可选用下列数学方法:

(1) 求简单算术平均数。

(2) 求加权算术平均数。

(3) 以一种估价方法计算出的结果为主,其他估价方法计算出的结果只供参考。

在计算求出一个综合结果的基础上,应考虑一些不可量化的价格影响因素,对该结果进行适当的调整,或取整,或认定该结果,作为最终的估价结果。当有调整时,应在估价报告中明确阐述理由。

不可量化的价格影响因素,是指那些难以用数量衡量的房地产价格影响因素。例如,采用市场比较法时,交易行为中有利害关系人之间的交易,急于出售或急于购买情况下的交易等,即为不可量化的价格影响因素。采用其他估价方法,也存在类似的不可量化的价格影响因素,从而影响估价结果。

12.1.8　撰写估价报告

估价报告是记述评估成果的文件,为了保证其质量,在撰写时要遵循掌握内容全面、格式清晰、简明扼要、突出评估依据的原则。

1. 估价报告书的形式

估价报告书有定型式(或称表格式)、自由式与混合式三种,可根据评估活动的具体情况灵活选用。

1) 定型式估价报告书

定型式估价报告书又称封闭式估价报告书,是固定格式、固定内容,估价人员必须按要求填写,不得随意增减。其优点是一般事项反映全面,填写省时省力;缺点是不能根据估价对象的具体情况深入分析某些特殊事项。如果能针对不同的估价目的和不同类型的房地产,制作相应的定型式估价报告书,则可以在一定程度上弥补这一缺点。

2) 自由式估价报告书

自由式估价报告书又称开放式估价报告书,是由估价人员根据评估对象的情况而自由撰写的、无一定格式的估价报告书。其优缺点与定型式估价报告书恰好相反。

3) 混合式估价报告书

混合式估价报告书是兼取前两种报告书的形式,既有自由式部分,又有定型式部分的估价报告书。

2. 估价报告书的组成

一份完整的估价报告书通常由下述8个部分组成:①封面;②目录;③致委托方函;④估价师声明;⑤估价的假设和限制条件;⑥估价结果报告;⑦估价技术报告;⑧附件。

3. 估价报告应记载的事项

在估价报告书中至少要记载下列事项:①估价项目名称;②委托方名称或姓名和住所;③估价方(房地产估价机构)名称和住所;④估价对象;⑤估价目的;⑥估价时点;⑦价值定义;⑧估价依据;⑨估价原则;⑩估价技术路线、方法和测算过程;⑪估价结果及其确定的理由;⑫估价作业日期;⑬估价报告应用的有效期;⑭估价人员;⑮注册房地产估价师的声明和签名、盖章;⑯估价的假设和限制条件;⑰附件。

12.1.9 审核估价报告

为保证估价报告的质量,估价机构应当建立估价报告内部审核制度,由资深的估价人员按照合格估价报告要求,对撰写的估价报告进行全面审核,并确认估价结果的合理性。

对估价报告进行审核,类似于对生产出的产品在出厂前进行的质量检验,是防范估价风险的最后一道防线。对于经审核认为不合格的估价报告,要作修改或者重新撰写。只有经审核合格后的估价报告,才能够出具给委托人。

在估价报告审核中,要做好审核记录。完成审核后,审核人员应在审核记录上签名,并注明审核日期。

12.1.10　出具估价报告

估价报告经审核合格后，由负责该估价项目的专职注册房地产估价师签名、盖章，以估价机构的名义出具，并由负责该估价项目的估价人员及时交付给委托人。估价人员在交付估价报告时，可就估价报告中的某些问题作口头说明或解释，至此完成了对委托人的估价服务。

12.1.11　估价资料的归档

完成并出具估价报告后，应对有关该估价项目的一切必要资料进行整理、归档和妥善保管。

应当归档的估价材料包括：

(1) 估价机构与委托人签订的估价委托合同；

(2) 估价机构向委托人出具的估价报告(包括附件)；

(3) 实地查勘记录；

(4) 估价项目来源和接洽情况记录；

(5) 估价过程中的不同意见和估价报告定稿之前的重大调整或修改意见记录；

(6) 估价报告审核记录；

(7) 估价人员和估价机构认为有必要保存的其他材料。

应将涉及估价项目的一切必要资料进行整理、归档和妥善保管，以方便今后的估价，有助于估价机构和估价人员不断在业务中提高估价水平，也有助于解决以后可能发生的估价业务纠纷，还有助于政府主管部门以及行业学会、协会对估价机构的资质审查。估价档案保存期限自估价报告出具之日起计算，应不小于10年。保存期限届满而估价服务行为尚未结束的，估价档案应保存至估价服务的行为结束为止。

12.2　房地产估价报告

12.2.1　房地产估价报告的概念

房地产估价报告是估价人员基于估价对象目的，将估价过程中采用的原则、方法、程序、依据与参数选择、数据资料取舍、估价结果以及估价人员、估价机构、注意事项等进行翔实而完整的记载，以履行委托估价方委托的估价合[①]。根据《房地产估价规范》(GBT 50291—2015)的要求，每份估价报告应由不少于两名注册房地产估价师签名，并由房地产估价机构盖公章。

---

① 周寅康．房地产估价．东南大学出版社，2006．

房地产估价报告可视为估价机构提供给委托人的“产品”，是给予委托人关于估价对象客观合理的价格或价值的正式答复，是关于估价对象客观合理价格或价值的专业意见，也是关于估价对象客观合理价格或价值的研究报告。

12.2.2 房地产估价报告的写作基础

1. 房地产估价报告的写作主体

房地产估价报告的写作主体实质上是从事该项业务的房地产估价机构和专业估价人员。而房地产估价报告的写作属于专业写作，一份高质量的房地产估价报告，依赖于估价人员良好的综合素质。而综合素质，只能在实践中不断积累和不断提高。以下提出的各项要求是必须达到的基本要求。

(1) 要有扎实的相关经济知识

房地产估价作为一门学科，属于经济分析与技术分析相结合的实用性边缘学科，设计专业学科比较庞杂。这就要求：首先，在经济方面，应掌握经济学理论、价格理论、投资学、金融学、保险学、会计学、统计学、工程技术经济学等相关知识；其次，在建筑工程方面，应掌握基本建设的一般程序、建筑构造、建筑材料、工程造价等相关知识。此外，还必须掌握城市规划知识、土地管理和房地产管理知识以及与房地产相关的政策、法律知识等。

只有掌握了上述专业知识，才能满足房地产估价的基本条件。

(2) 要有丰富的专业经验

撰写房地产估价报告是估价人员在一定经验和知识的基础上产生的一种创造行为。这种创造行为在很大程度上体现着估价人员经验和知识的个性特点，二者都是不可缺少的必要条件。但专业经验在某些特定条件下甚至比知识更重要。

经验需要在实践中不断总结和不断积累。一个人经验的获得是在个人、现实生活和社会历史三维背景下形成的。因此，专业经验的积累也就有多种途径，实际动手操作当然是最重要的、必不可少的途径。这就要求每一个执业的估价师必须尽可能地动手写作房地产估价报告。同时，学习也是积累经验的有效方法，考察和研究估价同行的作品，加强同行之间的交流，从中找出自己可以汲取的内容，可以迅速增长自己的专业能力。

(3) 较高的认知能力

房地产估价师的认知能力是指能否在社会经济活动的大环境中，迅速、正确地评价估价对象的客观价格或价值的思维表现。认知能力来源于估价人员由知识结构、智力结构和观念方法交融而成的综合经验。它主要体现为对估价对象在房地产市场中的客观价格或价值的判断和确认。因此，把握房地产市场价格运动规律就成为认知能力中最重要的因素。房地产市场价格变化受多种因素的影响，房地产估价师就要在这种复杂变化的因素中寻找那些主要的影响因素。同时还要不断地更新和补充新的知识，以提高自己的分析判断能力。

(4) 良好的职业道德

房地产估价报告是特定的问题，有其特定的用途。房地产估价师的职业道德水准的高低，将直接影响估价结论，从而对估价报告的使用者产生巨大的经济影响和社会影响。房地产估价师职业道德的核心内容是要求估价行为独立、客观、公正，房地产估价师不得在估价作业中掺杂个人和机构的额外利益。

(5) 驾驭语言文字的能力

在语言文字方面的要求主要有对词义、语句的要求以及防止错字、漏字等。另外还有段落、结构安排、文字说明、图表的结合使用，以及专业术语规范等要求。

2. 房地产估价报告的写作客体

要写好估价报告必须有充分的材料。这里包含两个方面的内容：一是客观存在的各种各样的客观材料，二是主观认识的各种各样的认知和感受。这两个方面的内容存在有机联系。作者主观方面的认识、感受是材料积累的核心。有了这个核心，其他方面的材料才能活起来，才能形成作者的写作意图，进入写作过程，否则，其他方面的材料都是松散无序的，发挥不了作用。客观实践的种种材料，是形成和表现作者认知的基石。没有这个基石，作者的认知、感受无法形成，也不会写出好的估价报告。

因此，估价师在平时就要善于观察、善于发现、善于积累，随时随地地搜集各类资料。

3. 房地产估价报告的写作载体

写作的载体是指作者进行写作活动的工具，以及写作成果的凝聚物，即语言文字符号，以及由语言文字符号、篇章结构生成的文章。

写作的一个载体就是写作的工具，主要有纸、笔、计算机等。此外另一个重要的载体是在语言文字的基础上形成的篇章结构和文体。篇章结构和文体是在写作实践中形成的。目前，世界发达国家和地区的估价报告基本上都有了相对固定的结构和文体。

4. 房地产估价报告的写作受体

房地产估价报告的写作受体是特定的读者阅读和使用的，而且这些读者对房地产的知识可能了解得有限。合格的房地产估价报告就是让那些不懂房地产估价业务的委托人和使用者能够读懂报告。

12.2.3 房地产估价报告的写作原则

客观性原则、目标性原则、规范性原则是房地产估价报告写作必须特别把握的根本性原则，要深刻地理解和熟知。

1. 客观性原则

房地产估价报告写作的客观性原则是要求所采用的写作材料、分析过程和最终的估价结论必须客观、真实。不能虚构，不能夸大，不能缩小，连写作细节也要经得起客观事实的推敲。

房地产估价报告写作要求客观、真实，是由房地产估价报告的咨询、实证和法律性等专业性质决定的。房地产估价报告来不得半点虚假，在估价报告写作中绝对不允许使用其他文学作品诸如"艺术的真实"等手法。无论委托人使用报告的目的是价格咨询、资产价值确认，还是行政管理、法律诉讼的价格鉴证凭据，都要以客观事实为基础。

首先，估价报告采用的背景资料要真实。估价对象房地产的权益状况、实物状况、区位状况等描述性的材料都必须是客观真实的。这些材料都是最终判断估价对象房地产价格的基础，无论哪一个方面不真实，都会导致最终的估价结果出现偏差。

其次，分析性的材料要客观。估价过程中大量采用可以比照参考的价格材料，用这些材料比较分析出估价对象的价格。市场法最重要的是选取可比实例，对于这些可比实例虽然可以进行修正、调整，但选择可比实例的条件必须是客观存在和实际发生的。成本法要采用社会平均成本，收益法要采用客观收益等，都是在估价报告写作的客观性原则下进行的。

最后，估价结果应是估价对象客观、合理的价格或价值。如果估价结果与现实客观市场状况偏差太大，就必须重新检验该项估价所采用的材料是否客观、真实，可比性怎样，采用的估价方法是否得当，分析测算过程是否合理，以便做出符合客观现实的调整。

2. 目标性原则

房地产估价报告是受命写作，源于估价委托人某种特定的需要，整个写作过程都有一个明确目标，写作材料的搜集、篇章结构的整合、技术路线的确定、估价结果的说明都要围绕这个明确的目标进行。也就是说，房地产估价报告的写作，必须把握目标、紧扣主题。

把握估价报告的写作目标，要区分好一般性目标和特定目标两层含义。一般性目标是对所有的房地产估价报告而言的，就是价格。因为估价报告研究的都是估价对象的评估价格，所有的写作都是围绕完成最终的评估价格进行的。与估价对象的价格无关的因素在估价报告中体现是没有意义的，而且会冲淡主题，产生歧义。这是估价师要把握的一个基本原则。

关于特定的目标，则因委托人提出的估价目的不同而不同。现实中，需要进行房地产估价的业务类型很多，因而产生了多种估价目的。对于不同估价目的的估价业务，估价思路会有差别，最终的评估价格也会有差别。同一宗房地产，其正常交易估价得出一个价格水平，而非正常交易(如强制拍卖、企业破产清算等)估价则很可能得出另一个价格水平。所以，估价报告写作还要把握根据估价目的而产生的特定的目标。针对这个特定目标搜集材料，组织估价思路，推导出符合客观事实的估价结论，写出符合目标的估价报告。

3. 规范性原则

房地产估价报告写作的规范性原则，是对估价报告的结构形态而言的，即房地产估价报告的篇章结构要程式化、符合统一的要求。

房地产估价报告的体裁结构经历了渐近发展的过程，由最初的“百花齐放”，不断地总结提炼，逐步演化为统一的、相对固定的、程式化的结构。这种程式化的结构体现了长期实践中集体写作智慧，充分反映了房地产估价报告的写作规律，使写作过程更为明了、效率更高，也使估价报告的使用者更容易掌握和知晓。国家标准《规范》规定估价报告的篇章结构包括封面、目录、致委托人函、估价师声明、估价的假设和限制条件、估价结果报告、估价技术报告、附件八个部分，对每一个部分又做了细化的结构规定。同时也推荐了估价报告的规范格式。随着《规范》的修订，这些还将不断改进。

除上述三项特定的原则之外，作为应用文写作，其他应用文写作的原则对房地产估价报告也同样适用，如文章的逻辑推理性原则，语言简约性原则等，也是需要了解和掌握的。

12.2.4 房地产估价报告的形式

房地产估价报告一般的形式为书面报告。书面报告可分为叙述式报告和表格式报告。

叙述式报告是一种由估价人员根据需要而撰写的估价报告形式。这一格式与下面将要介绍的表格式相对，其优点是估价人员可根据估价对象、资料状况、估价经验等进行详细分析和阐述，突出重点，如关键参数的选择与确定等；其缺点是易出现片面性或遗留①②。

表格是一种相对固定化了的估价报告格式，估价人员只需按表格要求逐项填写即可。这种估价报告的优点是操作方便，不易遗漏，估价人员撰写估价报告省时省力。其缺点是对一些特殊性、个别性的内容不能详细分析、突出重点，而这一点往往是估价报告质量和估价人员业务水平的体现所在；其次，对于一些需要说明的内容不能描述和重点说明。因此，对于成片或成批多宗房地产同时估价且单宗房地产的价值较低时可采用这种形式的估价报告，如旧城区居民房屋拆迁的分户估价报告，成批房地产处置的估价报告，等等。②

叙述式报告和表格式报告只是表现形式的不同，对它们的基本要求是相同的。下面主要以叙述式报告为例来说明估价报告的要求和内容。

12.2.5 房地产估价报告的组成部分

估价报告应包括下列部分。

1. 封面

封面的内容一般包括下列几项：

(1) 标题。即估价报告的名称。如“房地产估价报告”。

---

① 周寅康. 房地产估价[M]. 南京：东南大学出版社，2006.

② 柴强. 房地产估价[M]. 北京：首都经济贸易大学出版社，2005.

（2）估价项目名。说明该估价项目的全称，通常是采用估价对象的名称。

（3）委托人。说明该估价项目的委托人的名称或者姓名。其中，委托人为单位的，为该单位的全称；委托人为个人的，为该个人的姓名。

（4）估价机构。即受理该估价业务的估价机构的全称。

（5）估价人员。即所有参加该估价项目的注册房地产估价师的姓名。

（6）估价作业日期。即该估价项目估价的起止年、月、日，即受理估价委托的年、月、日至出具估价报告的年、月、日。

（7）估价报告编号。即该估价报告在估价机构内的编号，以便于归档以及今后的统计、查找等。

2. 目录

目录的一般内容如下：

（1）致委托人函。

（2）估价师声明。

（3）估价结果报告，内容包括：①委托人；②估价方（房地产估价机构）；③估价对象；④估价目的；⑤估价时点；⑥估价的假设和限制条件；⑦评估价值定义；⑧估价依据；⑨估价原则；⑩估价方法；⑪估价结果及其确定的理由；⑫估价作业日期；⑬估价报告的应用限制；⑭估价人员。

（4）估价技术报告，内容包括：①估价对象分析；②市场背景分析；③最高最佳使用分析；④估价方法选择；⑤估价测算过程；⑥估价结果确定。

（5）附件。

3. 致委托方函

致委托方函是估价机构正式将估价报告呈送给委托人的信件，在不遗漏必要事项的基础上其应尽量简洁。它一般包括以下几项：

（1）致函对象。即委托人的姓名或名称。

（2）致函正文。说明估价对象、估价目的、估价时点、估价结果、估价报告应用有效期（是指使用估价报告不得超过的时间限制，从估价报告出具日期开始计算）。

（3）致函落款。为估价机构全称，加盖估价机构公章，并由法定代表人（执行合伙人）或负责该估价项目的专职注册房地产估价师签名。

（4）致函日期。这是指致函时的年、月、日，即正式出具估价报告的日期。

4. 估价师声明

估价报告中注册房地产估价师的声明应包括下列内容，并应经注册房地产估价师签名、盖章：

(1) 估价报告中估价人员陈述的事实，是真实的和准确的。

(2) 估价报告中的分析、意见和结论，是估价人员自己公正的专业分析、意见和结论，但受到估价报告中已说明的假设和限制条件的限制。

(3) 估价人员与估价对象没有(或有已载明的)利害关系，也与有关当事人没有(或有已载明的)个人利害关系或偏见。

(4) 估价人员是依照中华人民共和国国家标准《房地产估价规范》进行分析，形成意见和结论，撰写估价报告。

(5) 估价人员已(或没有)对估价对象进行了实地查勘，并应列出对估价对象进行了实地查勘的估价人员的姓名。

(6) 没有人对估价报告提供了重要专业帮助(若有例外，应说明提供重要专业帮助者的姓名)。

(7) 其他需要声明的事项。

5. 估价报告的结果

估价报告的结果应简明扼要地说明下列内容。

1) 委托人

包括委托方的全称、法定代表人、办公住址、电话等。如个人委托包括姓名、住址、电话等。

2) 估价方(房地产估价机构)

包括估价机构的名称、法定代表人、办公住址、估价资格等级等。

3) 估价对象

从存在的自然形态上划分，房地产主要分为三大类，即土地、在建工程和建成后的物业。对于土地而言，生地与熟地的价格有较大的差异。而建成后的物业又分为居住物业、商业物业、工业物业和特殊物业等。不同的物业由于特点不同，影响价格的各种因素及其影响程度也各不相同。因此，明确估价对象为何种房地产，对编写房地产估价报告有十分重要的作用。对土地的描述说明应包括名称、坐落、面积、形状，四至、周围环境、景观、基础设施完备程度、土地平整程度、地势、地质、水文状况、规划限制条件、利用现状、权属状况。对建筑物的描述说明应包括：名称，坐落，面积，层数，建筑结构，装修，设施设备，平面布置，工程质量，建成年月，维护、保养、使用情况，地基的稳定性，公共配套设施完备程度，利用现状，权属状况。

4) 估价目的

房地产估价报告作为一种经济报告，与报告使用者的经济利益有着密切关系。因此不同的估价目的，不仅影响估价报告的估价结果，也限制了估价报告的使用范围。所以，编写房地产估价报告，估价目的必须十分明确。

5）估价时点

估价时点是写作估价报告需要特别强调的重要因素。由于房地产价格受众多因素的影响，始终处于动态的变化之中，为此，房地产估价报告中的估价时点，就是估价报告的出发点和立足点。正因为有了估价时点这一时间坐标，才使得房地产估价报告结论中的价格，是“此”价格而非“彼”价格。

6）估价的假设和限制条件

房地产估价是为特定目的、对特定房地产在特定时点的客观合理价格或价值的测算和判定。房地产价格由于受多种因素的影响，又处于不断的变化之中，因此，只有将不断运动的事物放在一个假设的静态环境下，才能对其加以分析、判断。因此，科学、合理的假设前提，对房地产估价师的估计、推测和判断是非常必要的。

7）评估价值定义

说明估价所采用的价值标准或价值内涵，如公开价值。

8）估价依据

包括委托协议（评估申请或相关文件）以及有关的法律、法规和与估价相关的资料等。

9）估价原则

除房地产估价的基本原则外，结合特定的估价目的和特定的估价对象，还包括具体的工作原则。

10）估价方法

包括本次估价所采用的方法以及采用这种方法（或多种方法）的理由、所用估价方法的定义等。

11）估价结果及其确定的理由

不同的估价方法估算出的结果是有差异的，即使是采用一种估价方法，在计算求出估价结果的基础上，也应考虑一些不可量化的价格影响因素，对估价结果进行适当的调整或取整，或认定该结果为最终结果。这些均应在估价报告中阐述其确定的理由。

12）估价作业日期

13）估价报告的应用限制

说明估价报告只能用于与估价目的相符的用途、估价报告应用有效期等。

14）估价人员

包括参与估价的项目负责人、估价师和估价员等。

15）其他说明事项

6. 估价技术报告

估价技术报告即本次估价的总体思路及具体分析测算过程中的技术思路。一般包括下列内容。

1）估价对象分析

估价对象的详细介绍，分析估价对象的区位、实物和权益状况等。

2）市场背景分析

详细说明、分析影响估价对象价值的类似房地产的市场状况及影响因素，包括过去、现在和可预见的未来。

3）最高最佳使用分析

详细说明估价对象的最高最佳使用。

4）估价方法选择

5）估价测算过程

估价中所采用的基本公式及概要的计算过程，采用的比准价格、报酬率、收益年限、建筑物的成新率、耐用年限、残值率等，以及其他相关数据的确定。

6）估价结果确定

详细说明估价结果及其确定的理由。

7. 附件

把一些可能重要的资料放入附件中。附件通常应当包括：

(1) 估价对象的位置图。

(2) 估价对象的外观图片(如建筑物的外观图片)、土地状况图或建筑平面图。

(3) 估价对象的四至和周围环境、景观图片。

(4) 估价对象的权属证明。

(5) 估价对象的内部状况图片。

(6) 估价中引用的其他专用文件资料。

(7) 估价机构资质和估价人员资格证明、专业经历和业绩等。

12.3　房地产估价案例

(封面)

房地产估价报告

估价项目名称：××××住宅房地产价格评估

委　托　方：××××房地产开发有限公司

估　价　方：××××××中心

估 价 人 员：××××××

估价作业日期：2014 年 7 月 1 日至 2014 年 7 月 20 日

估价报告编号：××××

目　　录

第一部分　致委托方函

××××××房地产开发有限公司：

受贵公司委托，我中心对贵方位于××市××区××××项目一期(E、F、G、H1、H2五幢住宅楼)截至2014年7月1日时未销售部分的房地产的现时市场价值进行了客观、公正的评估。本次估价目的是为贵方以估价对象进行抵押担保提供抵押价值依据。该未销售部分的房地产的建筑面积为27 505.70平方米，分摊的土地面积为7 108.10平方米，住宅用途，土地使用权类型为出让。我们确定估价对象在估价时点2014年7月1日的市场总价值为10 746.11万元，大写金额为人民币壹亿零柒佰肆拾陆万壹仟壹佰元整。

评估过程、结果及有关说明详见估价的假设和限制条件、《估价结果报告》及《估价技术报告》。

××××中心
二〇一四年七月二十四日

第二部分　估价师声明

一、估价师声明

我们郑重声明：

(1) 我们在本估价报告中陈述的事实是真实的和准确的。

(2) 本估价报告中的分析、意见和结论是我们自己公正的专业分析、意见和结论，但受到本估价报告中已说明的假设和限制条件的限制。

(3) 我们与本估价报告中的估价对象没有利害关系，也与有关当事人没有个人利害关系或偏见。

(4) 我们依照中华人民共和国国家标准《房地产估价规范》进行分析，形成意见和结论，写作本估价报告。

(5) 我们已对本估价报告中的估价对象进行了实地查勘。

(6) 没有人对本估价报告提供重要专业帮助。

(7) 其他需要声明的事项：

- 本报告估价时点为 2014 年 7 月 1 日，提交报告日期为 2014 年 7 月 20 日，估价结果自提交报告之日起有效期为一年，即自 2014 年 7 月 20 日至 2015 年 7 月 19 日。随着时间的推移，该房地产的价值应作相应调整，甚至重估。
- 本报告评估结果为充分考虑估价对象具体情况和同区位相似房地产的市场行情而得的估价对象的市场价格，并且仅用于为委托方提供客观、公正、科学、合理的估价对象市场价值依据。
- 本次估价按估价对象的形象进度进行评估，没有扣除未付的工程款及其他费用对估价结果的影响。

二、注册房地产估价师签字

房地产估价师姓名	注册证编号	签字
×××	×××	
×××	×××	

第三部分　估价的假设和限制条件

一、项目整体状况

××××住宅小区位于××市××区××号，分为东区和西区，其中东区只有一幢住宅楼 K 楼(有单独的国有土地使用证，待建)，西区共有 10 幢楼(共用一国有土地使用证)，分为一期 E、F、G、H1、H2 五幢住宅楼(2014 年 6 月 30 日已竣工入住)，二期 A、B、C 三幢住宅楼(现即将结构封顶)，一幢锅炉房(供整个小区供暖，已建完)，一幢会所(待建)。一期的五幢楼于 2013 年 5 月开始预售，于 2014 年 6 月 30 日竣工入住。本次的估价对象为××××住宅西区一期的五幢楼于 2014 年 7 月 1 日起未销售的房地产的一部分。

二、项目规划情况

根据建设工程规划许可证(证号见表 1)，××××总体规划建设情况见表 1。

表 1　××××总体规划建设情况一览表　　平方米

项目名称			规划建筑面积	规划地上层数/地下层数	数据来源
西区	一期	E 住宅楼	21 707.00	23/2	×××
		F 住宅楼	21 707.60	23/2	×××
		G 住宅楼	21 707.00	23/2	×××
		H1 住宅楼	5 953.00	14/2	×××
		H2 住宅楼	5 953.00	14/2	×××
		合计	77 027.60		—

续表

项目名称			规划建筑面积	规划地上层数/地下层数	数据来源
西区	二期	A住宅楼	94 533.00	24/2	×××
		B住宅楼			
		C住宅楼			
		合计			
	锅炉房		428.90	0/1	×××
	D会所		6 183.30	8/1	×××
	西区合计		178 172.80	—	—
东区	K住宅楼		5 785.00	16/2	×××
东西区总计			183 957.80	—	—

在实际建设过程中，上述的建筑面积有调整。根据××××房地产公司提供的“房屋土地测绘技术报告书”，上述有关工程的实际建筑面积见表2。

表2　××××总体实际建设情况一览表　　平方米

项目名称			总建筑面积	地上建筑面积	可售面积		备注
					住宅	配套商业	
西区	一期	E住宅楼	21 428.645	19 693.99	20 618.88	—	地上23层，地下2层，−1层为自行车库、设备用房，−2层为人防
		F住宅楼	21 427.140	19 693.84	20 618.29	—	地上23层，地下2层，−1层为自行车库、设备用房，−2层为人防
		G住宅楼	21 427.140	19 693.84	20 618.29	—	地上23层，地下2层，−1层为自行车库、设备用房，−2层为人防
		H1住宅楼	5 963.570	5 140.03	5 566.31	—	地上14层，地下2层
		H2住宅楼	5 963.570	5 140.03	5 566.31	—	地上14层，地下2层
		合计	76 210.065	69 361.727	72 988.082	—	

续表

项目名称			总建筑面积	地上建筑面积	可售面积		备注
					住宅	配套商业	
西区	二期	A住宅楼	83 495.200	69 350.68	16 813.46	4 214.18	
		B住宅楼			16 849.53	21 740.32	
		C住宅楼			16 805.57	—	
		合计			50 468.56	25 954.50	
	锅炉房		428.900	—	—		×××
	D会所		6 183.300	5 494.30	—		×××
	西区合计		166 317.465	—	123 456.642	25 954.50	—
东区	K住宅楼		5 785.000	5 180.00			×××
东西区总计			172 102.465	—	—	25 954.50	—

注：K住宅楼已有建筑工程规划许可的建筑面积，据开发商介绍，拟更改K楼的建设方案，建筑面积将有所调整，我们未获得拟调整的资料。故在表2中还以原规划面积列示。

本次评估我们以实际建筑面积(表2)列示的面积为计算依据。

从表2中我们可知，项目整体总建筑面积为172 102.465平方米，其中西区的总建筑面积为166 317.465平方米，西区一期建筑面积为76 210.065平方米。

三、土地使用权状况

××××住宅用地由两个国有土地使用证记载的土地组成，但本次估价对象所占用的土地处于《中华人民共和国国有土地使用证》[××××(2013出)字×××]，且是该证上所记载土地面积的一部分。该证记载××××西区的土地使用权面积为40 026.00平方米，根据表2，我们可知西区一期可销售建筑面积为72 988.082平方米，二期可销售建筑面积为76 423.06平方米(其中，住宅50 468.56平方米，配套商业25 954.5平方米)，D会所(待建)的建筑面积为6 183.3平方米[数据来源于建设工程规划许可(×××)，为地上八层、地下一层的建筑，地上建筑面积为5 494.3平方米]，锅炉房不参与土地面积的分摊。根据上述的建筑面积，我们可分摊计算出一期五幢楼所占用的建设用地面积为18 859.38平方米。计算如下：

[40 026×72 988.082/(72 988.082+76 423.06+5 494.3)]=18 859.38(平方米)

四、估价对象用途的确定

《中华人民共和国国有土地使用证》[××××(2013出)字×××]，××××西区土地的用途为住宅、配套及地下车库。本次估价对象为此证中住宅的一部分，故在评估中我们对一期E、F、G、H1、H2五幢住宅楼分摊的土地按住宅用途进行评估。

五、确定土地使用权剩余使用年限

依据上述土地证，估价对象出让期为70年，自2013年1月24日至2083年1月25日。经计算，截至估价时点一期E、F、G、H1、H2五幢住宅楼分摊的土地的使用权剩余年限为68.57年。

六、确定容积率

根据《审定设计方案通知书》[2013 规审字×××号]的附图，××××住宅的容积率为 3.19(但我们很难辨别其是总容积率、地上容积率还是收益容积率)。故我们按一期五幢楼所分摊的土地面积 18 859.38 平方米及其能销售的建筑面积 72 988.082 平方米来计算其收益容积率，为 3.87，以此作为我们此次评估的依据。

七、项目用地情况的说明

××××住宅用地原为××市×××总公司的用地，其于 2011 年 8 月 14 日与××××房地产开发有限公司(以下简称××××房地产公司)签署了“关于合作开发建设居民住宅合同书”。……由于返还面积均处于二期，故我们假设××××房地产公司对一期有全部产权，无纠纷。

八、土地出让金

项目西区已签订《××市国有土地使用权出让合同》……

基于以上原因，我们假设拟抵押担保的××××一期五幢楼所占用的土地取得费及出让金已全部缴清。

九、他项权利状况

根据《中华人民共和国国有土地使用证》[××××(2013 出)字×××]“记事”，××××一期五幢楼曾于 2013 年 3 月及同年 9 月办理了抵押登记，于 2014 年 4 月均予注销。本次评估假设估价对象未有任何他项权利。

十、其他假设和限制条件

1. 委托方对其提供资料的真实性和合法性负责。

2. 本次评估估价对象的形象进度为全部竣工。

3. 进入此次抵押评估范围的建筑面积由开发商提供，抵押登记时以预售备案登记主管部门核定的面积为准。

4. 未经评估单位书面同意，本评估报告的全部或任一部分不得用于公开的文件、通告或报告中，也不得以任何方式公开发表。

第四部分　估价结果报告

一、委托方

(略)

二、估价方

(略)

三、估价对象

(一) 估价对象概况

估价对象位于××市××区×××号，为××××住宅西区一期的五幢(三幢塔楼连两幢板楼)于2014年7月1日起未售完的房地产的一部分。三幢塔楼为地上23层、地下2层,两幢板楼为地上14层、地下2层。其负1层为自行车库及设备用房,负2层为人防。该五幢楼于2013年3月开工建设,于2014年6月30日竣工。

根据委托方提供的"抵押物汇总表"及本报告第三部分,为了直观,我们将抵押物的建筑面积整理如表3所示(委估方没有提供进入评估范围的建筑面积所对应房号)。

表3 抵押物建筑面积一览表 平方米

楼号		总建筑面积	地上建筑面积	可售面积	已销售面积	此次评估对象建筑面积
塔式高层	E住宅楼	21 428.645	19 693.987	20 618.882	3 599.87	6 619.220
	F住宅楼	21 427.140	19 693.840	20 618.290	6 483.28	8 888.330
	G住宅楼	21 427.140	19 693.840	20 618.290	12 032.77	6 628.260
	合计	64 282.925	59 081.667	61 855.462	22 115.92	22 135.810
板式小高层	H1住宅楼	5 963.570	5 140.030	5 566.310	2 188.32	1 735.210
	H2住宅楼	5 963.570	5 140.030	5 566.310	650.11	3 634.680
	合计	11 927.140	10 280.060	11 132.620	2 838.43	5 369.890
总计		76 210.065	69 361.727	72 988.082	24 954.35	27 505.700

由表3可知,进入此次评估范围的估价对象的建筑面积为27 505.70平方米,占该五幢楼可销售建筑面积的37.69%。

(二)估价对象权属

估价对象所在的××××住宅小区(分为东西两区,西区分一期、二期依次开发建设,估价对象位于西区一期)于2012年2月8日取得××市发展计划委员会和××市建设委员会核发的《关于合作开发建设××××住宅小区项目建议书(代可行性研究报告)的批复》[×计投资字××号],同意×××房地产公司与×××总公司合作北苑新村小区项目;于2012年5月31日核发的《关于××××住宅小区项目有关问题的函》[×计投资字××号],同意上述的合作开发改为由×××房地产公司独立开发。

××××住宅小区于2012年7月8日取得《中华人民共和国建设用地规划许可证》[编号2012规地字××号],证载建设用地面积为41 033平方米。

××××住宅小区于2013年6月2日取得《××市规划委员会审定设计方案通知书》(2013规审字××号),批准项目总建筑面积为177 469平方米,其中地上建筑面积为146 551平方米,地下建筑面积为30 918平方米。

估价对象所在的西区于2013年1月17日取得《中华人民共和国国有土地使用证》[××××(2013出)字×××],证载土地面积为40 026平方米,土地用途为住宅、配套及地下车库。

估价对象所在的西区一期于2013年3月27日取得该市建委颁发的《建筑工程施工许可证》[编号00(建)2013·××],一期五幢楼批准建筑面积为77 027.6平方米,实际建筑面积为76 210.065平方米;于2013年9月取得该市国土资源与房屋管理局颁发的《××市商品房预售许可证》[×房售证字(2013)××号],一期五幢楼准予预售。

综上所述,估价对象权属合法,且为委托方所拥有。

(三) 估价对象建设用地

根据估价对象的建筑面积,我们计算出估价对象分摊建设用地面积为7 108.10平方米(18 859.38×37.69%),形状规则,土地使用者为××××房地产公司,使用权类型为国有出让,用途为住宅,剩余使用权年限为68.57年,收益容积率为3.87,土地等级为六级,开发程度为宗地外“七通”(通电、通上水、通下水、通热、通气、通信、通路)和宗地内场地平整。所在区域东至×××、北至×××、西至×××、南至×××,处于×××的西北角。

(四) 估价对象配套设施及周边环境

××××属于“泛CBD”区域,位于××商务区中区,紧临×××高速路,驱车10分钟抵达CBD核心区;项目门前即为城市轻轨×××站;项目东侧的规划×××路将连通×××路与×××大街,使本项目又进一步缩短了与××商业中心的距离;项目周边有×××等多条公交线路,能随时满足出行的需要。

项目东南侧的×××大街是×××区的中心商业区,已形成较完善的生活配套设施,医疗、教育、商业配套、金融、邮政及餐饮娱乐等配套设施基本齐全,具有居住生活的便利性,但素质一般,呈现较为典型的近郊区的生活形态。

项目北侧紧临×××,是连通×××河的黄金旅游水道路,××市及××区历时十多年投入巨额资金正进行水系整治,不久将会使本案具备风景怡人、自然水系、高品质社区的条件。

(五) 估价对象的建材、设备及建筑标准

上述五幢住宅楼按毛坯房交房,其建材、设备及装修标准具体如下:

结构:钢筋混凝土剪力墙。

外墙:高级外墙专用涂料。

内墙:预留装修面。

大堂(首层):挑高4米,内部精装。

电梯:永大日立电梯。

门窗:名牌户门,锡厦牌彩色金属粉末喷涂铝合金中空玻璃推拉窗。

厨房:全部预留安装厨具位置。

卫生间:全部预留安装洁具位置,加防水层。

供电:市政供电,每户独立电表,刷卡收费。

供水：市政供水，每户独立水表，社区采用“中水系统”。

供气：市政管道天然气，每户独立电表，刷卡收费。

消防：公共部分安装消防喷淋系统，社区周界安装红外监控报警系统，厨房安装燃气泄漏报警系统。

采暖：社区进口模块燃气锅炉房集中供暖，中日合资名牌散热器。

通信：接收全频道有线电视，宽带入户可实现快速上网。

四、估价目的

本次估价为委托方核实估价对象现值，为××××一期项目贷款作抵押担保提供客观、公正、合理的市场价值依据。

五、估价时点

2014年7月1日

六、价值定义

此次评估的价格为估价对象现时市场房地产价格，包括土地使用权的价格和房屋价格。

其中，土地使用权价格是指开发程度为宗地外“七通”(通电、通上水、通下水、通热、通气、通信、通路)和宗地内场地平整的条件下，住宅用途，土地面积为18 859.38平方米，土地使用权性质为出让，容积率为3.87，土地使用权剩余使用年限为68.57年，在估价时点2014年7月1日的市场价值。

房屋市场价格是指在现状下(刚竣工的房屋，毛坯房，全新状态)，建筑面积为27 505.70平方米，于估价时点2014年7月1日的市场价格。

七、估价依据

1. 有关政策法规和文件

(1)《中华人民共和国土地管理法》;

(2)《中华人民共和国城市房地产管理法》;

(3)《中华人民共和国城镇国有土地使用权出让和转让暂行条例》;

(4)《××市基准地价》;

(5)《房地产估价规范》;

(6)《城市房地产抵押管理办法》;

(7) ××市其他有关土地法规、文件。

2. 委托方提供的有关资料(详见附件)

3. 本中心掌握的有关市场资料及估价人员实地勘察、调查所获得的资料

八、估价原则

本次估价依据房地产估价的独立、客观公正原则，以及合法原则、最高最佳使用原则、替代原则、估价时点原则、谨慎原则等，对估价对象进行客观、公正、科学、合理的地价评估。

1. 独立、客观公正原则

遵循独立、客观公正原则，就是要求估价师站在中立的立场，评估出对各方当事人均公平、合理的价值。

2. 合法原则

遵循合法原则，应以估价对象的合法使用、合法处分为估价前提。

3. 最高最佳使用原则

遵循最高最佳使用原则，应以估价对象的最高最佳使用为估价前提。最高最佳使用是指：①法律上许可；②技术上可能；③经济上可行；④价值是否最大。

4. 替代原则

遵循替代原则，要求估价结果不得明显偏离类似房地产在同等条件下的正常价格。

5. 估价时点原则

遵循估价时点原则，要求估价结果应是估价对象在估价时点的客观、合理价格或价值。

6. 谨慎原则

谨慎原则要求在存在不确定因素的情况下做出估价相关判断时，应当保持必要的谨慎，充分估计抵押房地产在抵押权实现时可能受到的限制、未来可能发生的风险和损失，不高估假定未设立法定优先受偿权下的价值，不低估房地产估价师知悉的法定优先受偿款。

九、估价方法

房地产评估中常用的估价方法有收益还原法、市场比较法、假设开发法、成本法等，结合估价对象的实际情况，经过反复研究，我们确定在此次估价中采用市场比较法、基准地价系数修正法、成本法对估价对象进行评估，最后经过综合测算确定估价对象的现时市场价值。

1. 市场比较法

市场比较法是将估价对象与在估价时点的近期有过交易的类似房地产进行比较，对这些类似的房地产的成交价格做适当的修正，以此估算估价对象房地产的客观、合理价格或价值的方法。

2. 基准地价系数修正法

基准地价系数修正法是在有了基准地价的地区，通过具体区位、土地使用权年限、建筑容积率等的比较，将基准地价修正至估价对象宗地价格的一种估价方法。用此方法，我们可计算出估价对象的土地的价值。

3. 成本法

成本法是以房地产价格各构成部分的累加为基础来估算房地产价格的方法。用此方法我们可计算出估价对象建筑物的价值。

十、估价结果

本着公正、公平、公开的总原则，在分析现有资料的基础上，采用市场比较法、基准地价系数修正法和成本法，我们确定估价对象在估价时点 2014 年 7 月 1 日的市场价值为

房地产总价：10 746.11 万元

大写金额：人民币壹亿零柒佰肆拾陆万壹仟壹佰元整

十一、估价人员

房地产估价师姓名	注册证编号	签字
×××	×××	
×××	×××	

十二、估价作业日期

2014 年 7 月 1 日至 2014 年 7 月 20 日。

十三、估价报告应用有效期

本估价报告的提交期为 2014 年 7 月 20 日，报告的有效期为自估价报告提交之日起一年。

第五部分　估价技术报告

一、个别因素分析

（一）估价对象基本状况

1. 估价对象一览表

估价对象为××××住宅西区一期的五幢（三幢塔楼连两幢板楼）未售完的房地产的一部分，三幢塔楼为地上 23 层、地下 2 层，两幢板楼为地上 14 层、地下 2 层。其负 1 层为自行车库及设备用房，负 2 层为人防。该五幢楼于 2013 年 3 月开工建设，于 2013 年 5 月底开始预售，于 2014 年 6 月 30 日竣工，毛坯房出售。

根据委托方提供的“抵押物汇总表”及本报告第三部分，为了直观，我们将抵押物的建筑面积整理如表 3 所示（委估方没有提供进入评估范围的建筑面积所对应房号）。

从表 3 可知，进入此次评估范围的估价对象的建筑面积为 27 505.70 平方米，占该五幢楼的可销售建筑面积的 37.69％。

2. 估价对象分摊的土地面积

根据该五幢楼的总可销售建筑面积及进入此次评估的可销售的建筑面积，则估价对象分摊的土地面积为 7 108.10 平方米（18 859.38×37.69％），土地使用者为××××房地产公司，使用权类型为国有出让，用途为住宅，剩余使用权年限为 68.57 年，收益容积率为 3.87，土地等级为六级。

3. 估价对象的建材、设备及建筑标准

上述五幢住宅楼按毛坯房交房，其建材、设备及装修标准具体如下：

结构：钢筋混凝土剪力墙。

外墙：高级外墙专用涂料。

内墙：预留装修面。

大堂(首层)：挑高4米,内部精装。

电梯：永大日立电梯。

门窗：名牌户门,锡厦牌彩色金属粉末喷涂铝合金中空玻璃推拉窗。

厨房：全部预留安装厨具位置。

卫生间：全部预留安装洁具位置,加防水层。

供电：市政供电,每户独立电表,刷卡收费。

供水：市政供水,每户独立水表,社区采用“中水系统”。

供气：市政管道天然气,每户独立电表,刷卡收费。

消防：公共部分安装消防喷淋系统,社区周界安装红外监控报警系统,厨房安装设燃气泄漏报警系统。

采暖：社区进口模块燃气锅炉房集中供暖,中日合资名牌散热器。

通信：接收全频道有线电视,宽带入户可实现快速上网。

(二) 估价对象区位及周围环境状况

估价对象位于××区×××号,所在区域东至×××、北至×××、西至×××、南至×××,处于×××的西北角。

1. 交通

××××属于“泛CBD”区域,位于××商务区中区,紧临×××高速路,驱车10分钟抵达CBD核心区；项目门前即为×××站；项目东侧的规划×××路将连通×××路与××街,使本项目又进一步缩短了与××商业中心的距离；项目周边有×××等多条公交线路,能随时满足出行的需要。

2. 周边环境

项目东南侧的×××大街是×××区的中心商业区,已形成较完善的生活配套设施,医疗、教育、商业配套、金融、邮政及餐饮娱乐等配套设施基本齐全,具有居住生活的便利性,但素质一般,呈现较为典型的近郊区的生活形态。

项目北侧紧临×××,是连通×××河的黄金旅游水道路,××市及××区历时十多年投入巨额资金正进行水系整治,不久将会使本案具备风景怡人、自然水系、高品质社区的条件。

二、区域因素分析

××××属于“泛CBD”区域,是距城区最近、最大的×××城。××城市总体规划中××区的定位是：为××市服务,为中央商务区服务,承担市区产业疏散、人口疏散的功能,把××××建成市区的一部分,建成××市的大花园。

强大的硬件支持使××××成为实力派地产商(××集团、××地产、××等)和××市购房人群共同看好的市场,优势也使××区房地产业的区域性竞争显得更加激烈。

首先,××××具有比其他郊区县更加明显的区位优势,而这一点正是影响××市购房者的首要因素。××市政府确定的百里长街的定位使×××、×××成为××街的有机组成部分；×××轻轨已于去年年底开通，对拉动××区房地产业的发展奠定了很好的交通基础；××路的东沿线也将与××区的××大街连在一起，使××大街直通××市中心；×××路进入加宽整修阶段，与××接通，又与×××路连接；××区北环线正在加紧规划与北四环接通，这将把××区和CBD商圈、×××、×××园区连在一起。

其次，从水源、天然气入户、电气、宽带网这些基础设施看，××区已达到很高的水平。××区第二水厂的规划将从××水库引水进入××。××区的整体市政配套设施日臻完善。

最后，××河还清工程已基本结束，已达到还清程度，为将来从市区通往××，从××河到××河，为旅游河奠定了基础。这是一条重要的水上动脉和水上风景线。

三、市场背景分析

××住宅目前呈现供销两旺、价格缓慢上升趋势。

××的交通环境逐渐发展成熟，房价也随交通的改善逐步提高。2013年××地区住宅新开盘项目共计42个，新增建筑面积767.4万平方米，均价为3 100元/平方米，比2012年××地区住宅均价上涨200元/平方米，年上涨率6.9%。2014年一季度涨幅明显低于2013年同期。××地区的房价也随着交通的发展而有不同的上升。例如，在××线规划确定开工后××房价都有不同程度的上涨，一般每平方米上涨200元，最高的每平方米上涨500元。在××线竣工前后××地区的房价上涨就没有以前明显，但还是呈缓慢上涨趋势。

由于区位原因，××房价相对市区还是较低，而且郊区清新的空气和良好的环境等，为房屋涨价提供了上升的空间，促使××房价一再走高。

虽然种种利好刺激供应的急剧攀升导致市场供应量偏大，房地产市场竞争加剧，价格战必定成为竞争的主要工具，故价格在短期内大幅上升幅度不大。

四、最高最佳使用分析

房地产估价要以房地产的最高、最佳使用为前提。所谓最高、最佳使用，是估价对象的一种最可能的使用。这种最可能的使用是法律上允许、技术上可能、经济上可行，经过充分合理的论证，并能给估价对象带来最高价值的使用。

衡量、判断估价对象房地产是否处于最优使用状态主要从下列方面考虑：

(1) 法律上允许。规划及相关政策法规许可。

(2) 技术上可能。按照房屋建筑工程方面的技术要求进行评估。

(3) 经济上可行。估价价值是各种可能的使用方式中，以经济上有限的投入而能获得最大收益的使用方式的估价结果。

(4) 房地产与周围环境的协调性。

(5) 可持续发展性。估价时研究了过去和现在房地产市场的状况、发展趋势，以及政治、经济和政策变化对房地产形成的影响，以预测未来价值和收益变动的趋势。

综上所述，估价对象证载用途为居住用途，考虑到周边环境及土地利用方向，选择居住类物业方向可以实现估价对象的最高最佳使用。

五、估价方法选用

房地产评估中常用的估价方法有收益还原法、市场比较法、假设开发法、成本法等，结合估价对象的实际情况，经过反复研究，我们确定在此次估价中采用市场比较法、基准地价系数修正法、成本法对估价对象进行评估，最后经过综合测算确定估价对象的现时市场价值。

1. 市场比较法

市场比较法是将估价对象与在估价时点的近期有过交易的类似房地产进行比较，对这些类似的房地产的成交价格做适当的修正，以此估算估价对象房地产的客观、合理价格或价值的方法。

估价对象所处的区域在售项目很多，且销售情况较好，故可采用市场比较法。

2. 基准地价系数修正法

基准地价系数修正法是在有了基准地价的地区，通过具体区位、土地使用权年限、建筑容积率等的比较，将基准地价修正至估价对象宗地价格的一种估价方法。用此方法，我们可计算出估价对象的土地的价值。

估价对象在该市基准地价覆盖范围内，属于居住用途六级地区，因此可选用基准地价系数修正法。

3. 成本法

成本法是以房地产价格各构成部分的累加为基础来估算房地产价格的方法。用此方法我们可计算出估价对象建筑物的价值。

4. 我们将 2. 和 3. 的估价结果相加，即可求出估价对象房地产的价值，再与 1. 所得值进行比较、分析，最后确定估价对象房地产的价值

六、估价测算过程

（一）用市场比较法求取估价对象价值

市场比较法是利用替代原则，依据市场上已有的具有同样的效用的房地产价格，互相接近、索引、比较而求出未知的待估房地产的价格。利用市场比较法求取待估房地产的总价值，必须对已有房地产的各种情况加以充分了解，再经过比较进行适当修正，其中包括交易情况修正、期日修正、区位修正、房地产用途修正等，最后形成该房地产的总价值。评估过程如下。

（由于在××近期板楼的销售较多，故我们以板楼进行计算，通过适当的修正求出塔楼的价值。）

1. 搜集交易案例

目前，××沿线项目很多，且销售情况较好，价格有一定程度的上升。估价对象为塔

连板楼，但在周边类似的楼盘中塔楼项目不太多，而板楼较多，故我们主要搜集附近板楼的楼盘，主要见表4。

表4　周边楼盘情况一览表

项目名称	位　　置	建筑规模/万平方米	平均售价/(元/平方米)	备　　注
本案(××××)	目北边紧临××河	18.00	—	毛坯房
××××	靠近××站	60.00	板楼(现房3 600，准现房3 500)	毛坯房
××××	靠近××站	11.00	4 200均	毛坯
××××	××		纯板4 000	毛坯，板楼
××××	临近××站		3 800	板楼，现房，毛坯
××××	××站向北	5.80	3 680	公寓，毛坯，塔板结合
××××	临近××站		板式高层4 400	普通住宅，精装修
××××	紧邻××站	30.00	3 680	6层板楼，粗装修
××××	紧邻××站	55.00	均价4 000	板式，多层，毛坯房

表4中，按毛坯房分析，板式小高层毛坯房销售价格均价集中在3 600～4 200元/平方米。

2. 选取可比实例

经分析，表4中，在地理位置及楼盘品质上与××××最接近的为××××、××××、××××。此三个项目均有销售，销售均价集中于4 000～4 200元/平方米，我们以此三个项目作为可比实例。

3. 选择用途、位置、商业繁华度、环境优劣度等修正因子。

比较估价对象与三个可比实例的住宅用途房地产的市场价值。

(1) 编制估价对象与可比实例的因素条件说明表(见表5)。

表5　因素条件说明表

	估价对象	可比实例1	可比实例2	可比实例3
案名	××××一期未售房地产	××××	××××	××××
交易价格/(元/平方米)	—	4 200	4 000	4 000
位置	××××站约100米	轻轨××站北100米	距轻轨××站约400米	距轻轨××站较近，距××环岛800米
交易时间	2014年7月1日	2014年7月1日	2014年7月1日	2014年7月1日
交易情况	正常商品房一级市场销售	正常商品房一级市场销售	正常商品房一级市场销售	正常商品房一级市场销售

续表

		估价对象	可比实例1	可比实例2	可比实例3
用途		住宅	住宅	住宅	住宅
区域因素	交通状况	距公交站点、××轻轨站很近,交通便捷度较好	距公交站点、轻轨××站很近,交通便捷度较好	距公交站点、轻轨××站较近,交通便捷度一般	距公交站点、轻轨××站较近,交通便捷度一般
	公共配套设施条件	周围公共配套设施条件一般	周围公共配套设施条件一般	周围公共配套设施条件一般	周围公共配套设施条件稍差
	基础设施条件	“七通一平”	“七通一平”	“七通一平”	“七通一平”
	环境质量	自然环境好,入住人群较杂,人文环境一般	有较小的火车噪声影响,入住人群较杂,人文环境一般	自然环境较好,入住人群较杂,人文环境一般	无水景,自然环境一般,入住人群较杂,人文环境一般
个别因素	临街条件	临街宽度较窄,深度较深,故临街条件一般	临街宽度较窄,深度较深,故临街条件一般	临街宽度较窄,深度较深,故临街条件一般	临街宽度较窄,深度较深,故临街条件一般
	所在楼房的建筑形式	板式小高层	板式小高层	板式高层、小高层	板式小高层
	建筑结构	钢砼	钢砼	钢砼	钢砼
	房屋成新率	100%	100%	100%	100%
	主力户型	一居、二室、三居	一居、二室、三居	一居、二室、三居	一居、二室、三居
	朝向	南北	南北	南北	南北
	小区成熟度	小区规模不大,且于本年6月30日入住,各项条件还待完善,故成熟度稍差	小区开发比委估房地产早,但还处于在售期,规模也不大,故成熟度一般	小区已完成一期销售,在售二期,小区在××有一定的影响力,人气较高,成熟度较好	小区规模大,入住率高,开发时间长,已形成成熟小区

(2) 编制估价对象与可比实例的因素条件指数表。将估价对象与可比实例进行比较,以估价对象的各因素条件为基础,相应指数为100,将可比实例相应因素条件与估价对象进行比较,确定出相应的指数,编制因素条件指数表(表6)。

表6 因素条件指数表

	估价对象	可比实例1	可比实例2	可比实例3
交易价格/(元/平方米)	—	4 200	4 000	4 000
位置	100	101	97	96
交易时间	100	100	100	100
交易情况	100	100	100	100
用途	100	100	100	100

续表

		估价对象	可比实例 1	可比实例 2	可比实例 3
区域因素	交通状况	100	100	97	97
	公共配套设施条件	100	100	100	99
	基础设施条件	100	100	100	100
	环境质量	100	94	98	95
个别因素	临街条件	100	100	100	100
	所在楼房的建筑形式	100	100	101	100
	建筑结构	100	100	100	100
	房屋成新率	100	100	100	100
	户型结构	100	100	100	100
	朝向	100	100	100	100
	小区成熟度	100	101	102	103

(3) 编制估价对象与可比实例的因素比较修正表。

根据因素条件指数表,将估价对象的指数作为分子,将可比实例的指数作为分母,编制比较因素修正系数表(表 7)。

表 7　比较因素修正系数表

		可比实例 1	可比实例 2	可比实例 3
交易价格/(元/平方米)		4 200	4 000	4 000
位置		100/101	100/97	100/96
交易时间		100/100	100/100	100/100
交易情况		100/100	100/100	100/100
用途		100/100	100/100	100/100
区域因素	交通状况	100/100	100/97	100/97
	公共配套设施条件	100/100	100/100	100/99
	基础设施条件	100/100	100/100	100/100
	环境质量	100/94	100/98	100/95
个别因素	临街条件	100/100	100/100	100/100
	所在楼房的建筑形式	100/100	100/101	100/100
	建筑结构	100/100	100/100	100/100
	房屋成新率	100/100	100/100	100/100
	户型结构	100/100	100/100	100/100
	朝向	100/100	100/100	100/100
	小区成熟度	100/101	100/102	100/103
比准价格		4 380	4 211	4 434
评估单价/(元/平方米)		4 342		

(4) 可比实例的交易价格经过各项修正后,都会相应得出比准价格。以所取三个比准价格的简单算术平均值作为估价对象的比准价格,即估价对象单位面积价格,为4 342元/平方米。

4. 根据板楼的价值测算塔楼的价值

我们调查了该市部分同期在售的住宅项目中塔楼与板楼的销售均价,见表8。

表8 ××市部分同期在售的住宅项目中塔楼与板楼的销售均价

项目名称	位　置	板楼销售均价/(元/平方米)	塔楼销售均价/(元/平方米)	塔楼售价与板楼售价之比/%
东×××	××区××路	5 400	4 900	90.74
远×××	××山××路	6 500	5 600	86.15
上×××	××区××路	5 200	4 800	92.31
鑫×××	××区××路	6 400	5 400	84.38
星×××	××三环××路	5 500	4 600	83.64
瑞×××	××区××路	5 300	4 600	86.79
时×××	××区东南部	4 000	3 700	92.50

从表8可知,塔楼售价一般为板楼售价的83%~92%。

由于估价对象北临××河,其水景对估价对象价值的贡献较大,楼层越高,其观赏水景越好,故估价对象其他的三幢楼尽管为塔楼,但由于其楼层高23层(而上述的板楼层高为地上14层),所以其价值不会比板式小高层低太多。根据估价对象的实际情况,我们取塔式高层的销售均价为板楼的87.5%(即83%~92%的中值),为3 800元/平方米。

(二) 运用基准地价系数修正法及成本法求取估价对象房地产价值

测算思路为:先用基准地价系数修正法求取楼面熟地价,然后用成本法求取建筑物建筑单价,两者求和,求取房地产价值。

1. 运用基准地价系数修正法求取楼面熟地价

1) 基准地价说明

2012年,该市对2003年公布的基准地价进行了更新。根据该市人民政府文件《××市人民政府关于调整本市出让国有土地使用权基准地价的通知》,新基准地价自2012年12月10日起施行。在这里我们采用更新后的基准地价对估价对象进行评估。

2) 基准地价内涵

基准地价是各土地级别内,“七通一平”(或“五通一平”)土地开发程度下,平均容积率条件下,同一用途的完整土地使用权的平均价格。

3) 基准地价计算公式

委估宗地位于××区××地区,属六级地区,用途为居住,容积率为3.87,大于六级土地的平均容积率2，其基准地价的计算公式如下：

宗地楼面熟地价＝适用的基准地价(楼面熟地价)×期日修正系数
×年期修正系数×容积率修正系数×因素修正系数

4) 具体测算过程

(1) 适用的基准地价(楼面熟地价)。根据该市基准地价级别范围，估价对象所在区域的土地级别属于居住用途六级，基准地价(楼面熟地价)为1 060～1 820元/平方米。根据该市基准地价的有关规定，这里宗地楼面熟地价取中值，即1 440元/平方米。

(2) 期日修正系数。本次评估基准日为2014年7月1日，基准地价的基准日为2012年1月1日。根据评估人员对估价对象所在区域居住用地市场的调查，从2012年1月1日到2014年7月1日，地价较平稳上升。

该市2010—2013年住宅用地的地价指数见表9。

表9　××市2010—2013年地价指数

2010年	2011年	2012年	2013年
100	103	105	108

表9中的指数是以2010年为基期的价格指数，从中可以看出：

2011年比2010年地价上涨了3%；

2012年比2011年地价上涨了2%；

2013年比2012年地价上涨了3%。

该市2014年经营性土地出让全部采用招拍挂，我们预测2014年的地价上升幅度与2013年地价持平，则2014年地价指数为111。故期日修正系数为1.057(111/105＝1.057)。

(3) 年期修正系数。基准地价中住宅用地的土地使用年期为住宅用途法定最高出让年期，即70年。本次评估中，估价设定的估价对象土地使用年期为68.57年，与基准地价界定不一致，因此，在进行年期修正。公式为

$$K=\frac{1-1/(1+r)^n}{1-1/(1+r)^N}$$

式中，K为年期修正系数；N为基准地价土地的使用年期，即70年；n为估价对象土地剩余使用年期，为68.57年；r为土地还原利率，取银行现行一年期定期存款利率加一定的风险报酬率。

2012年2月中国人民银行公布的一年期定期存款利率为3.50%。在房地产市场中，由于土地不同于一般生产要素的特性，在正常市场情况下，地价处于不断稳定上升的趋势，因此，对单独土地投资的风险和回报率均低于房地产开发项目，土地还原利率一般低于房地产综合还原利率，我们确定本次估价中土地还原利率为7%。

则 $K=99.91\%$。

(4) 因素修正系数。基准地价确定的住宅用途用地影响因素包括居住社区成熟度、交通便捷度、区域土地利用方向、临路状况、宗地形状及可利用程度、公共服务设施和基础设施状况、自然和人文环境状况、与商业中心的接近程度等。估价对象各因素修正情况见表10。

表10 估价对象各因素修正情况

影响因素	六级居住用地修正系数取值范围	估价对象情况说明	估价对象因素修正系数
居住社区成熟度	−2.6～2.6	社区成熟度稍差	−1
交通便捷度	−5.2～5.2	距离公交站点、轻轨站较近，与同级地价区相比，便捷度较好	3.2
区域土地利用方向	−2.6～2.6	与区域土地利用方向较一致	1.5
临路状况	−2.6～2.6	一面临街，临路状况一般	1
宗地形状及可利用程度	−2.08～2.08	宗地形状较规则，可利用状况较好	1.5
公共服务设施和基础设施状况	−3.12～3.12	周围公共配套设施条件一般	0
自然和人文环境状况	−5.2～5.2	自然环境好，人文环境一般	3
与商业中心的接近程度	−2.6～2.6	区域内没有大型商业中心	−2
合计			7.2

则估价对象因素修正系数为7.2%。

(5) 容积率修正系数。根据该市基准地价查表确定容积率为3.87时的容积率修正系数为

$$\text{容积率修正系数}=[(0.925-0.920)\times(3.9-3.87)/(3.9-3.8)+0.920]=0.9215$$

(6) 其他情况修正系数。估价对象的土地开发程度等实际情况与基准地价所确定的基本相同，故我们取其他情况修正系数为1。

$$\begin{aligned}\text{住宅楼面熟地价}&=1\,440\times1.057\times0.999\,1\times0.921\,5\times(1+7.2\%)\times1\\&=1\,502(\text{元}/\text{平方米})\end{aligned}$$

2. 用成本法求取建筑物价值

建筑物价值 = 建筑物建造成本 + 不可预见费 + 专业人士费 + 利息 + 利润

1) 建筑物建造成本

根据我们所掌握的房地产市场资料和委估建筑物的实际状况，确定板楼建筑安装费为1 400元/平方米，塔楼的建筑安装费用为1 300元/平方米，开发期为两年。根据《××市出让地价格评估技术标准(试行)》及委估宗地的实际情况，红线内市政费用按建筑安装费

用的10%～15%计，根据小区的规模及实际情况，我们按建筑安装费用的12%计，其他费用(包括建设单位管理费用、各项规费、电贴费等)按建筑安装费用的5%计。

板楼：

$$红线内市政费 = 1\,400 \times 12\% = 168(元/平方米)$$

$$其他费用 = 1\,400 \times 5\% = 70(元/平方米)$$

单方建造成本为以上三项之和，为1 638元/平方米

塔楼：

$$红线内市政费 = 1\,300 \times 12\% = 156(元/平方米)$$

$$其他费用 = 1\,300 \times 5\% = 65(元/平方米)$$

单方建造成本为以上三项之和，为1 521元/平方米

2) 不可预见费

取值范围为建筑安装费用的5%～10%，根据物业情况，按建筑安装费用的10%计算，即

板楼：1 400×10%=140(元/平方米)

塔楼：1 300×10%=130(元/平方米)

3) 专业人士费

取值范围为建造成本的5%～10%，根据实际情况，按建造成本的10%计算，即

板楼：1 638×10%=164(元/平方米)

上述三项合计为1 942元/平方米

塔楼：1 521×10%=152(元/平方米)

上述三项合计为1 803元/平方米

4) 贷款利息

贷款利率取中国人民银行2012年6月公布的二年期贷款利率6.40%，资金考虑各年投入50%且均匀投入，假设开发期为两年，按复利计算，则贷款利息为

$$\begin{aligned}板楼贷款利息 &= 1942 \times 0.5 \times [(1+6.40\%)^{1.5} - 1 + (1+6.40\%)^{0.5} - 1] \\ &= 125(元/平方米)\end{aligned}$$

$$\begin{aligned}塔楼贷款利息 &= 1803 \times 0.5 \times [(1+6.40\%)^{1.5} - 1 + (1+6.40\%)^{0.5} - 1] \\ &= 116(元/平方米)\end{aligned}$$

5) 利润

根据该市房地产管理局《出让地价评估技术标准(试行)》的有关规定，以及我们所掌握的目前房地产市场的有关资料，我们选定开发周期两年的住宅项目的投资回报率为25%，取费基数为楼面熟地价、建筑单价成本费用合计，则

$$板楼利润 = 1\,942 \times 25\% = 486(元/平方米)$$

$$塔楼利润 = 1\,803 \times 25\% = 451(元/平方米)$$

6）求建筑物价值

板楼：

建筑物价值＝建筑物建造成本＋不可预见费＋专业人士费＋利息＋利润

＝1 638＋140＋164＋125＋486＝2 553(元/平方米)

塔楼：

建筑物价值＝建筑物建造成本＋不可预见费＋专业人士费＋利息＋利润

＝1 521＋130＋152＋116＋451＝2 370(元/平方米)

3. 求房地产价值

板楼价值＝土地价值＋建筑物价值＝1 502＋2 553＝4 055(元/平方米)

塔楼价值＝土地价值＋建筑物价值＝1 502＋2 370＝3 872(元/平方米)

七、估价结果确定

运用市场比较法测算所得的价值为板楼为 4 342 元/平方米、塔楼为 3 800 元/平方米；运用基准地价系数修正法及成本法测算所得的价值为板楼 4 055 元/平方米、塔楼为 3 872 元/平方米。上述两种办法所计算出的结果差别不大，故我们采用简单算术平均的办法求出评估的最后值，为

估价对象板楼市场价值(单价)＝(4 342＋4 055)×0.5＝4 199(元/平方米)

估价对象塔楼市场价值(单价)＝(3 800＋3 872)×0.5＝3 836(元/平方米)

估价对象的总价值＝4 199×5 369.89＋3 836×22 135.81＝10 746.11(万元)

大写金额：人民币壹亿零柒佰肆拾陆万壹仟壹佰元整。

第六部分　附　　件

(略)

习题

一、名词解释

1. 房地产估价报告　　　　2. 房地产估价流程

二、判断题

1. 估价报告应用有效期是从估价报告出具之日起计算，而不是从估价时点开始计算。

2. 在估价报告中，签署估价师声明是为说明估价是以客观公正的方式进行的，同时对委托人也是一种警示。

3. 估价目的是由委托人提出的，估价时点是根据估价目的确定的。

4. 在确定估价时点时要注意，估价时点应采用公历来表示，一般要精确到月。

5. 价值时点为现在时，实地查勘工作不包括调查了解估价对象的历史状况。

6. 对于同一估价对象，宜选用两种以上(含两种)的估价方法进行估价。

7. 房地产估价师不得将资格证书借给他人使用，但可以以估价者的身份在非自己所做的估价报告上签字、盖章。

8. 估价目的是由委托人提出的，估价时点是根据估价目的确定的。

9. 在搜集实例资料时，应考察它们是否受到不正常或人为因素的影响。受到这些因素影响的实例资料在估价时不可以采用。

10. 估价档案保存期限自估价报告出具之日起计算，应不小于10年。保存期限届满而估价服务行为尚未结束的，估价档案应保存至估价服务的行为结束为止。

11. 接受估价委托后，受托估价机构不得转让或者变相转让受托的估价业务，并应明确合适的估价人员负责该估价项目。

12. 房地产估价时，实地查勘应由估价人员独立完成。

13. 某注册房地产估价师拟购买A市C区的一套多层住房，该估价师根据自己对该套住房实物、权益、区位等的勘查、分析，运用适当方法对该套住房进行了估价，并最终以接近于该估价价值的价格成交。该估价师对该住房的估价是专业房地产估价。

14. 某已抵押房地产因债权实现需要强制处分而由法院委托估价，则估价结果通常是该房地产完整权利下的价值。

15. 在任何时候，估价委托人既是估价报告使用者，又是估价利害关系人。

三、单项选择题

1. 估价中的不同意见和估价报告定稿之前的重大调整或修改意见(　　)。

A. 应作为估价资料归档　　B. 不应作为估价资料归档

C. 由估价机构决定是否归档　　D. 依委托人的意见决定是否归档

2. 估价报告有效期应从(　　)起计。

A. 估价时点　　B. 估价作业期

C. 出具估价报告之日　　D. 签订估价委托合同之日

3. 在估价报告中应包含一份由(　　)的估价师签名、盖章的声明。

A. 本估价机构所有　　B. 所有参加该估价项目

C. 对该估价项目负第一责任　　D. 任本估价机构法定代表人

4. 防范估价风险的最后一道防线是(　　)。

A. 撰写估价报告　　B. 审核估价报告

C. 出具估价报告　　D. 估价资料归档

5. 下列表述中不正确的是(　　)。

A. 在实际估价中，不同的估价方法将影响估价结果

B. 在实际估价中，不同的估价时点将影响估价结果

C. 在实际估价中，不同的估价目的将影响估价结果

D. 在实际估价中，不同的估价作业期将影响估价结果

6. 估价报告书中说明的( )限定了其用途。

A. 估价原则 B. 估价方法 C. 估价目的 D. 估价对象状况

7. 估价档案保存期限应不少于( )年。

A. 5 B. 10 C. 15 D. 20

8. 在估价假设和限制条件说明中，当无理由怀疑建筑物的结构存在安全隐患时，应( )。

A. 假定建筑结构是安全的

B. 肯定建筑结构是安全的

C. 强调建筑结构安全须进行相关专业鉴定

D. 说明建筑结构安全难以确定

9. 某估价机构于2013年6月10日至20日为某房地产抵债进行了评估，估价时点为2013年6月15日。因估价结果有争议，2013年8月15日进行复估，则复估的估价时点为( )。

A. 2013年6月15日 B. 2013年8月15日

C. 签订估价委托合同之日 D. 估价人员与委托人商定的某日

10. 在估价报告中陈述( )，既是维护估价人员正当权益的需要，又是提醒委托人和估价报告使用者在使用估价报告时需要注意的事项。

A. 估价师声明 B. 估价假设和限制条件

C. 估价方法 D. 估价对象

11. 若假定估价时点的房地产市场状况是公开、平等、自愿的交易市场，要求估价对象在较短时间内达成交易，则评估价值应是( )。

A. 谨慎价值 B. 市场价值 C. 快速变现价值 D. 投资价值

12. 某估价报告中的估价对象为写字楼在建工程，采用假设开发法求取其价值时，开发完成后的价值同时采用了市场法和收益法求取；采用成本法求取其价值时，土地采用了基准地价修正法求取。该估价报告求取写字楼在建工程的价值，实质上采用了( )。

A. 假设开发法和基准地价修正法两种方法

B. 假设开发法和成本法两种方法

C. 假设开发法、市场法、收益法和成本法四种方法

D. 假设开发法、市场法、收益法、成本法和基准地价修正法五种方法

13. 近日出具的一份估价报告中的估价时点、估价对象状况和房地产市场状况所对应的时间均为一年前的某个日期，其估价类型可能是( )。

A. 在建工程抵押估价 B. 房地产损害赔偿估价

C. 期房市场价值评估 D. 房地产估价的复核估价

14. 确定估价对象及其范围和内容时，应根据( )，依据法律法规，并征求委托人

同意后综合确定。

A. 估价原则　　B. 估价目的　　C. 估价方法　　D. 估价程序

15. 某房地产估价机构向委托人甲出具了估价报告,估价作业期为2015年5月20日至5月30日,估价报告应用有效期为1年。2016年5月20日,甲利用该估价报告向银行申请办理了16年的抵押贷款,则该估价报告的存档期应不少于(　　)年。

A. 15　　B. 16　　C. 17　　D. 20

16. 暂定期内的三级资质房地产估价机构,能承接的估价业务有(　　)。

A. 在建工程抵押估价业务

B. 城市房屋拆迁补偿估价业务

C. 该机构执行合伙人所拥有的房地产抵押估价业务

D. 正在使用中的星级宾馆抵押贷款评估业务

17. 下列关于实地查勘估价对象的表述中,错误的是(　　)。

A. 房地产估价师应亲自到估价对象现场,对估价对象的坐落、用途等情况进行核对

B. 房地产估价师应亲自到估价对象现场,拍摄反映估价对象外观状况的影像资料,内部状况可不拍摄

C. 房地产估价师应亲自到估价对象现场,感受估价对象的位置、交通、环境景观等的优劣

D. 估价对象为已经消失的房地产,房地产估价师也应去估价对象原址进行必要的调查了解

18. 我国土地使用权出让的最高年限由(　　)确定并公布。

A. 国土资源部　　B. 建设部　　C. 财政部　　D. 国务院

19. 下列估价基本事项中,仅由委托人决定的是(　　)。

A. 估价对象　　B. 估价目的　　C. 估价时点　　D. 价值类型

20. 某估价师于2013年9月27日向估价委托人交付了一份估价报告。该报告中有下列日期:估价作业日期2013年9月20—26日,估价时点2013年9月23日,估价对象实地查勘日期2013年9月22—23日,估价报告使用期限自2013年9月26日起半年。据此判断该报告出具日期为(　　)。

A. 2013年9月20日　　B. 2013年9月23日

C. 2013年9月26日　　D. 2013年9月27日

21. 明确估价基本事项是实施估价的基本前提,实际估价中不能明确估价事项的责任主要应归属于(　　)。

A. 估价委托人　　B. 估价利害关系人

C. 承担估价项目的估价师　　D. 估价对象的权利人

22. 房屋征收评估中,若被征收人拒绝在估价师对估价对象的实地查勘记录上签字或盖章的,应当由(　　)见证,有关情况应当在评估报告中说明。

A. 房屋征收部门、注册房地产估价机构和无利害关系第三人

B. 房屋征收部门、注册房产估价师和无利害关系第三人

C. 公证机关和无利害关系的第三人

D. 人民法院和无利害关系的第三人

23. 关于估价资料归档的要求的说法，错误的是（　　）。

A. 估价资料归档的内容应包括估价中形成的有保存价值的各种文字，图表，影像等资料

B. 记录估价中估价师对估价结果的不同意见的资料应作为必须归档的内容之一

C. 归档的估价资料应采用纸质文档形式，不得只采用电子文档形式

D. 对未正式出具估价报告的估价项目及相关资料也应归档，保存期不得少于1年

24. 关于明确估价基本事项的说法，错误的是（　　）。

A. 估价目的本质上由委托人的估价需要决定

B. 估价时点由估价目的决定

C. 估价对象由委托人和估价目的决定

D. 价值类型由估价师决定

25. 对运用各种估价方法测算估价对象价值的要求不包括（　　）。

A. 估价方法选用恰当

B. 估价基础数据和技术参数选取准确，依据或理由充分

C. 计算公式和计算过程正确无误

D. 各种估价方法的测算结果一致

26. 关于估价资料归档的说法. 错误的是（　　）。

A. 估价师和相关工作人员不得将估价资料据为已有或者拒不归档

B. 估价项目来源和接洽情况记录、估价报告、估价委托合同、实地查勘记录、估价报告内部审核记录等应归档

C. 估价档案自估价报告出具之日起计算满10年的，即可销毁

D. 估价机构终止的，其估价报告及相关资料应移交当地建设（房地产）行政主管部门或者其指定的机构

27. 关于明确估价目的的说法，正确的是（　　）。

A. 估价目的由价值类型决定

B. 估价目的根据估价师的经验确定

C. 估价目的由委托人的估价需要决定

D. 估价目的根据估价对象和价值时点综合确定

28. 房屋征收估价中，因房地产占有人拒绝注册房地产估价师进入被征收房屋内进行实地查勘，为完成估价，对估价对象内部状况进行的合理假定属于（　　）。

A. 未定事项假设　　　　B. 背离事实假设

C. 不相一致假设　　　　　　　　　　D. 依据不足假设

29. 价值时点为现在的估价,下列日期中不应选为价值时点的是(　　)。

A. 估价作业期间的某日　　　　　　　B. 实地查勘估价对象期间的某日

C. 估价报告出具日期　　　　　　　　D. 估价报告出具后的某日

30. 下列估价工作中,宜首先进行的是(　　)。

A. 制定估价作业方案　　　　　　　　B. 估价对象实地查勘之日

C. 价值时点　　　　　　　　　　　　D. 估价报告出具之日

四、多项选择题

1. 拟定估价作业步骤和时间进度的方法,可以采取的技术有(　　)。

A. 线条图　　　　　　　　　　　　　B. 散点图

C. 网络计划技术　　　　　　　　　　D. 统筹法

2. 以下属于估价报告内在质量的有(　　)。

A. 估计结果的准确性　　　　　　　　B. 估计方法选用的正确性

C. 参数选择的合理性　　　　　　　　D. 文字表述水平

3. 要明确拟采用的估价技术路线,就需要先明确(　　)。

A. 估价目的　　　B. 估价对象　　　C. 估价方法　　　D. 估价时点

4. 下列关于实地查勘的说法中,正确的有(　　)。

A. 实地查勘中应将有关情况和数据认真记录下来,形成实地查勘记录

B. 实地查勘人员和委托人中的陪同人员都应在实地查勘记录上签名

C. 在实地查勘记录上应注明实地查勘日期

D. 实地查勘应到实地对事先收集的有关估价对象的资料进行核实

5.《房地产估价规范》的内容包括(　　)。

A. 评估制度　　　B. 估价原则　　　C. 估价程序　　　D. 估价报告

E. 职业道德

6. 估价项目完成后,应归档的估价资料包括(　　)。

A. 实地查勘记录　　　　　　　　　　B. 委托人名片

C. 估价项目来源和接洽情况　　　　　D. 估价中的不同意见

E. 估价报告定稿之前的重大调整或修改意见

7. 下列关于估价报告的说法中,不正确的有(　　)。

A. 估价报告是关于估价对象的客观、合理价格或价值的研究报告

B. 估价报告可视为估价人负责提供给委托人的产品

C. 估价报告应重内在质量,外在质量不是很重要

D. 估价报告应对难以确定的事项予以说明,但不得描述其对估价结果可能产生的影响

E. 估价报告是全面、公正、客观、准确地记述估价过程,反映估价成果的文件

8. 下列关于实地查勘的说法中，正确的有（　　）。

A. 对于面积小、价值低的房地产可不进行实地查勘

B. 实地查勘中应将有关情况和数据认真记录下来，形成实地查勘记录

C. 实地查勘人员和委托人中的陪同人员都应在实地查勘记录上签名

D. 在实地查勘记录上应注明实地查勘日期

E. 实地查勘应到实地对事先收集的有关估价对象的资料进行核实

9. 获取房地产估价业务的措施有（　　）。

A. 突破专业能力限制，接受各种估价要求　B. 提高服务质量

C. 恰当地宣传　D. 低收费

E. 最大限度地压缩估价作业期

10. 房地产估价中，估价方法的选择是由（　　）综合决定的。

A. 估价对象的房地产类型　B. 估价方法适用的对象和条件

C. 估价人员的技术水平　D. 委托人的特殊要求

E. 所收集到的资料的数量和质量

11. 房地产估价实务中，估价假设和限制条件的内容应包括（　　）。

A. 房地产估价报告使用期限

B. 经实地查勘无理由怀疑房屋存在安全隐患且无相应专业鉴定情况下，对房屋安全的合理假定

C. 对估价所必需的尚未明确或不够明确的土地用途，容积率等事项的合理假定

D. 因被征收人拒绝注册房地产估价师进入被征收房屋内进行实地查勘，对估价对象内部状况的合理假定

E. 为降低估价风险，对房地产市场状况进行假定

12. 与非专业估价相比，专业估价的特点有（　　）。

A. 是一种专业意见　B. 估计价格或价值

C. 实行有偿服务　D. 承担法律责任

E. 估价作业日期长

13. 在房地产抵押价值评估时，须扣除在估价时点估价师所熟知的法定优先受偿款。法定优先受偿款包括（　　）。

A. 划拨土地应补交的出让金　B. 已抵押担保的债权数额

C. 发包人拖欠承包人的建设工程价款　D. 强制执行费用

E. 估价费用

14. 城市房屋拆迁估价中，房地产估价师对被拆迁房屋面积的界定可来自于（　　）。

A. 被拆迁房屋的权属证书记载的面积

B. 拆迁人提供的被拆迁房屋的面积

C. 拆迁人与被拆迁人对被拆迁房屋面积的协商结果

D. 具有房产测绘资格的机构对被拆迁房屋面积的测量结果

E. 房地产管理部门权属档案记载的被拆迁房屋的面积

15. 关于房地产估价报告签名、盖章的说法. 正确的有(　　)。

A. 注册房地产估价师可以盖个人印章不签名

B. 注册房地产估价师可以只签名不盖个人印章

C. 至少有两名注册房地产估价师签名

D. 法定代表人或执行合伙人必须签名

E. 房地产估价机构必须加盖公章

16. 房地产估价报告中专门列出估价的假设和限制条件的目的是(　　)。

A. 说明估价报告的合法性、真实性　　B. 说明估价的独立、客观、公正性

C. 规避估价风险　　D. 保护估价报告使用者

E. 防止委托人提出高估或低估要求

17. 一份完整的房地产估价报告通常包括封面、致估价委托人函、目录及(　　)。

A. 估价师声明　　B. 估价假设和限制条件

C. 估价特殊说明　　D. 估价技术报告

E. 估价结果报告

18. 下列资料中一般应放入估价报告附件的有(　　)。

A. 估价委托书　　B. 估价委托合同

C. 估价对象权属证明　　D. 估价报告内部审核表

E. 估价师注册证书复印件

19. 在审核房地产估价报告中,发现不同估价方法的测算结果之间有较大差异,其可能的原因是(　　)。

A. 隐含估价对象的范围不同　　B. 参数选取不合理

C. 估价作业日期不同　　D. 价值类型选取不合理

E. 选用的估价方法不切合估价对象

20. 针对某个估价对象,下列关于估价方法选用的说法中,正确的有(　　)。

A. 理论上适用的估价方法,都必须选用

B. 在适用的估价方法中,选用两种即可

C. 理论上适用的估价方法因客观原因不能用的,可以不用

D. 必须选用两种以上的估价方法,不能只选用一种估价方法

E. 仅有一种估价方法适用的,可只选用一种估价方法

五、简答题

1. 简述房地产估价程序。
2. 简述房地产估价所需要收集的材料。
3. 简述估价报告的写作基础。
4. 简述估价报告的写作原则。
5. 简述估价报告的形式。
6. 简述估价报告的组成部分。

习题参考答案

第1章 导 论

一、名词解释

略

二、判断题

1. 错	2. 对	3. 错	4. 对	5. 错
6. 对	7. 错	8. 错	9. 错	10. 错
11. 对	12. 错	13. 对	14. 错	15. 对
16. 对	17. 错	18. 对	19. 错	20. 对

三、单项选择题

1. B	2. A	3. C	4. B	5. B
6. D	7. B	8. B	9. B	10. B
11. A	12. C	13. D	14. D	15. C
16. A	17. C	18. A	19. D	20. D
21. C	22. C	23. B	24. B	25. B
26. B	27. D	28. C	29. C	30. C

四、多项选择题

1. AD	2. DE	3. ACD	4. BC	5. DE
6. ACDE	7. BD	8. ABCD	9. AB	10. AC
11. ABDE	12. ABCD	13. ACE	14. ABD	15. AD
16. ABCD	17. ACE	18. ABCD	19. ABDE	20. ABF

五、简答题

略

六、计算与分析题

解：(1)该房地产的现时价值约为

$$900 \times 4 = 3\ 600(\text{万元})$$

(2) 依据和理由：上述评估结果是依据了房地产评估中的最佳使用原则。因为该房地产的现时用途是很不合理的：其一，在商业区内建民宅，在用途上不合理；其二，使用强度未达到城市规划规定的容积率，土地未得到充分利用。按照房地产评估的最佳使用原则，该房地产评估应该以拆除重新利用为前提，按商业用地进行评估，故评估值大约为3 600万元人民币。确切值应该是3 600万元减去拆除旧建筑物费用后的价值。

第2章 房地产估价的理论基础

一、名词解释

略

二、选择题

1. D　2. B　3. BCE　4. ACDE　5. CDE

三、简答题

略

第3章 房地产价格形成的基本原理

一、名词解释

略

二、判断题

1. 对　2. 错　3. 对　4. 对　5. 对
6. 错　7. 对　8. 错　9. 对　10. 错
11. 对　12. 对　13. 对　14. 错　15. 错

三、单项选择题

1. D　2. D　3. B　4. A　5. B
6. B　7. C　8. D　9. D　10. C
11. C　12. C　13. A　14. D　15. A
16. D　17. A　18. D　19. C　20. B
21. B　22. A　23. B　24. D　25. A
26. C　27. B　28. B　29. B　30. A

四、多项选择题

1. CE　2. BCD　3. ABC　4. BCE　5. ACE
6. ADE　7. BC　8. ABD　9. ABC　10. AC
11. ABC　12. ABCD　13. ABDE　14. AE　15. ACDE
16. AE　17. ABCE　18. AD　19. BD　20. ABCD

五、简答题

略

六、计算与分析题

解：根据题中所给条件计算如下：

(1) 甲地楼面地价＝1 000/5 ＝ 200(元/平方米)

(2) 乙地楼面地价＝ 800/3 ＝ 269(元/平方米)

从投资的经济性角度出发，投资者应投资购买甲地。

第4章 市 场 法

一、名词解释

略

二、判断题

1. 对	2. 错	3. 错	4. 对	5. 错
6. 对	7. 对	8. 错	9. 对	10. 对
11. 错	12. 错	13. 错	14. 错	15. 错

三、单项选择题

1. D	2. A	3. C	4. C	5. C
6. C	7. D	8. B	9. D	10. D
11. A	12. B	13. C	14. B	15. C
16. C	17. C	18. D	19. B	20. A
21. B	22. B	23. C	24. A	25. A
26. A	27. B	28. D	29. C	30. B

四、多项选择题

1. ABCD	2. ABCD	3. BE	4. ABDE	5. BDE
6. ACD	7. ABD	8. BCDE	9. ABC	10. BCDE
11. BDE	12. ACD	13. ABD	14. ABE	15. ABD
16. ABC	17. ABD	18. ABD	19. BC	20. ABCD

五、简答题

略

六、计算与分析题

1. 解：根据题意计算如下：

$$\text{该房屋价格} = 970 \times (1 + 1\% + 2\% + 1.5\%) \times 1\,200 \times 0.7$$
$$= 970 \times 1.045 \times 1\,200 \times 0.7$$
$$= 851\,466(\text{元})$$

2. 解：

$$P_1 = 800 \times \frac{115}{110} \times \frac{100}{102} \times \frac{106}{109} \times \frac{1 - \frac{1}{(1+10\%)^{45}}}{1 - \frac{1}{(1+10\%)^{50}}} \times \frac{100}{101} \times \frac{100}{100} = 785.4(\text{元} / \text{平方米})$$

$$P_2 = 850 \times \frac{115}{111} \times \frac{100}{101} \times \frac{106}{112} \times \frac{1-\frac{1}{(1+10\%)^{45}}}{1-\frac{1}{(1+10\%)^{50}}} \times \frac{100}{100} \times \frac{100}{101} = 812.8(\text{元}/\text{平方米})$$

$$P_3 = 760 \times \frac{115}{110} \times \frac{100}{100} \times \frac{106}{103} \times \frac{1-\frac{1}{(1+10\%)^{45}}}{1-\frac{1}{(1+10\%)^{40}}} \times \frac{100}{100} \times \frac{100}{98} = 841.53(\text{元}/\text{平方米})$$

$$P_4 = 780 \times \frac{115}{110} \times \frac{100}{100} \times \frac{106}{100} \times \frac{1-\frac{1}{(1+10\%)\ 45}}{1-\frac{1}{(1+10\%)^{45}}} \times \frac{100}{99} \times \frac{100}{99} = 881.93(\text{元}/\text{平方米})$$

$$P = \frac{P_1 + P_2 + P_3 + P_4}{4} = \frac{785.4 + 812.8 + 841.53 + 881.93}{4} = 830.41(\text{元}/\text{平方米})$$

即待估宗地2015年1月20日的价格为每平方米830.41元。

第5章 收益法

一、名词解释

略

二、判断题

1. 对	2. 错	3. 错	4. 对	5. 对
6. 错	7. 错	8. 错	9. 错	10. 错
11. 错	12. 对	13. 错	14. 对	15. 对
16. 错	17. 对	18. 对	19. 错	20. 错

三、单项选择题

1. C	2. B	3. C	4. B	5. B
6. D	7. B	8. B	9. C	10. C
11. C	12. C	13. D	14. A	15. B
16. C	17. D	18. B	19. C	20. A
21. D	22. A	23. D	24. A	25. A
26. A	27. B	28. A	29. D	30. D

四、多项选择题

1. CD	2. BD	3. BCD	4. ABCD	5. ACE
6. ABD	7. BCE	8. AE	9. CDE	10. ABE
11. BD	12. BD	13. BD	14. AE	15. BD

五、简答题

略

六、计算与分析题

1. 解：

(1) 计算总收入。

年租金总收入＝ 780 × 510 ＝ 397 800(元)

(2) 计算年总费用。

房产税按租金收入的 12%计算，故应纳房产税为：397 800 × 12% ＝ 47 736(元)

管理费以年租金的 3%计算：397 800 × 3% ＝ 11 934(元)

修缮费以房屋现值的 1.5%计算。根据实地勘察，该房屋为砖混结构一等，重置价格为 800 元/平方米，已经过年数为 10 年。

房屋现值为：800 × 510 × 50 ÷ 60 ＝ 340 000(元)

修缮费为：340 000 × 1.50% ＝ 5 100(元)

保险费(以房屋现值的 3‰计)＝ 340 000 × 3‰ ＝ 1 020(元)

租金损失准备金以半月租金收入计为：397 800/24 ＝ 16 575(元)

土地使用税以每年每平方米 2 元计为：2 × 360 ＝ 720(元)

年总费用＝ 47 736 ＋ 11 934 ＋ 5 100 ＋ 1 020 ＋ 16 575 ＋ 720 ＝ 82 545(元)

(3) 计算总收益。

本例房地产的总收益为＝ 397 800－82 545 ＝ 315 255(元)

(4) 求取土地纯收益。

房屋纯收益为＝ 340 000 × 10% ＝ 34 000(元)

土地纯收益＝总收益－房屋纯收益＝ 315 255－34 000 ＝ 281 255(元)

(5) 求取非有限期土地价格。

土地总价＝ 281 255 ÷ 8% ＝ 3 515 687.5(元)

每平方米地价＝ 3 515 687.5 ÷ 360 ＝ 9 765.80(元)

楼面地价＝ 3 515 687.5 ÷ 510 ＝ 6 893.5(元/平方米)

(6) 求取 50 年使用权土地价格

$$\text{土地总价}=\frac{281\ 255}{8\%}\times\left[1-\frac{1}{(1+8\%)^{50}}\right]=3\ 440\ 803.35(\text{元})$$

土地单价＝ 3 440 803.35 ÷ 360 ＝ 9 557.79(元/平方米)

楼面地价＝ 3 440 803.35 ÷ 510 ＝ 6 746.67(元/平方米)

2. 解：根据题意计算如下：

(1) 总收入＝ 60 000 × 12 ＝ 720 000(元)

(2) 总费用＝ 180 000(元)

(3) 总收益＝540 000(元)

(4) 房屋纯收益＝1 500 000 × 10% ＝ 150 000(元)

(5) 土地纯收益＝540 000－150 000 ＝ 390 000(元)

(6) 50年使用权价格＝$\frac{360\,000}{8\%}\left[1-\frac{1}{(1+8\%)^{50}}\right]$＝4 771 059.01(元)

(7) 单价＝4 771 059.01 ÷ 500 ＝ 9 542.12(元/平方米)

(8) 楼面地价＝4 771 059.01 ÷ 2 000 ＝ 2 385.53(元/平方米)

3. 解：根据题意：

(1) 计算房地合一状态下的总收入

$$总收入 = 3\,000 \times 12 = 36\,000(元)$$

(2) 总费用＝7 600(元)

(3) 计算总收益

$$总收益 = 36\,000 - 7\,600 = 28\,400(元)$$

(4) 计算土地收益

$$土地收益 = 1\,000 \times 300 \times 7\% \div [1-1/(1+7\%)^{25}] = 25\,742(元)$$

(5) 计算建筑物收益

$$建筑物收益 = 28\,400 - 25\,742 = 2\,658(元)$$

(6) 建筑物总价＝2 658 ÷ 8% × $[1-1/(1+8\%)^{25}]$ ＝ 28 374(元)

(7) 建筑物单价＝28 374 ÷ 200 ＝ 142(元/平方米)

4. 解：根据题意：

$$\begin{aligned}被评估房产价格 &= \frac{100}{(1+10\%)}+\frac{100}{(1+10\%)^2}+\frac{110}{(1+10\%)^3}+\frac{120}{(1+10\%)^4} \\ &\quad +\frac{130}{(1+10\%)^5}+\frac{168}{10\%\times(1+10\%)^5}\left[1-\frac{1}{(1+10\%)^5}\right] \\ &= 418.9+395.4 \\ &= 814.3(万元)\end{aligned}$$

5. 解：

$$\begin{aligned}被估房地产十年租期内的收益现值 &= \frac{8}{(1+10\%)}+\frac{8\times(1+2\%)}{(1+10\%)^2}+\frac{8\times(1+2\%)^2}{(1+10\%)^3} \\ &\quad +\frac{8\times(1+2\%)^3}{(1+10\%)^4}+\frac{8\times(1+2\%)^4}{(1+10\%)^5} \\ &\quad +\frac{15}{10\%\times(1+10\%)^5}\left[1-\frac{1}{(1+10\%)^5}\right] \\ &= 66.75(万元)\end{aligned}$$

6. 解：

(1) 该房地产的年租金总收入为

$$1 \times 7 \times 12 = 84(\text{万元})$$

(2) 该房地产的年出租费用为

$$84 \times (5\% + 12\% + 6\%) + 0.3 = 19.62(\text{万元})$$

(3) 该房地产的年纯收益为

$$84 - 19.62 = 64.38(\text{万元})$$

(4) 该房地产的价格为

$$64.38 \times [1 - 1/(1+12\%)^{10}]/12\% = 64.38 \times 5.650\,2 = 363.76(\text{万元})$$

7. 解：

年房租 $= 4\,800 \times 12 = 57\,600(\text{元})$

年总纯收益 $= 57\,600 - 12\,000 = 45\,600(\text{元})$

土地使用权总价 $= 200 \times 1\,000 \times (1+10\%) = 220\,000(\text{元})$

土地年纯收益 $= 220\,000 \times 10\% \div [1 - 1/(1+10\%)^{25}] = 24\,237(\text{元})$

建筑物年纯收益 $= 45\,600 - 24\,237 = 21\,363(\text{元})$

建筑物的价格 $= 21\,363 \times [1 - 1/(1+12\%)^{25}]/12\% = 167\,557(\text{元})$

每平方米建筑物的价格 $= 167\,557/240 = 698.15(\text{元})$

第6章 成 本 法

一、名词解释

略

二、判断题

1. 对	2. 错	3. 对	4. 错	5. 错
6. 错	7. 对	8. 对	9. 错	10. 对
11. 错	12. 对	13. 对	14. 错	15. 错

三、单项选择题

1. B	2. B	3. B	4. B	5. C
6. C	7. A	8. B	9. B	10. B
11. D	12. B	13. D	14. D	15. C
16. A	17. D	18. C	19. D	20. B
21. C	22. D	23. B	24. D	25. B
26. B	27. D	28. D	29. D	30. B

四、多项选择题

1. ABC	2. ABD	3. AE	4. ABC	5. BE

6. BD　　7. BD　　8. BC　　9. BC　　10. BDE

11. BCD　　12. BCD　　13. ABC　　14. ABD　　15. BE

五、简答题

略

六、计算与分析题

1. 解：根据题意计算如下：

价格变动指数=(1+11.7%)(1+17%)(1+30.5%)(1+6.9%)(1+4.8%)= 191%

待估建筑物重置成本= 1 000 000 × 191% = 1 910 000(元)

2. 解：其重置建安造价计算(用预决算调整法测出)如下表所示。

分类号	费用名称	费率/%	计费基础	费用金额/元
一	定额直接费			4 151 497.07
二	综合间接费	27.00	＜一＞	1 120 904.21
三	远征费	1.70	＜一＞	70 575.45
四	劳保基金	5.00	＜一＞	207 574.85
五	施工利润	6.00	＜一＞	249 089.82
六	差价			−47 812.39
七	其他			
八	税金	3.22	＜一～七＞	185 208.89
九	定额管理费	0.18	＜一～八＞	10 696.67
十	工程总造价		＜一～九＞	5 947 724.57

(1) 重置建安造价= 5 947 725 元

(2) 前期费用及其他费用= 5 947 725 × 5.77% = 343 184(元)

(3) 资金成本按工程投资两年均匀投入考虑,年利率按 5.94%计算。

资金成本=(5 947 725 + 343 184)× 5.94% × 2 × 1/2 = 373 680(元)

(4) 重置价值=重置建安造价+前期及其他费用+资金成本

= 5 947 725 + 343 184 + 373 680

= 6 664 589(元)

重置单价= 6 664 589 ÷ 8 534 = 780.95(元/平方米)

(5) 成新率计算：

勘察法成新率= $G \times 0.55 + S \times 0.15 + B \times 0.3 = 83\%$

年限法成新率：(耐用年限−已使用年限)/耐用年限= 80%

综合成新率=勘察法成新率× 60% +年限法成新率× 40% = 82%

(6) 评估值=重置全价×综合成新率= 6 664 589×82% = 5 464 963(元)

3. 解：根据题意计算如下：

打分法成新率＝ 61 × 0.7 ＋ 55 × 0.2 ＋ 56 × 0.1 ＝ 59.3％

使用年限法成新率＝(50－22)/50 ＝ 56％

综合成新率＝ 59.3％ × 60％ ＋ 56％ × 40％ ＝ 58％

第7章 剩 余 法

一、名词解释

略

二、判断题

1. 错	2. 对	3. 错	4. 错	5. 对
6. 错	7. 错	8. 对	9. 对	10. 对

三、单项选择题

1. D	2. B	3. A	4. C	5. C
6. C	7. D	8. B	9. C	10. B
11. B	12. D	13. D	14. B	15. C
16. C	17. A	18. C	19. C	20. C

四、多项选择题

1. BCD	2. ADE	3. AC	4. ACE	5. AB
6. BD	7. CE	8. ACD	9. ABE	10. BCDE
11. ADE	12. BCE	13. ABCE	14. ACD	15. ADE

五、简答题

略

六、计算与分析题

1. 解：根据所给条件计算如下：

(1) 预计住宅楼的买楼价的现值为

$$\frac{3\,000\times 2\,000\times 6}{(1+10\%)^{2}}=29\,752\,066(\text{元})$$

(2) 总建筑费用现值为

$$\frac{1\,000\times 60\%\times 10\,000}{(1+10\%)^{0.5}}+\frac{1\,000\times 40\%\times 10\,000}{(1+10\%)^{1.5}}=9\,190\,000(\text{元})$$

(3) 专业费用＝ 9 190 000 × 6％ ＝ 551 400(元)

(4) 租售费用及税金＝ 29 752 066 × 5％ ＝ 1 487 603(元)

(5) 投资利润＝(地价＋总建筑费用＋专业费用)× 20％

＝(地价× 20％) ＋ (9 190 000 ＋ 551 400)× 20％

=(地价× 20%)+ 1 948 280

(6) 总地价=(29 752 066−9 190 000−551 400−1 487 603−1 948 280)÷(1 + 20%)

=16 574 783 ÷ 1.2

=13 812 319(元)

2. 解：该题为收益法和剩余法的综合运用，利用收益法求取不动产总价，利用剩余法求取地价。

(1) 测算不动产总价

不动产建筑总面积= 3 200 × 2.5 = 8 000(平方米)

不动产纯收益= 300 × 8 000 × 90% ×(1−25%) = 1 620 000(元)

不动产收益年期= 50−3 = 47(年)

$$不动产总价=1\,620\,000/8\%\times\left[1-\frac{1}{(1+8\%)^{47}}\right]=19\,706\,113(元)$$

(2) 测算建筑费及专业费

建筑费及专业费= 1 000 ×(1 + 10%)× 8 000 = 8 800 000(元)

(3) 计算利息

利息=地价× 7% × 3 + 8 800 000 × 7% × 1.5 = 0.21 ×地价+ 924 000(元)

(4) 计算利润

利润= 19 706 113 × 15% = 2 955 917(元)

(5) 测算地价

地价=不动产总价−建筑费−专业费−利息−利润

= 19 706 113−8 800 000−0.21 地价−924 000−2 955 917

地价= 6 994 224/1.21 = 5 780 350(元)

单价= 5 780 350/3 200 = 1 806.36(元/平方米)

楼面地价= 1 806.36/2.5 = 722.54(元/平方米)

第 8 章　长期趋势法

一、名词解释

略

二、判断题

1. 错	2. 对	3. 对	4. 错	5. 错
6. 对	7. 错	8. 错	9. 对	10. 错

三、单项选择题

1. C	2. D	3. A	4. C	5. B
6. B	7. C	8. B	9. B	10. A

11. C	12. C	13. A	14. C	15. C

四、多项选择题

1. BC	2. ABCD	3. AD	4. ABCE	5. ACD
6. ABCD	7. ABE	8. ADE	9. BD	10. ABE

五、简答题

略

六、计算与分析题

1. 解：令 $\sum X = 0$ 。

已知 $N = 7$ 为奇数，故设中间项的 $X = 0$，则 X 的值分别为−3、−2、−1、0、1、2、3，

$$\sum Y = 16\,500,\quad \sum XY = 5\,600, \sum X^2 = 28$$

$$a = \frac{\sum Y}{N} = \frac{16\,500}{7} = 2\,357.14$$

$$b = \frac{\sum XY}{\sum X^2} = \frac{5\,600}{28} = 200$$

所以，该类房地产价格变动长期趋势线方程为

$$Y = 2\,357.14 + 200X$$

预测该类房地产 2007 年的价格为

$$Y = 2\,357.14 + 200 \times 4 = 3\,157(\text{元/平方米})$$

2. 解：$d = (2\,000-1\,800) \times 0.02 + (2\,190-2\,000) \times 0.03 + (2\,410-2\,190) \times 0.05 + (2\,620-2\,410) \times 0.1 + (2\,810-2\,620) \times 0.3 + (3\,000-2\,810) \times 0.5$

$=193.7$(元/平方米)

2007 年的价格为 $1\,800 + 193.7 \times 7 = 3\,156$(元/平方米)

第 9 章 路线价估价法

一、名词解释

略

二、判断题

1. 错	2. 错	3. 错	4. 错

三、单项选择题

1. B	2. A	3. A	4. C	5. A
6. B	7. C	8. D	9. A	10. B
11. C	12. B	13. C	14. D	15. B

四、多项选择题

1. ABE　　2. DE　　3. ACE　　4. CE　　5. AD

五、简答题

略

第10章　在建工程评估

一、名词解释

略

二、单项选择题

1. D　　2. B　　3. B

三、简答题

略

四、计算与分析题

1. 解：

(1) 预期完工后的楼价现值为

$$80\times 12\times 2\,000\times 5.1\times 65\%\times 80\%\times(1-30\%)\times[1-1/(1+14\%)^{48}]/[14\%\times(1+14\%)^{1.5}]=2\,087.7(\text{万元})$$

(2) 在建工程的完工费用现值为

$$[2\,500\times(1-45\%)\times 2\,000\times 5.1]/(1+14\%)^{0.75}=1\,271.5(\text{万元})$$

(3) 税费：购买价格× 4%

(4) 正常购买价格为

$$\text{购买价格}=2\,087.7-1\,271.5-\text{购买价格}\times 4\%$$

$$\text{购买价格}=784.8(\text{万元})$$

2. 解：

(1) 估计预期楼价(市场比较法)

$$3\,500\times(1+2\%\times 1.5)\times[1-1/(1+10\%)^{48}]\div[1-1/(1+10\%)^{68}]=3\,573.27(\text{元/平方米})$$

$$3\,573.27\times 2\,000\times 5=3\,573.27(\text{万元})$$

(2) 估计剩余建造费

$$2\,500\times(1-45\%)\times 2\,000\times 5=1\,375(\text{万元})$$

(3) 估计利息

$$\text{在建工程价值}\times 10\%\times 1.5+1\,375\times 10\%\times 0.75=0.15\times\text{在建工程价值}+103.13(\text{万元})$$

(4) 估计利润及税费

$$3\,573.27 \times (4\% + 8\%) = 428.79(\text{万元})$$

(5) 估计在建工程价值

在建工程价值= 3 573.27－1 375－0.15 ×在建工程价值－103.13－428.79

在建工程价值= 1 449(万元)

(6) 原产权人投入成本

$$(1\,000 + 2\,500 \times 45\%) \times 2\,000 \times 5 = 2\,125(\text{万元})$$

$$1\,449 - 2\,125 = -676(\text{万元})$$

原产权人亏损大约 676 万元。

第 11 章　高层建筑地价分摊

一、名词解释

略

二、判断题

1. 对　2. 错　3. 对　4. 错　5. 对

三、单项选择题

1. D　2. B　3. C　4. C　5. B

6. A　7. C　8. C　9. A　10. D

四、多项选择题

1. BCD　2. ABDE　3. ACD　4. ACD　5. BCD

五、简答题

略

第 12 章　房地产估价流程房地产估价报告

一、名词解释

略

二、判断题

1. 对　2. 错　3. 对　4. 错　5. 错

6. 对　7. 错　8. 对　9. 错　10. 对

11. 错　12. 错　13. 错　14. 对　15. 错

三、单项选择题

1. A　2. C　3. B　4. B　5. D

6. C　7. B　8. A　9. A　10. B

11. C　12. D　13. D　14. B　15. B

16. D	17. B	18. D	19. B	20. C
21. C	22. A	23. B	24. D	25. D
26. C	27. C	28. D	29. D	30. A

四、多项选择题

1. ACD	2. ABC	3. ABD	4. ABCD	5. BCDE
6. ACDE	7. BCD	8. BCDE	9. BC	10. ABE
11. ABCD	12. ACD	13. BC	14. ACDE	15. BCE
16. CD	17. ABDE	18. BCDE	19. ABE	20. ACE

五、简答题

略

参考文献

[1] 毕宝德.土地经济学[M].北京：中国人民大学出版社，1993.
[2] 毕宝德.中国地产市场研究[M].北京：中国人民大学出版社，1994.
[3] Boyce B N. Real Estate AppraisalTerminology[M]. Ballinger Publishing Co.，1975.
[4] 柴强.房地产估价理论与方法[M].北京：中国建筑工业出版社，2015.
[5] 柴强.房地产估价[M].北京：首都经济贸易大学出版社，2005.
[6] 柴强.房地产估价[M].北京：北京经济学院出版社，1993.
[7] Damodaran A. 投资估价[M].北京：清华大学出版社，1999.
[8] Dai X Z，Bai X，Xu M. The Influence of Beijing Rail Transfer Stations on Surrounding Housing Prices[J]. Habitat International. 2016，55(7)：79-88.
[9] 董黎明，胡健颖.房地产开发经营与管理[M].北京：北京大学出版社，1995.
[10] 杜葵，钱永峰.长期趋势法评估房地产价格应注意的两个问题[J].基建优化，1999(6).
[11] 华东师范大学等.经济地理学导论[M].上海：华东师范大学出版社，1986.
[12] 黄少安.国有资产管理概论[M].北京：经济科学出版社，2000.
[13] 黄贤金等.不动产估价[M].北京：中国林业出版社，1998.
[14] 雷利·巴洛维.谷树忠等译.土地资源经济学—不动产经济学[M].北京：北京农业大学出版社，1989.
[15] 李春涛，蔡育天.房地产评估[M].上海：上海人民出版社，1994.
[16] 刘立，李志超.房地产估价师实物手册[M].北京：机械工业出版社，2005.
[17] 刘宇辉，辛玉东.回归分析在土地估价中的应用[J].石家庄经济学院学报，2002(2).
[18] 刘玉平.资产评估[M].北京：中国财政经济出版社，2000.
[19] 鹿心社.中国地产估价手册[M].北京：改革出版社，1993.
[20] 马俊驹等.不动产制度与物权法的理论和立法构造[J].中国法学，1999(4).
[21] 马克思.资本论[M].北京：人民出版社，1986.
[22] 梅建平，廖咸兴，李阿乙.不动产投资概论[M].上海：上海人民出版，1996.
[23] 戚名琛.成本法不适用于评估地价缘由简析[J].中国房地产，2000(12).
[24] 乔志敏等.资产评估学教程[M].上海：立信会计出版社，2002.
[25] 乔志敏等.资产评估学教程[M].北京：中国人民大学出版社，2006.
[26] 邱枫."高层建筑"地价分摊初探[D].四川师范大学硕士学位论文，2004.
[27] 全国注册资产评估师考试辅导教材编写组.资产评估学[M].北京：中国财政经济出版社，2001.
[28] 吴次芳，叶艳妹.土地科学导论[M].北京：中国建材工业出版社，1995.
[29] 吴庆玲.房地产价格评估[M].北京：经济科学出版社，1998.
[30] 闫晶.北京市普通高中对周边住宅价格的影响分析[D].中央财经大学硕士毕业论文. 2013.
[31] 杨宜新，鲍传才.地产估价与经营原理[M].北京：科学技术文献出版社，1993.
[32] 于鸿君.资产评估教程[M].北京：北京大学出版社，2000.

[33] 俞明轩.房地产评估[M].北京：中国人民大学出版社，2004.
[34] 张瑜.土地估价理论与实务——我国城市土地估价实践探讨[M].北京：企业管理出版社，1992.
[35] 中国房地产估价师与房地产经济人学会.房地产估价理论与方法[M].北京：中国建筑工业出版社，2010.
[36] 周诚.土地经济学[M].北京：农业出版社，1989.
[37] 周诚.土地经济问题[M].广州：华南理工大学出版社，1997.
[38] 周叔敏，汤究达译.美国评估行业统一操作规范[M].北京：经济科学出版社，2000.
[39] 周寅康.房地产估价[M].南京：东南大学出版社，2006年.
[40] 周寅康.房地产估价——理论·方法·实务[M].南京：东南大学出版社，2001.
[41] 赵财福，赵小红.房地产估价[M].上海：同济大学出版社，2004.
[42] 朱萍.资产评估学教程[M].上海：上海财经大学出版社，1998.

教师服务

感谢您选用清华大学出版社的教材！为了更好地服务教学，我们为授课教师提供本书的教学辅助资源，以及本学科重点教材信息。请您扫码获取。

教辅获取

本书教辅资源，授课教师扫码获取

样书赠送

管理科学与工程类重点教材，教师扫码获取样书

清华大学出版社

E-mail: tupfuwu@163.com
电话：010-83470332 / 83470142
地址：北京市海淀区双清路学研大厦 B 座 509

网址：http://www.tup.com.cn/
传真：8610-83470107
邮编：100084